投资的本源

稳健均衡投资策略

宋 军◎著

取得合理的投资回报率比大多数人想象的要容易
但若想再提高几个百分点，比大多数人想象的要艰难

优质公司的股权是世界上最好的投资品种
我们的目标是找到它们，用合理的价格买入，并长期持有

中国经济出版社
CHINA ECONOMIC PUBLISHING HOUSE
·北 京·

图书在版编目（CIP）数据

投资的本源：稳健均衡投资策略/宋军著．
北京：中国经济出版社，2016.1
ISBN 978-7-5136-4110-4
Ⅰ．①投… Ⅱ．①宋… Ⅲ．①投资—经济策略 Ⅳ．①F830.59
中国版本图书馆 CIP 数据核字（2015）第 303853 号

责任编辑　燕丽丽
责任审读　贺　静
责任印制　巢新强
封面设计　任燕飞

出版发行　中国经济出版社
印 刷 者　北京力信诚印刷有限公司
经 销 者　各地新华书店
开　　本　710mm×1000mm　1/16
印　　张　15.75
字　　数　215 千字
版　　次　2016 年 1 月第 1 版
印　　次　2017 年 11 月第 7 次
定　　价　48.00 元
广告经营许可证　京西工商广字第 8179 号

中国经济出版社 **网址** www.economyph.com **社址** 北京市西城区百万庄北街 3 号 **邮编** 100037
本版图书如存在印装质量问题，请与本社发行中心联系调换（联系电话：010-68330607）

序言 PREFACE

投资的简单和不简单

做好股票投资不是一件容易的事。记得国内一位业绩非常出色的阳光私募基金经理曾经说过，“投资是世界上最难的事情，没有之一”，足以反映专业投资者们对股票投资难度的认识及敬畏。对于业余投资者而言，面对“七亏二平一赚”的股市现状，能够把股票投资长期坚持做下去，并且做到不亏损反而取得长期稳定的盈利，确实是一件难上加难的事情。

本书的作者宋军先生，就是少数把这件难事做成功的业余投资者之一。据我了解，宋军先生有长达16年的股票投资经历，长期投资业绩非常不错，年化复合收益率超过了15%，这是一个让一些专业机构投资者汗颜的成绩。在本书里，宋军先生倾囊而授，对自己过往的投资历程做了非常精练的系统总结，为广大业余投资者归纳出一套易学易用、自成体系的稳健均衡投资方法，堪称业余投资者股票投资的稳健之道。他独创的“全景表”，可谓是别具一格，是难得一见的超好用的投资研究分析工具。

我因投资而与宋军先生结识，彼此在投资上有过较多交流。宋军先生工作经历丰富，担任过央企高管、自己创办企业并成为商界成功人士，尤其是他以业余投资者的身份坚持十余年持续进行股票投资并且取得了不俗的回报，令我钦佩有加。同时，宋军先生又是一位好学不倦的投资者，特别热爱读书学习，光是格雷厄姆的《聪明的投资者》，他就通读了五遍，在中文译本出版前，英文原版就读了两遍。宋军先生陆陆续续给我推荐了多部投资方面的经典著作，我阅读后受益匪浅。其中的一些，在本书中宋军先生也多有提及，大家可以细心研读学习。

作为比我长几岁的老大哥，宋军先生一直保持着非常平和达观的个性。他对自己作为一名业余投资者的客观定位和长期坚持的定力，体现了一个理性投资者的特质，也是他取得不俗业绩的根基。不追高、不追热点，几乎成为他的投资标签，这样做大大地减少了投资中犯大错误的可能。

在本书中，宋军先生力图为业余投资者揭示投资的真实面目。“资本市场的历史已经告诉了我们，要获得合理的投资回报，比大多数人想象的要简单（如采用投资指数基金的方式，尽管比较乏味），但要获得比较好的结果，比人们想象的要难。”以我的投资实践来看，投资确实具有这不为一般人所知的诡异之处。说它简单，其实一般的业余投资者，只要认真学习掌握了本书中所介绍的这套稳健均衡的投资方法，并且坚持照做，那么取得不错的合理投资回报应是预料之中的事情。说它不简单，是指能够真正理解并认同这套投资方法所倡导的理念，并且不折不扣地做到这套方法所述的案头资料研究、实地调研、控制情绪等每一个步骤，确实不是一件很容易的事。如果真正都做到位了，其实也无异于专业投资者了。我常常与宋军先生开玩笑，戏称宋军先生是一个“专业的业余投资者”。

作为一个靠投资管理谋生的职业投资人，能够结识宋军先生这样亦师亦友的投资同道，真的是三生有幸！他在给我带来启发之余，也让我真真切切地感受到了作为一个专业投资者的压力和追求：必须更加勤奋努力，投资工作必须做得更加深入细致，投资业绩必须做得更好！

学习始于阅读，现在大家同我一道开始研读这本好书吧！

广州市瑞富投资咨询有限公司　总经理

彭强

前言 PREFACE

作为个人投资者，1999年12月笔者进入股市，屈指算来也有16个年头了，期间和绝大多数的投资者一样，经历了市场的风风雨雨。经过多年的学习、实践，再学习、再实践，逐步形成了一套适合自身的投资方法。我相信这个方法也应该适用于绝大多数的个人投资者，或者更确切地说，适合业余投资者。

业余投资者的共同特点就是没有大量的时间和精力进行证券分析；在专业技能上，如经济学、管理学、投资学、财务会计方面的知识也比较缺乏；没有时间参加股东大会，没有机会参与机构调研——总结来说，就是很弱势。但我在本书中想要告诉你的是，这些弱势并不意味着你不能参与市场，并不意味着你不能取得满意的投资业绩，甚至处理得好，这些弱势从某些方面可以转化为优势。只要坚持正确的理念，按正确的方法投资，取得满意的投资回报，甚至超过一般的专业投资者是完全有可能的。

写作此书的目的，是与业余投资者分享一些投资心得，探索如何在“七亏二平一赚”的股市里长期生存并取得令人满意的投资业绩，寻求从长期而言盈利概率远远大于亏损的根本和长久之道。总结多年经验，笔者逐步摸索出了一套投资体系和方法，将其命名为“稳健均衡投资法”，主要思路为：

(1) 投资者首先要明确投资的目的，即为何要投资？例如，要抵御通胀。通胀每年在3%左右，若不做某种形式的投资，如银行存款、债券、基金、股票、房地产、贵金属、艺术品、珠宝玉器等，资产必然会缩水。再如，特定的财务目标，只有财务自由才会有真正的身心自由。

(2) 确定自己希望的预期收益率。根据中国目前发展的阶段，以及过往的证券市场历史，笔者认为确定每年10%～15%的长期复合收益率目标是比较合适的。

(3) 选择什么标的进行投资。笔者的选择是A股和港股中的优质公司。

(4) 界定自己为何种类型的投资者。笔者将自己界定为“稳健的投资者”，投资的基本思路就是在注重安全性的前提下，建立一个稳健的、分散化的、优质公司组成的**均衡普通股组合，并长期持有**。不追高，不追热点；控制自己的情绪，冷静面对市场波动，耐心等待市场机会。对市场整体有个正确的判断，以决定资金投入的比例。定期跟踪投资标的，研究公司年报、季度报表，公告等。有条件的话，积极参加上市公司的股东年会。多学习一些企业经营管理方面的必要知识，如看懂财务报表，判断企业的竞争力，分析企业采用的经营战略等。

具体方法与基本原则：

☆ 选择质地优良、有良好管理层、财务稳健、行业前景比较好的企业。

☆ 等待合适的价格。注重安全性，不追高，不追热点。

☆ 建立一个包含5～15只股票、大致分散于3～6个行业的投资组合，资金基本等额分散投资于标的股票。

☆ 只要市场处于合理区域，满仓耐心持有组合，分享公司利润增长而带来的分红以及市值增长收益。定期核查组合中公司的经营状况，若有较大偏差就相应做些调整。

☆ 跟踪市场中其他优秀的公司，等待机会；有合适的价位，可以买入。

☆ 杜绝杠杆交易。

☆ 不采用择时交易，除非市场出现重大转折点；尤其对牛市要抱有足够的警惕。

这套投资体系无法帮助你快速致富，无法帮助你短期内使资产翻番，也无法使你享受频繁交易的快感，更无法帮助你抓住黑马，非但如此，按照这套体系进行投资，还会有沉闷、乏味的感觉，但它可以帮助你，使你的资产在长期内，如10年周期取得年均10%～15%的复合收益。也就是说假如第一年投入1万元资金，10年后可以变成2.59万～4.05万元，收益率159%～305%。如果运气足够好，或者选择的一揽子公司经营都非常优异，取得年复合收益20%也不是不可能，那么1万元就会变成6.19万元，收益率519%。当然，最理想的是年复合收益26%，1万元在10年后就会变成10.08万元，909%的收益率，也就是我们经常能听到的10年10倍。但这只是一个梦想，因为只有巴菲特、彼得·林奇这样的世界顶尖投资高手才能达到这样的收益率水平。

故而我们绝大部分的投资者，尤其个人业余投资者对投资收益，特别是长期的投资回报一定要有一个客观、合理的预期。其实15%的年复合收益已经是一个非常高的目标了。

那么反过来，读者朋友可能会问，15%的收益率目标是否太高呢？确实有点高，比较现实的目标是10%左右，15%的目标需要经过一定的努力才有可能达到，但并不需要你拥有非常专业的技能。这套体系的核心是公司的选择，因此，要求投资者对行业、企业要有比较深刻的理解和判断。但也不用太担心，优质公司就在那里，而且买入的机会几乎每年都有，最重要的是你必须拥有稳定的心理，能抵制市场的诱惑，不去投资题材股、概念股，不去追逐市场热点，同时不惧市场的整体下跌，坚持持有优质公司组合。

从某种意义上说，要想投资成功，**能控制自己的情绪，比具备专业的投资技能更重要**。而我将要介绍的稳健均衡投资方法，恰恰就能提供较好的控制情绪的方式。我将按照三个部分来阐述这套体系的具体内容，第一部分的第一章详细介绍这套体系的含义。第二章介绍这套体系的具体操作方法。第二部分是行业和企业分析的一般方法。第三部分介绍一些企业的案例。

写作此书的日期是2015年6月29日，沪深股市正经历一轮暴跌，上证指数从6月12日的最高点5178.19点，下跌到6月29日收盘的4053.03点，短短两周时间暴跌21.73%，盘中最低到3875.05点，下跌25.16%；创业板指数更是从6月5日的4037.96点下跌到29日收盘的2689.76点，暴跌33.39%，够得上股灾的标准了，牛市的杀伤力可见一斑。也正因如此，笔者颇感有必要与读者朋友分享我对投资的体会。写作对于工科出身的我实在是有点难度，文中表达难免存在不足，只能恳请读者朋友们谅解了。

最后，我想和读者朋友一起分享一下巴菲特的老师格雷厄姆的两个重要观点：

观点1：任何牛市都将以悲剧收场。

观点2：投资最大的风险就是牛市高价买入二线股。

目录 CONTENTS

第一部分　稳健均衡投资体系的建立

一套好的投资体系，通常要符合两个标准：(1) 理论体系要有坚实的逻辑基础；(2) 在实践中具有可操作性。当然，这些最终都要通过市场的检验。

第二部分 行业选择和公司竞争优势分析

投资要分析宏观、中观和微观经济形势。作为个人投资者，基本可以忽略宏观分析，因为这需要太多专业知识，变量众多，短期波动很大，还受世界经济形势的影响。个人投资者只要确定国家会越来越好就行，这就是最大的宏观分析。中观和微观对应行业和公司，这个太重要了，尤其是公司，这是我们投资获得收益的根本，是投资的本源。

第三部分 中国好公司

寻找优秀公司是我们投资的出发点，也是我们投资获得收益的来源，可谓是投资的本源，既是起点也是终点。本书的第三部分收录笔者认为的优秀公司代表，只是一家之言，不作为投资建议，仅仅提供一种视角。

稳健均衡投资体系选择好公司的标准是：（1）成长性，过往以及未来十年至少复合增长率 10% ~15%。（2）稳定性，过往的经营状况不能大起大落，更不能有年度亏损，保持稳健增长。（3）较高的销售净利润率，15% 左右。（4）较高的净资产收益率，15% 或以上。（5）优良的经营性净现金流净额，要正数，而且最好能与净利润数额匹配，能超过最好，或者达到 70%。（6）管理团队诚实能干。

以全景表为主要工具，通过了全景表中主要财务数据的检验，再核查公司在行业中的地位，探究优良财务数据背后公司经营业绩优秀的逻辑，目的是寻求具有垄断经营优势、具备持续竞争优势的企业。

案例索引

第一部分

稳健均衡投资体系的建立

一套好的投资体系，通常要符合两个标准：（1）理论体系要有坚实的逻辑基础；（2）在实践中具有可操作性。当然，这些最终都要通过市场的检验。

第一章　何为稳健均衡投资

理念决定行动，行动决定结果。你在股市的收益如何？如果业绩不好，除了自责以外，你首先要想想，是不是投资理念出了问题。本章就重点谈谈投资理念的问题，希望能对你有所帮助。

第一节　投资标的物的选择

认识投资

什么叫投资，通俗的理解就是个人或者团体投入资金、时间、精力、情感等到某一标的物，期望未来能获得回报的活动。学习某项专业技能或接受学历教育是个人对自身的投资，希望未来可以提升自己创造价值的能力；督促孩子学习钢琴是对孩子的一种投资，希望孩子未来具有艺术修养；给女朋友送鲜花、写情书等也可以说是一种投资，期望未来能与她喜结连理；一家企业投资新的生产线，是期望能提高生产能力，销售更多的产品或服务，占领更多的市场，以取得更多的利润。这些活动有个共同的特点，就是你必须先投入，但未来的结果是不确定的，甚至有可能与你的初衷背道而驰。

但是，你学习的专业技能、知识也许今后根本没有用处，极端一点，读书读傻了以后，凡事套用书本知识，反而在社会上寸步难行；孩子一点都不喜欢钢琴，每次练琴都觉得是一种苦差事，长大后见到钢琴就反感；对女朋友倾注了大量精力和情感，到头来她却成了别人的新娘；新的生产线投产后，市场需求发生变化，产品严重滞销，让你欲哭无泪。投资就是这样，充满风险，但为了未来更美好的生活，或者是为了最基本的资产保值，人们还是不得不做各种各样的投资。

投资的途径

本书要探讨的投资，是指投入资金到特定资产标的物，期望未来得到回报的活动。投资的标的物大致包括：银行存款、理财产品、债券、基金、股票、保险、外汇、期货、房地产、贵金属、艺术品、珠宝玉器等。

银行存款、理财产品、债券的收益率是固定的，一般不会超过5%，但具有风险低的特点，也基本能跟上通胀的步伐，比较适合风险厌恶型的投资者。

房地产投资在过往的十年中，是比较好的投资品种，给投资者带来了可观的收益，缺点是流动性比较差，交易复杂，交易费用昂贵，而且重要的是，今后10年这项投资恐怕难以取得令人满意的回报。人口结构变化以及存量房饱和都是佐证——房地产市场进入“下半场”已经成为行业的共识。历史上，任何国家都没有诞生过住宅开发的百年企业，为什么？因为行业有天花板，城市化进程到一定程度，增量市场就趋于衰竭。

个人投资者除了股票组合投资外，还有一个途径就是投资基金。在中国，基金从品种上可以分为股票型基金、债券类基金、混合型基金、风投基金、天使基金等；从股权结构上又可分为公募基金和私募基金。目前私募基金的规模已远超公募基金，因为私募基金有相对更好的激励政策，很多公募基金的经理都开始了奔“私”的历程。目前中国投资者结构的现状是，个人投资者占据了很大的比重，大致80%以上是个人投资者，他们贡献了90%左右的交易量。美国股市正好相反，个人投资者比例低于30%，当然，这个投资者结构也是历经了大致70年的漫长历史才逐步形成的。

哪种投资方式适合你

中国个人投资者是否应该选择基金这种间接投资方式呢？答案从理论上讲是肯定的，因为术业有专攻，何况投资是非常专业的事情，需要进行宏观经济、微观经济、行业分析，需要对公司的财务报表、管理水平、风控机制等进行研究和判断。这方面机构投资者包括基金占有很大的优势，首先，大型投资机构往往有专业的行业研究员、策略分析师、风险管控机制和人员、投资决策委员会以及卖方研究员（通常是券商研究机构人员）提供的研究报告；其次，机构投资者在上市公司调研、信息获取等方面也有很大优势。

当然，机构投资者也有其固有的弱势，那就是比较短视——因为有短期业绩排名的压力，且公募基金的激励约束机制也存在问题。投资者在选择基金方面也同样面临很大的困难，实际上比选择一只股票还要难。因此，我建议投资者最好选择指数基金，如 50 ETF、180 ETF、300 ETF 等。只要看好中国经济的发展前景，投资于整个市场，就可以分享中国经济成长的成果。目前指数基金存在的问题是产品的种类还不够丰富。

贵金属、艺术品、珠宝玉器等归为一类，共同特点是标的物本身不会产生现金流，流动性也较差。贵金属还与全球市场的定价有关，而后两者还需要很专业的知识和经验，只适合专业投资者，此处不做详细讨论。

保险作为未来生活保障的一种投资方式，也非常有必要，可以做一些资产配置，但不宜投入大部分的资产。有些保险产品带有理财的特点，收益率也是有限的。

外汇、期货等，绝对不适合个人投资者，风险巨大。

股权投资靠谱吗

股票，即企业股权，是本书研究的投资标的物。西方发达国家一百多年的证券市场历史已经证明，从长期投资的角度，企业股权，尤其是优质企业的股权是风险最低、回报最高的投资品种，与通常我们所说的“股票风险太大了”的认识完全不同。美国的西格尔教授在其著作《股票长线法宝》和《投资者的未来》中，根据长达百年的历史统计数字，告诉我们一个惊人的结果，企业的股权投资不仅会带来长期较高的回报，而且风险是最低的。在任何25年的周期中，均远远超过银行存款、债券、房地产、贵金属等带来的回报，而且波动是最小的。

中国的证券市场历史比较短，大部分人都觉得股市不靠谱，甚至令人尊敬的经济学家吴敬琏先生也把股市比喻成赌场。不可否认，市场中确实充斥着坐庄、欺诈、炒作的成分，但我们也应该看到，整体市场在向好的方向前行，而且20多年的股票市场也涌现出大批优秀的公司，给投资者带来了丰厚的回报，如恒瑞、万科、格力、茅台、伊利、云南白药等。

即便证券市场在中国仅仅只有20多年的历史，也足以证明投资股票足以跑赢CPI，只要你采用稳健的投资方式，投资于优质的公司，不去跟热点，炒概念。最简单的方式，就是投资指数基金，可以带来大致每年10%的回报。要强调的是，有两个关键点：（1）**长期**；（2）**优质公司**。也就是说，**优质公司的股权是世界上最好的投资品种**。长期持有优质公司的股权，才能真正得到可观的回报。

第二节　股权投资取得盈利的最基本逻辑

投资企业股权获取回报的途径主要有两个：分红、转让股权的溢价收益。下面举一个例子来说明。

投资一家咖啡店：情况一

假如你和另外9个朋友一起合股开一家咖啡店，每人投入10万元，共投资100万元，每股1元，共100万股，没有任何贷款，一年运营下来，总收入减去人工工资、原料采购、交通运输费用、水电费、房子租金、税费等所有成本后，假定净利润 15 万元，全部用于分红，这一年咖啡店的净资产回报率是 15%。你 10% 的股份就会有 1.5 万元的回报，你的 10 万元投入在第 1 年的回报是 15%，很不错的投资回报率。然后第二年继续运营，假定和第一年结果一样，你第 2 年的回报同样还是 15%，1.5 万元。如此这般，到第 6 年结束的时候，你共分得红利 9 万元，同时还持有这家咖啡店 10% 的股份，就是 10 万元的净资产。这样的投资回报你满意吗？没有理由不满意，因为无风险收益如理财产品、国债、6 年期银行定存每年也只有大约 5%。实际上，你的收益很可能还要超过 15%，因为第 1 年的分红 1.5 万元可以存入银行，在接下来的 5 年获得额外的 3750 元利息收入（按 5% 存款利息）。依此类推，4 年银行利率按 4% 计算，3 年按 3% 计算……你 6 年期的总投资收益是：$1.5\times6+1.5\times(0.05\times5+0.04\times4+0.03\times3+0.02\times2+0.01\times1)=9.825$ 万元，也就是 6 年的总收益率为 98.25%，年复合收益率 12.08%。这是在企业没有扩大经营规模，每年有盈利，但净利润没有增长情况下的回报率。

投资一家咖啡店：情况二

假如咖啡店把每年的净利润留存，用于扩大经营规模，并且经营得当，每年的净资产收益率保持 15% 不变，如表 1－1 所示。

表 1－1　无分红情况下咖啡店资产情况表　　单位：万元

年	净资产	净利润	净利润增长率（%）	净资产收益率（%）	每股收益（元）
第 1 年	100.00	15.00		15.00	0.15
第 2 年	115.00	17.25	15.00	15.00	0.17
第 3 年	132.25	19.84	15.00	15.00	0.20
第 4 年	152.09	22.81	15.00	15.00	0.23
第 5 年	174.90	26.24	15.00	15.00	0.26
第 6 年	201.14	30.17	15.00	15.00	0.30

连续经营 6 年没有分红，咖啡店的规模一直不断扩大，第 6 年利润翻了一番。这时，你们 10 个股东决定犒劳一下自己，把第 6 年的利润全部用

来分红。你10%的股份可以分得3.017万元，同时还持有10%的咖啡店股份。此时咖啡店的净资产为201.14万元，你所占的10%净资产额为20.114万元，相对于最初的10万元原始投资，你的总收益是（20.114－10＋3.017）＝13.131万，6年的总投资收益率为131.31%，年复合收益率为15%。这是在净利润每年增长15%的情况下取得的收益率。

投资一家咖啡店：情况三

我们再讨论第三种情况，咖啡店经营得不理想，或者咖啡质量不够好，又或者服务水平不行，客户上门不多，每年亏损10万元，如表1－2所示。

表1－2　经营亏损情况下咖啡店资产情况表　单位：万元

年	净资产	净利润
第1年	100.00	－10.00
第2年	90.00	－10.00
第3年	80.00	－10.00
第4年	70.00	－10.00
第5年	60.00	－10.00
第6年	50.00	－10.00

如表1－2所示，到第6年结束，咖啡店的净资产只剩下40万元，你的10%股权只有4万元，和原始的10万元投入相比，6年亏损6万元，60%的损失。现在股东们必须做个决定了，是关门大吉认赔出局，还是追加投资更换管理层，或者业务转型。作为老股东的你，会如何决定呢？如果按目前的经营状况持续下去，再有4年，原始投资就会清零，你肯定不想要这样的结果。那么更换管理层会有成效吗？也许！但是连续6年亏损了，咖啡店本身的决策机制肯定有问题，如果更换管理层有效，早就该做这样的决定了。那么彻底转型呢？如与互联网＋结合，改个名字叫“呕吐呕咖啡连锁有限公司”，再引进外部股东，高价增发股份，圈一笔钱进来，最后择机卖掉手上的股份！想法不错，就看是否有人会上这个当了。

企业上市的秘密

在情况一中，如果另外9个股东中有1位要移民了，想转让手上的股份，你愿意多少价格接手呢？初始总投资为100万元，按每股1元人民币计算，就是100万股，你已持有10万股，现在公司经营了6年，各方面经营情况还不错，而且预计未来也不会有太大的偏差，你当然愿意以原价每股1元人民币的价格购买，但其他8个原始股东甚至有外部投资者愿意出更高的价格——一轮轮竞价后的结果是每股2.25元，按每股0.15元的分红，每年的投资回报率将是6.67%。此时，你肯定不愿意出更高的价格了，因为银行定存或者理财产品也接近这个回报率了，而且是无风险的回报率，经营咖啡店毕竟还有不可预知的风险。这种情况下，每股定价2.25元，除以每股收益0.15元，就是大家熟悉的市盈率概念，即15倍。

情况二中，同样10万股要转让，如何定价呢？第6年每股收益是0.30元，按下一年继续增长15%，第7年的每股收益将会是0.345元，按第7年的15倍市盈率来估价，将会是每股5.175元人民币。考虑到第8年、第9年以及今后持续几年利润都会有增长，原始的8位其他股东以及外部投资者应该会出价比5.175元更高，如6.9元、8.6元，甚至更乐观的投资者会出价10元，这样对应第7年的市盈率将会达到20倍、25倍和29倍。

现在你明白企业拼命上市的原因了吧！原始成本1元的股权，上市按统一标准20倍市盈率，即6.90元发行，到二级市场再翻至少两番，到20.7元，市盈率60倍，甚至有的离谱到100倍市盈率，就是34.5元。即便这样，依然有人抢着买。你可别告诉我，你也干过这样的傻事。

股权投资的逻辑

例子很简单，有点像小孩玩过家家。就是这样非常通俗的例子，已经说明了股权投资收益是怎么来的，亏损企业是如何给你带来厄运，以及经营非常优秀的企业，是如何给你带来出色回报的。这个咖啡店经营和股权交易的例子是整个证券市场的一个小小缩影，它们背后的原理是相同的，只不过股票市场更复杂，参与的交易方众多，投资标的接近3000家，影响股票价格的因素更复杂，投资者更容易受市场波动的影响。

通过以上例子，让我们来梳理一下股权投资最基本的**十大逻辑**。

（1）股权投资收益的决定因素是：企业是否盈利。上述咖啡店例子的第三种情况，企业每年亏损，非但投资不会有收益，甚至连你的本金都会损失。

（2）优质企业股权的价格在长期会远远超过经营一般的企业。上述的咖啡店经过6年的经营，情况一中股权只能卖到每股2.25元，情况二则至少可以卖到6.9元，是情况一的3倍。同一家企业，只是经营情况不同，6年后的价格就相差了3倍以上，而且第一种情况还算经营得不错，每年都稳定盈利，只是缺少成长性。**可见企业的成长性在长期来看是最为珍贵的投资要素**。此外，如果股权在第2年就转让，情况一和情况二的股权价格相差并不大。这也就是我们常说的，**时间是优秀企业的朋友，是劣质企业的敌人**，无论怎么强调都不为过。

（3）企业的长期、持续成长能力是企业价值和价格的决定因素。成长速度越快，企业的价值就越高。读者朋友可以试着把咖啡店情况二的成长速度提高到20%和25%，计算一下第7年的股权转让价格。

（4）企业的成长是有极限的，长期高速成长如20%，一般情况下是不可持续的，这点投资者一定要有清醒的认识。企业成长会受到很多因素的制约，包括行业整体规模、行业内企业之间的竞争、新进入者的威胁、企业规模扩大后管理的难度提高等。从10年的周期看，一家企业能持续保持15%的成长已经是相当优秀了，能保持20%的增速绝对是凤毛麟角。若能找到保持10年25%增速的企业，并一直持有，恭喜你，你就是投资专家了。

（5）还有一个很重要的因素决定投资收益率的高低，那就是你的**买入价格**。回到咖啡店例子的情况二，你的原始投入成本是每股1元，新进入的投资者假如以每股 8.6 元买入，第 7 年你的分红回报是 34.5%，而新投资者的回报仅仅是 4.01%，而 10 元买入的话，回报是 3.45%。因此我们得出另一个重要的结论：**再好的企业，也不值得你不计成本买入，要等待合适的价格出现。**

（6）某些特殊情况下，即使企业经营很糟糕，股权也能卖出好价格。咖啡店例子的情况三，经营者将其改名为“呕吐呕咖啡连锁有限公司”，也许会有投资者被这个名字吸引，强烈预期公司会有实质性改变，会出每股 2 元，甚至 4 元、8 元来买股权。你是原始股东，当然很清楚改名只是在讲故事，还是真的要脱胎换骨。但是，外部人并不了解，当市场狂热时，当某一个概念被炒热时，什么离奇的事情都会发生。**稳健的投资者一定要远离故事，远离困境反转企业，**因为真正能反转的概率是微乎其微的。若管理层真有这个能力，也不至于会走到困境中。而且我可以十分肯定地告诉你，那些追逐市场热点，迎合市场口味，不断推出新花样的企业，请你一定要敬而远之。骗子固然可恶，但自身的贪欲恐怕更可恶，那是让骗子得逞的催化剂。

（7）企业的管理团队是否诚信往往决定你的投资是否安全。同时，团队的经营能力，以及是否有把企业做好的意愿都需要投资者仔细观察。

（8）咖啡店的股权转让是在特定的情况下才会发生，因此只要企业经营得好，你就不会轻易考虑卖出你的股份。由此得出一个推论，真正能在股市赚大钱的，一定是长期持有型投资者，当然持有的必须是优质公司的股权。

（9）如果企业能保持较高的 ROE 水平，如 15% 或以上，那么不分红而将利润留存用于企业经营，对股东是有利的。

（10）投资股票，不仅仅是一个代码，而是实实在在的企业股权，是企业的一部分。试想你持有 10% 咖啡店的股权，你肯定会非常关注咖啡店的经营状况。而大部分投资者在股票市场买卖股票，甚至都不知道股票背后的公司是干什么的，注册在哪个省市，靠什么盈利，这不是很可笑吗？

桥牌与投资的核心：少犯错误

我们做任何事情都要符合常理，要符合逻辑。俗话说，要按牌理出牌，说的就是这个道理，这也是在本章的第二节就阐述投资的逻辑的原因。笔者非常喜欢桥牌运动，发现投资和桥牌有很多相同之处，都讲求逻辑和概率，而且业余选手和专业选手在短期内都难分高下，这点与其他专业项目有很大差异。如打 1 副牌，业余选手完全可能赢世界冠军，打 8 副牌也许可以赢全国冠军，但是打 24 副就高下立现，更不用说大型比赛往往是 100 副以上。投资也是如此，比 1 天的投资收益，业余选手可能胜过巴菲特，1 年甚至 2 年的收益也可能胜过专业投资者，但拉长时间段，3 年、5 年，那业余选手根本就不是专业选手的对手。

投资之所以有魅力，个人投资者之所以乐此不疲，这也许是个原因。当然，专业与专业的对垒，尤其顶尖高手之间的对决，就犹如格雷厄姆所说的：获胜者是谁，很有可能是取决于各种“机会”。而业余选手之间的对垒，胜负的关键在于减少失误，桥牌如此，投资也是如此。桥牌胜负的关键不在于你有多少副牌打得如何精妙，而在于你的失误是否比别人少。一场桥牌比赛下来，听到最多的就是：少失误两副牌，我们的成绩就会前进好几个名次了。

桥牌和投资还有一个共同点，就是在某些特定的情形下，并没有绝对的真理。严格按牌理出牌也许这副牌你就输了；按投资的基本逻辑进行决策，也许很长一段时期你的投资业绩并不起眼，甚至很糟糕。这个时候非常考验人的意志，是坚持该坚持的，还是随波逐流？这也是桥牌和投资存在争论较多的原因吧。

在成熟的资本市场，由于参与者大部分都是机构投资者，因此要战胜市场就非常困难，因为机构投资者的总和就是市场本身。而中国目前的市场状况正好相反，个人投资者占大多数，因此，**你只要少犯错误，就有获胜的可能**。在此，我还是要再次提醒个人投资者，如果你没有时间，没有精力，没有专业投资知识储备，就尽量不要自己参与市场。也许在短期内你的投资业绩会让巴菲特都无地自容，但一个牛熊周期下来，结果几乎可以肯定：相当一部分的个人投资者将会面临亏损的局面。

第三节 投资的目的

这还需要讨论吗？目的不就是赚钱吗？我想说的是，赚钱仅仅是投资的目的之一，我们需要站在更高的层次来思考这一问题。

投资要有大格局

投资的首要目的确实是盈利，这会改善我们未来的生活，会为今后退休后的生活提供一些保障。但同时，投资上市公司也是支持实体经济，促进企业的进一步发展，从大的格局来说，也是为中国的经济发展、为实现民族的复兴做贡献。太假了是吗？这正是大部分投资者认识的误区，他们往往没有考虑到这一层面，仅仅从自身赚钱的角度去考虑投资。格局决定高度，若从投身国家经济建设的角度出发，你在选择投资方向时就必定会考虑国家需要发展的产业，就不会投向严重过剩的产业，就不会投机取巧，轻信他人的故事。同样，你也不会像个赌徒一样，每天盯着电脑屏幕追涨杀跌。如此，你才会得到家人的理解和认同，因为你不是在赌博，而是在投资。

投资应是一件快乐的事

投资，除了赚钱，我们还会得到什么呢？如果股价涨了你兴奋得睡不着，股价跌了你垂头丧气，更睡不着；盈利了得意地向亲朋炫耀，亏损了懊恼地到处撒气，这样做投资有意义吗？

股市一开盘，心绪就难以平静，隔几分钟就要上一趟厕所去看手机股票行情；收盘后还要后悔为何没有买进，或者卖出；一天一晃就过，耽误本职工作不说，还影响自己的前程，晋升、加薪的机会每每擦肩而过，严重点儿工作都有可能不保。这就是所谓的本末倒置，都是没有想明白投资的目的造成的。

投资应该是一件快乐的事情！资金投向了优秀的企业、代表国家今后发展方向的企业，随着企业的成长，我们的投入也相应得到回报，利国利己，岂不是一件快事？工作时间就全力做好本职工作，业余空闲时间，不断学习一些新的知识，了解新的行业的发展，掌握企业经营的状况。有机会的话，以股东身份和中国最优秀的上市公司高管进行一些交流，平等地进行对话，感知他们经营的智慧，感受他们人格的魅力，感谢他们一直以来的不断努力，这也是投资过程中会带给你的收获，这也可以作为投资的目的之一。

投资过程中，你也可以交到一些好朋友，无论是在公司的股东会上，或者在互联网上。因为每个人的经历、学识都是有限的，通过与朋友的交流、探讨，会扩大你的眼界和思路，对投资会有更深刻的认识。

当你有了一定的经验和成熟的投资理念后，对新进入市场的投资者做些指点，分享些经验，使他们少走些弯路，减少些损失，这不也是很有成就感的事情吗？

总之，除了赚钱，从投资过程中能享受到快乐，也应是投资的一个很重要的目的。生活是丰富多彩的，投资仅仅是生活的一小部分而已，健康、亲情、友情、职业发展是比投资更重要的生活要素。

第四节　投资预期收益率

这是投资的基本出发点，也决定了投资者自身的定位以及今后要采取的相应投资策略。

合理对待投资收益率

股票市场的历史已经告诉我们，长期的收益率是10%左右，中外概莫能外。即使在大部分人的眼中，中国的股票市场不规范，坐庄盛行，概念题材满天飞，常常暴涨暴跌，但20多年来还是给投资者带来了将近10%的长期投资收益。因此，个人投资者预期的长期收益率大致就是10%。我在本书中将要介绍的稳健均衡投资体系，也仅仅把15%的长期复合收益率作为目标。

可能在大牛市的氛围下，大部分投资人对这个收益率有点不屑一顾，但请尊重历史统计数据。从另外一个角度，如果每个投资者都能长期在股票市场获得高额收益，那还有谁会去种地、去做工、去做研究、去做医生呢？另外，作为投资者的你，有什么依据可以认定自己的收益会超过市场平均水平呢？

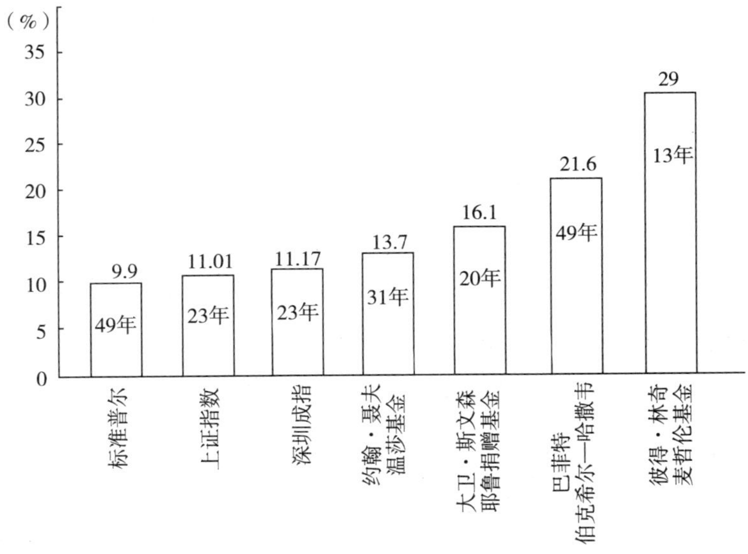

图1－1　投资收益率对比

在投资之前，请仔细审视以上收益率对比图，合理确定自己的预期收益率目标。约翰·聂夫是公认的投资大师，收益率是13.7%；巴菲特更是被誉为“股神”，长期收益率是21.6%；彼得·林奇的投资期限是上图中最短的，仅仅13年，若不是大师及早收手，恐怕数据就不会那么亮丽了。

反过来，也许有读者朋友对中国股票市场过往20多年能给投资者带来10%左右的收益存有疑问。有个股市定律“七亏二平一赚”，这个统计是否准确不得而知，但大部分个人投资者在股票市场确实是亏损的。我们确实需要好好地从自己身上找找原因。

牛市也会亏损

我总结个人投资者亏损的主要原因有两点：一是没有一套成熟的投资体系，选股、价值判断等毫无章法。二是无法控制自己的情绪，买入卖出的决策基本是基于市场的情绪波动，通俗的说法就是追涨杀跌。在熊市中根本不敢买股票，甚至是远离市场。到了牛市的初中期才尝试性地建了些仓位，而到了牛市的中后期，随着市场的火热，媒体的鼓噪，受亲朋好友赚了大钱的示范效应的诱惑，才开始大举建仓。

上证指数从2015年6月12日到7月9日的最大回撤为34.85%，投资者应该还记忆犹新。创业板从6月5日率先开始下跌，到7月9日指数最大下跌幅度42.92%，个股跌幅超过50%的比比皆是。若没有一套好的投资体系，没有好的控制情绪的方法，即使在牛市，亏损都很正常，更不用说经历一轮牛熊周期了。

例如，市场上有一只股票，2007年10月从61.24元的高位往下跌，跌至30元时有很多投资者认为腰斩了，该跌到位了，纷纷买入，结果还是继续往下跌，直到2008年10月见底16.64元。这个时候市场人气是最涣散的时候，大部分个人投资者已经“割肉”离场。而接下来该股又在各种政策的推动下暴涨到2009年8月的34.78元，翻了一番，而投资者在这个过程中能盈利多少呢？

接着又经历漫长的下跌，到2014年6月跌到18.49元，五年下来，股价下跌46.83%。相信大部分个人投资者在这个过程中对这只股票已经伤心欲绝，不要说买入，连看一眼都觉得是要命的事情。接着市场开始逐步回暖，估计要等到股价涨到25元左右时，才会引起一些投资者注意；到30元时他们才觉得应该买一点了，如10%仓位；到35元时加仓到20%；股价涨到40元时，市场开始真正热起来了，官媒也开始发声，牛市才刚刚开始，好，那就加仓吧，在40元时再买入30%；到50元时，各种评论、报告满天飞，这只股票至少要涨到80元，涨到100元也没有太大问题，于是投资者开始按捺不住，在这个价位满仓介入。

现在这位投资者买入的成本是多少呢？30×10%+35×10%+40×30%+50×50%=43.50元，此时股价还在往上走，但还没高兴一星期，市场开始连续下挫，最低下探到33.73元，这就是在牛市个人投资者亏损的原因。如果激进的投资者在高位融资买入，那结局就更惨。更有甚者用场外配资1∶5的方式借钱买股，如自有资金10万元，借钱50万元，合计60万元买入股票，只要价格下跌17%，股票市值就只有49.8万元了，本金全部亏完，还不够还款。而且一旦借钱买股，股票就质押给了资金出借方，一旦到平仓线就会被强制平仓，即使以后股价反弹，你也没有任何机会了。

投资从合理的预期收益率开始

行文至此，希望读者朋友们对预期收益率有一个客观的认识。首先，股票市场盈利，而且是长期持续盈利，是非常困难的事情。如果股市“七二一”定律准确的话，那么只要有盈利，你就是那10%的少数人，不是有过人之处，就是运气比较好；那么其他90%的投资者该如何办呢？一种方法是把钱交给专业投资机构去打理。我们绝大部分人都认同“术业有专攻”，如不会自己量体裁衣，自我诊疗，自己盖房子，自己造汽车，而偏偏对于投资这个非常专业、复杂的行业却信心满满，究其原因，一是可能这个行业的显性门槛太低了——到证券公司去开个户，然后点点鼠标，网上下单，几秒钟就搞定，同时“低买高卖”就是赚钱的基本原理，这谁不会啊？二是钱财交给别人打理实在是不放心，或者就是希望能享受投资过程的乐趣。那好，第二种方法就是要建立一套有逻辑基础支撑并能经得起市场检验的投资体系。先从设定合理的预期收益率开始吧！资本市场的历史已经告诉了我们，要获得合理的投资回报，比大多数人想象的要简单，如采用投资指数基金的方式，尽管比较乏味，但要获得非常好的结果，比人们想象的要难。经常发生的情况是，脱离实际的投资回报预期，也就是想赚大钱、赚快钱、赚轻松钱的想法，反而是令投资者陷入困境、陷入亏损局面的根本原因。

读了以上文字，你如果还是觉得10%～15%的收益率太低，那我只能说，你买错书了，给书商打个电话吧，看能否退货。

第五节　稳健均衡投资体系的含义

稳健：从做一名从容不迫的投资者开始

稳健，从字面意思理解，就是从容不迫，是的，我们首先要从做一个从容不迫的投资者开始。作为个人投资者，在进入市场前首先要问自己一些问题：我具备投资方面的基本知识吗？我有时间研读公司的财务报表、年度和季度报告吗？我有分析行业和公司的兴趣、能力和时间吗？我有时间去调研公司、去参加公司股东会并与管理层交流吗？还是仅仅听消息，听朋友介绍就买卖股票呢？我能控制自己的情绪吗？市场大跌和大涨，我能睡好觉吗？我的投资目的是什么，仅仅只是赚钱吗？我期望从股票市场得到多少回报呢？我投入的资金是闲散资金还是随时要急用的？我会借钱去投资吗？我能做到眼看着题材股、概念股价格暴涨而不为心动吗？我能做到面对真正优秀的公司、业绩优异的公司股价就是不涨而泰然自若吗？

关于投资，首先我们需要在境界上有所提高。如果投资的目的仅仅只是为赚钱，那么难免会在市场中迷失，会太计较短期的得失。其次，个人投资者对自身的定位应该更加准确，我们是投资者，不是散户，不是股民，我们来到市场一是为寻求资产增值的机会，二是为国家的经济建设做贡献，而不是来炒股，炒一把就走人。个人投资者从现在开始就要抵制“散户”“股民”“炒股”等词汇，首先从自己的词典里清除掉，并随时纠正其他人的此类语言。以一个真正的投资者的身份进入这个市场，你的心态就会放松，你的境界就会与众不同，你才能从根本上做到从容不迫。

稳健从投资标的选择上，必须以投资优质公司为唯一方向，就是所投资的企业必须是透明、进取、诚信、稳健成长，注重股东回报；所选择的行业一般是非周期行业，并且符合未来社会发展趋势，且能保持较长时间的繁荣。

稳健从买入价格上，一定要注重安全性，这是你获得盈利的基础，也是能够保持良好持股心态的基本保障。

均衡：投资不是你的全部

均衡，就是不走极端，体现在大的层面，就是把投资仅仅作为生活的一部分，甚至可以说是一小部分。你的健康、家人、朋友，事业的发展，你的兴趣爱好等构建了你的生活全景，不要把投资当作生活的全部，因为我们毕竟是业余投资者，我们有更重要的事情要做。我们做投资确实需要专注，需要认真对待，但不能太在意，不能日思夜想，影响正常的生活。

均衡，体现在资产配置上，可以考虑银行存款、债券和股票的均衡配置，把个人的财务规划好。如手头一定要留有现金以备急需；可以存一部分资金到银行，因为你需要孝敬老人、抚养孩子、支付房贷等。投资股市的资金必须是闲散资金，基本上 3 年内不需要动用。

均衡，体现在股票投资上，就是必须做组合，不能只投向单个行业，更不用说单个股票或者少数股票。要建立由 3 ~ 6 个行业、5 ~ 15 个公司构成的股票组合，具体要视资金量的大小，对公司研究的时间和精力而定。

因为单个股票的波动一般而言会大于整体市场，同时行业的景气程度在不同的阶段都会有差异，更重要的是，单个公司的经营有时会有意想不到的事情发生，俗称的“黑天鹅事件”，如2008年的三聚氰胺事件对乳业的打击，2003年的SARS事件对旅游航空业的冲击等。

均衡，体现在股票构成上，就是防御型股票和进攻型股票的合理配比，也可以说是价值股和成长股的合理配比。一个组合中，低估值的股票至少要占到50%的比例，这类股票指年复合增长率在10%左右，但市盈率要低于15倍的股票，但也不能全部选择银行股或者家电股；另外要配置一些成长股，主要指代表新兴行业，年复合增长率至少在15%以上，但市盈率不能超过30倍。根据市场整体的状况，调整两种类型股票的比例，市场处于高位时，就要提高防御型股票的比重。

稳健均衡投资体系的11大要点

稳健和均衡是相辅相成的，只有做到了均衡配置，才不会被市场的短期波动所影响，才能有良好的持股心态，才能做到从容不迫。而稳健的策略，不会使你盲目行动，使你保持良好的心态。

（1）要保持达观的心理状态，投资者必须是乐观主义者，因为投资的回报来自于未来，从总体上对国家未来的前途命运要有充分的信心，对中国企业，尤其是优质企业的成长和发展要有乐观的心态。这不是在唱高调，而是有事实依据的，中国从古至今，绝大部分时间都处于世界领先的地位，历史充分证明了，只要政策宽松，按市场机制运行，中国人勤劳、聪明以及对美好生活的追求往往会激发出巨大的创造力，这点从20世纪70年代末改革开放至今已得到充分的验证——短短30多年中国就从一个落后贫穷的国度飞跃成为世界第二大经济体。

企业层面的案例也是不胜枚举！如通信行业诞生了世界领先企业华为；个人电脑行业全球第一的联想；在全球视频监控设备市场取得连续四年第一的海康威视；领军互联网行业的阿里巴巴、腾讯、百度；传统制造行业也有一批具有国际竞争力的优秀企业，如格力、美的、海尔、中集集团、三一重工、中联重科等，它们就是你投资信心的来源。

（2）投资者要有好学精神。孔子唯一表扬自己的优点就是好学。子曰：“十室之邑，必有忠信如丘者焉，不如丘之好学也。”投资是一门综合学科，涉及宏观经济、企业管理、财务会计等多学科，且各行各业都有其运行的规律，所体现出的投资机会也不尽相同。如稳定增长行业与周期性行业的竞争格局、财务指标等就有很大差异，估值方法也相差甚远。如银行业是高杠杆行业，负债率很高，估值也一般用市净率指标，即 PB；消费品行业负债率就相对低很多，估值一般用市盈率指标，即 PE。

（3）具备投资的基本心理素养：耐心、冷静、反思、自控等。投资者必须首先对照自身看是否具备这些素质。如果投资股票后茶饭不思、夜不能寐，上班也魂不守舍，涨了焦虑、跌了痛苦，那就需要认真思考自己是否真的适合做投资。

虽然热情在其他行业是一项必不可少的品质，但在投资领域常常会招致失败，尤其在牛市中，更需要保持理性和冷静。

（4）投资股票首先的任务是避免错误，尤其是严重的错误，那么什么是严重的错误呢？一是对所投资的公司一无所知，只是听人推荐就买入。二是对所投资公司的价值根本不了解，买入的理由仅仅是因为它在上涨。三是借钱投资，一旦遭遇强制平仓，就没有任何机会了。

（5）入市的目的是投资，任何时候都不要有投机的想法。那么什么是投资呢？格雷厄姆给出过很好的定义：“投资业务是以深入分析为基础，确保本金安全，并获得适当的回报；不满足这些要求的业务就是投机。”具体分析有三层含义：深入分析，确保安全，适当回报。深入分析是指对你投资的企业要有深入的分析和了解，包括企业的基本业务情况、竞争态势、盈利状况、长期发展趋势、管理团队是否诚信有为等；确保安全就是不要高价买入股票；适当回报就是指预期收益率不要太高，这点在本章第四节有过详细的讨论。

（6）要构建自己的能力圈，寻找自己能理解的行业，并从中寻找最优秀的企业进行投资。

（7）把挑选出的优秀公司做一个组合，而且是行业分散的组合，同时，资金基本是平均投向组合中的股票。组合中一般包含5～15只股票，根据资金的多寡，投资者的时间、精力而定。可以概括为以下四项基本原则：

一是适当分散。不仅股票要分散，行业也要分散。如果持有5只都是银行股，那就不是分散。

二是优质公司。标准不一，但总有市场公认的标的。

三是价格合理。有很多指标可以帮助选择，如PE、PB、PEG等，但最好的指标就是“大熊市”。

四是长期持有。也不绝对，当股票价格涨得太高，或基本面恶化，或有更好的标的时，可以替换。

（8）投资者对整体市场的状况要有一定的认识。投资者持有的普通股组合只是股市这一庞大机体的一个小小断面。投资者应当具备一些股票市场的历史知识，对整体市场的估值水平是否严重偏离正常状况有一个清醒的认识。如2014年上半年上证指数2000点左右的时候，投资者都心灰意冷而远离市场，而到2015年4月下旬指数到达4500点一线时，市场的热情反而空前高涨。体现在成交量上，每天沪深市场1.5万亿元左右，而2000点的时候，全市场成交不足2000亿元。沪市在2014年低迷的时候，每天的成交量600亿元，而在2015年4月，单日成交超过1万亿元，因超过系统的极限而“爆表”。此时主要是赚钱效应而不是投资价值在发挥作用。大部分投资者关心的不是公司的基本面、市盈率、市净率、股利率以及公司今后的持续盈利能力等，而仅仅关心买入后能不能上涨，这个时候就是你必须谨慎的时刻。另外创业板整体市盈率超过100倍，这都是非常危险的信号。

（9）要注重安全边际。任何投资的回报都是而且必定永远是你买入价格的函数。既然公司能够挣到的利润是有限的，投资者为其支付的价格就应当适可而止。投资者任何时候都不要冲动，都不要以高价买入。2007年

11 月 5 日，顶着“亚洲最赚钱公司”、巴菲特概念股的光环，中石油登陆 A 股市场。当时机构人士普遍看好，发行价为 16.7 元/股。上市首日，中石油开盘价为 48.6 元/股，当日最高价为 48.62 元，收盘价为 43.96 元。之后一路下跌，2013 年 6 月 25 日跌至最低 8.73 元，为第一天收盘价的 20% 都不到。还有中国远洋，从最高价格起算，最大跌幅达到 96%，这都是血的教训。最新的案例是全通教育，2015 年 5 月 18 日除权后盘中创出最高价 250 元，市值 535 亿元，而该公司 2014 年全年利润仅 0.44877 亿元，PE 高达 1192 倍。截至 2015 年 7 月 3 日，该股收盘价 98.01 元，仅仅 45 天，股价下跌超过了 60%。

（10）建立好投资组合后，投资者经常会面临市场价格波动，组合的市值也会随之起伏。针对此现象，格雷厄姆创造了一个非常生动的词汇：Mr. Market，“市场先生”。你是利用好这位市场先生还是被市场先生牵着鼻子走，是成熟投资者与股市菜鸟的区分标准之一。经常会听到投资者这样抱怨，“某某牛股，我买过，就是没拿住”“某某牛股我只赚了 10%，卖掉后翻了 N 倍”，等等。究其原因，就是没有应对好市场的波动，波动既有往下的波动，也有往上的波动。投资者拿不住牛股的原因有这么几种：一是买入价格偏高，套了很长时间，一旦解套，就赶快出手；二是对所买股票的公司经营状况并不十分了解，涨跌都会引起很大的心理波动，缺乏足够的定力；三是贪图小利，希望通过做波段来扩大盈利，其实真正优质的公司，一旦卖出很有可能就会不回头地上涨，而人的正常心理，绝不会再追高买回；四是市场上每天都会充斥着大量的影响公司股价的宏观和微观信息，而事实上对公司的经营根本没有任何影响，投资者往往会经不住市场噪声的干扰而随意做出买卖决定。

那么是否有好的方法来正确应对市场的波动呢？只要坚持投资的四项基本原则就可以了。

（11）只要市场整体处于合理区域，尤其是组合中的个股估值没有处于显著高估状态，那就满仓耐心持有组合，分享公司利润增长带来的分红以及市值增长收益。并定期核查组合中公司的经营状况，若确实发生了足以长期影响公司经营发展的因素，就相应做些调整。同时跟踪市场中其他优秀的公司，等待机会；有合适的价位，可以买入。不做择时交易，一般投资者很难做到高抛低吸，逃顶抄底，还是把精力放在个股研究上，除非市场出现重大转折点。

尤其对牛市要抱有足够的警惕。

第六节　稳健均衡投资体系的特色

与价值投资体系比较

与价值投资体系相比较，稳健均衡投资方法更关注企业本身，而不仅仅是当前价格便宜与否，更注重企业未来的发展前景。但是未来是不确定的，判断企业是否具备长期的成长性、长期的超额盈利能力是相当困难的，需要投资者做足功课，密切关注企业经营的动态。此外，千万不要给成长性企业过高的估价。格雷厄姆在《聪明的投资者》一书中给出了一个十分简便的成长股估价公式，该公式计算出的数据，十分接近一些更加复杂的数学计算所得出的结果。

价值 = 当期（正常）利润 ×（8.5 + 两倍的预期年增长率）

（8.5 + 两倍的预期年增长率）就是资本化率，也就是通常的市盈率，反映了市盈率与预期增长率之间的关系。格雷厄姆专门在该书的注解中强调："请注意，我们并不是说，这个公式给出了成长股的'实际价值'；而只是说，它大致给出了现在正流行的复杂计算方法所得出的结果。"同时，预期增长率是指未来7～10年的预期增长率，而不仅仅是第二年的增长率。绝大多数公司最多也就是15%，极端的可能到20%或以上。因此，再好的公司，市盈率到40倍就基本到极限了。假如某公司当期每股利润为1元，连续按15%增长10年，10年后其利润将为4元。若当期以40倍市盈率的价格40元买入，10年后若股票价格不变，那时的市盈率为10倍，考虑到企业10年后一般情况下很难再维持高速增长，10倍市盈率很可能就是合理的资本化率，结果就可能是10年股价没涨，也就是投入10年的资金没有增值。可见高位买入的风险是非常巨大的，即使10年后的市盈率为20倍，股价为80元，10年回报率为100%，复合年收益率仅仅是7.15%，也是比较平庸的收益。

与成长股投资体系比较

与成长股投资体系相比较，稳健均衡投资体系的股票组合中，除了成长股、科技股，还应该有其他行业的股票，如金融股、消费类股、医药股、家电股等。有些行业尽管增长率不是很显著，但只要价格足够便宜，未来也有不错的发展空间，如年复合收益率能长期保持在10%～15%之间，而市盈率在10倍左右，这样的公司在组合中至少应该占30%的比例。这些公司会为你在市场大幅下跌或者熊市来临时，提供类似“安全垫”的作用。随着市场整体的逐步上行，这类公司在组合中的比例也应该相应提高。

什么样的人适合使用稳健均衡投资体系

稳健均衡投资体系的关键点，就是要有足够多的优秀公司作为备选，而且是行业比较分散的，这对投资者的学习能力要求相对比较高，但也不用太担忧，因为好公司就在那里，投资者可以从很多渠道收集到各行各业的龙头公司的信息。投资者真正需要克服的困难往往来自自己，因为优秀公司经常是没有太多故事可讲，没有太多的想象空间，股价走势也是不温不火，体现出慢牛的特点，与牛市中一些题材股动辄十几个、二十几个涨停板相比缺乏吸引力，但是拉长时间段，优秀公司的回报一定是远超过题材概念股的。这套体系立足于超长期投资目标，对投资者的心理要求也会比较高，要能无惧市场波动，抵制住市场的诱惑，坚持持有由优质公司构成的组合。

这套体系的不足之处也很明显。因为组合要求行业分散，因此投资者相当于一个迷你型基金的经理，弊病就是对行业的研究和个股分析会比较粗浅，不够深入。这是先天决定的，因为我们是业余投资者，不可能有太多的时间、精力去进行证券研究。但是优势也比较显著，就是一旦建立起组合，就不需要花费太多的时间，也可以避免受市场波动的影响。

这套体系的真正目的，是希望投资者能达到以下三个方面的目标：

（1）使你的投资亏损概率最小化；

（2）使你获得长期持续收益的机会最大化；

（3）帮助你控制情绪，在获得投资收益的同时，享受投资过程的快乐。

第二章　稳健均衡投资体系的具体操作方法

本章的目的是与读者朋友分享如何去实践第一章提出的稳健均衡投资体系。该体系的核心是公司的选择。这一章将告诉您，当初次接触一家上市公司时，需要了解哪些信息，需要收集什么资料，以便您做出正确的选择。本章还将讨论如何建立组合以及需要注意的一些问题。

第一节　公司相关信息收集

公开信息：内容与来源

使用稳健均衡投资体系，对于上市公司所有的分析判断都基于公开信息，**杜绝一切内幕消息**。我们不用关注央行是加息还是减息、降低还是提高准备金率，不需要关心希腊是否“脱欧”，也无须关心美国的经济数据。

我们需要做的，就是集中精力收集公司的相关信息，并基于这些信息做出初步判断——该公司是否值得拥有，是否值得长期跟踪，或者根本就不用浪费精力。这些信息主要包括：公司的经营情况、主营业务状况、盈利状况、主要市场的分布、发展前景、公司治理结构、经营团队核心人员的背景，等等。

我们的信息来源最主要的渠道是公司年报、季报、招股说明书、公告等，这些信息都可以在巨潮资讯网上查询到。上市历史比较长的企业，甚至可以追溯查询到2000年的年报。另一个重要的信息来源是公司的官网，从中可以了解到公司的经营战略、企业文化、主要产品或服务等。上市公司网站都有“投资者关系”这个栏目，有什么疑问可以直接联络公司。上市公司都设有证券部，负责人是董事会秘书，还有证券事务代表，以及其他工作人员。这两个信息获取渠道，可以提供大致80%的信息，足以让投资者对公司有个基本了解。

其他信息获取渠道还有股东大会，可以对管理团队有直观的认识，并可以帮助你验证对公司的判断是否合理；还有券商的分析报告，但我可以告诉你，大部分是不值得花时间看的，有些深度研究报告，因为涉及行业信息、竞争对手分析等，可以作为参考。

信息搜集与处理方法

当面临一家上市公司时，笔者通常会这样做：

第一步，登陆公司的网站，了解公司基本信息。第二步，把公司历年的主要经营数据列出一个表格。具体方法是，查找公司历年年报的“会计数据和财务指标摘要”，查阅招股说明书中上市前3年的数据，用Excel把营业收入、净利润、经营性现金流净额、净资产等数据制成表格，计算出营业收入增长率、净利润增长率、销售净利润率、净资产收益率，笔者将这个表格称为“全景表”，足以帮助你大致了解公司。

案例分析

雪迪龙

投资者可能对这家公司有点陌生，从名字也看不出它是干啥的，但大家对环保可能会很关注，2015年2月底，有一部纪录片《穹顶之下》，引发了公众对环境污染问题的高度关注，每年“两会”期间，环保股也总会有一番表现。对于这样一家陌生的公司，笔者会采取以下步骤来分析它。

（1）登陆雪迪龙公司网站。

网站第一栏的内容就是公司的情况介绍。

> 北京雪迪龙科技股份有限公司（Beijing SDL Technology Co.，Ltd.），股票代码002658，创立于2001年9月，坐落于北京市昌平区国际信息产业基地；注册资金6亿元，是专业从事环境监测、工业过程分析、智慧环保及相关服务业务的国家级高新技术企业。
>
> ……
>
> 雪迪龙公司始终以“振兴环境监测和分析仪器民族工业”为使命，将一如既往地为客户提供最优质的分析产品及综合解决方案，围绕自身的技术优势、工程优势与规模优势，通过技术、产品、业务及管理模式的不断创新，持续提升企业核心竞争力，为将公司打造成为中国一流的环境监测公司、世界一流的分析仪器品牌而努力。

由此我们就知道了该公司的主营业务与环境保护有关；公司总部在北京，业务的应用范围非常广泛，市场不仅在中国，也有国外市场；员工1000人左右，研发人员占比20%，服务工程师占比50%。大致可以判断公司从事的是高科技行业，研发是关键，售后服务是重点。

再进入“产品中心”，可以知道公司的主要产品有环境监测系统、过程分析系统、分析仪器仪表等。再通俗些，就是环境是否被污染，需要仪器设备来监测数据，这就是雪迪龙的主营业务。若对其他有关信息感兴趣，还可以继续深入了解，如公司的组织结构、愿景理念、行业解决方案、技术服务等。还可以进入“新闻中心”了解公司的最新动态以及行业的最新信息。“新闻中心”里还有公司的宣传片，6分半钟就可以对公司有个大致了解。

与投资者直接关联的栏目就是“投资者关系”，其中有公司的联系方式，董监高的介绍，摘录董事长的简介如下：

> 敖小强：男，1964年出生，中国国籍，无永久境外居留权，本科学历，高级工程师。1985年7月毕业于华南工学院（现为华南理工大学）自动化系化工自动化及仪表专业；2012年获北京大学光华管理学院EMBA硕士学位；1985年7月至1998年5月任北京分析仪器厂（1997年北京分析仪器厂与北京瑞利分析仪器公司合并为北京北分瑞利分析仪器（集团）有限责任公司，下同）技术员、工程师、高级工程师；1998年6月至2005年3月任北京雪迪龙科贸有限责任公司部门经理、执行董事兼总经理；2005年3月至2010年8月任北京雪迪龙自动控制系统有限公司执行董事兼总经理；2007年11月至2009年10月兼任北京雪迪龙分析仪器有限公司执行董事兼总经理；2010年8月至今任北京雪迪龙科技股份有限公司董事长兼总经理。

从中可以了解到董事长是科班出身，一直从事分析仪器行业工作，可以说是非常专业的人士；从年龄上看，也正是年富力强的时期。

“投资者关系”中另外一个重要的平台就是“投资者问答”，你可以直接提问，或者浏览其他投资者的问题，看公司是如何回答的——是应付了事还是认真解答。

一家公司的官方网站，是其对外的直接窗口，关键不在于界面设计是否漂亮，而在于是否能给投资者提供足够的信息。

（2）制作“全景表”。

列出公司历年主要经营数据，如果公司上市历史比较短，就查询招股说明书，补足上市前三年的数据。雪迪龙的全景表如表2－1所示：

表 2－1　雪迪龙（002658）全景表　　单位：亿元

年份	营业收入	同比增长（%）	净利润	同比增长（%）	经营现金流净额	股东权益	销售净利率（%）	ROE（%）
2009	2.52367		0.58080		－0.06	1.78716	23.01	32.50
2010	3.00173	18.94	0.34465	－40.66	0.58	2.57775	11.48	13.37
2011	3.27809	9.21	0.81474	136.40	0.38	3.39230	24.85	24.02
2012	3.78522	15.47	0.99858	22.56	－0.25	10.6796	26.38	9.35
2013	5.88997	55.60	1.34146	34.34	0.07	11.8011	22.78	11.37
2014	7.41430	25.88	1.98841	48.23	0.52	13.5146	26.82	14.71

注：公司 2012 年 3 月 9 日上市。2015 年 7 月 14 日，公司总股本 6.0488 亿股。2014 年每股收益 0.33 元，每股净资产 2.23 元，2014 年 PE 78.45 倍，PB 11.61 倍。2015 年 7 月 13 日收盘价 25.89 元。

由表 2－1 可知，公司营业收入从 2009 年的 2.52367 亿元增加到 2014 年的 7.4143 亿元，5 年增长了 193.79%，复合增长率为 24.05%；净利润从 2009 年的 0.5808 亿元增加到 2014 年的 1.98841 亿元，5 年增长了 242.36%，复合增长率为 27.91%，可以说是相当优秀的数据。2010 年净利润大幅下降 40%。查阅招股书："2010 年营业利润、利润总额及净利润较低，是由于当年发行人控股股东通过向管理层和骨干员工转让股权实施股份支付而形成的管理费用 3957.27 万元所致。" 回溯调整这个因素后，2010 年的净利润为 0.7404 亿元，公司的净利润增长率曲线就非常理想了。此外，2012 年公司净资产收益率突然从上一年度的 24.02% 下降到 9.35%，是因为 2012 年 3 月 IPO，募得大笔资金，净资产大幅增厚所致。

（3）深入分析，做出投资判断。

如果某家公司的营业收入经常起伏，净利润某些年度增长，某些年度下降，甚至某些年度亏损，或者销售净利润率不足 5%（零售行业除外），净资产收益率在 8% 以下，那么，笔者建议就不用花太多精力去研究它了。因为企业是否优秀，最终体现在财务数据上，而且真正优秀的企业是不需要太长的时间来证明的。

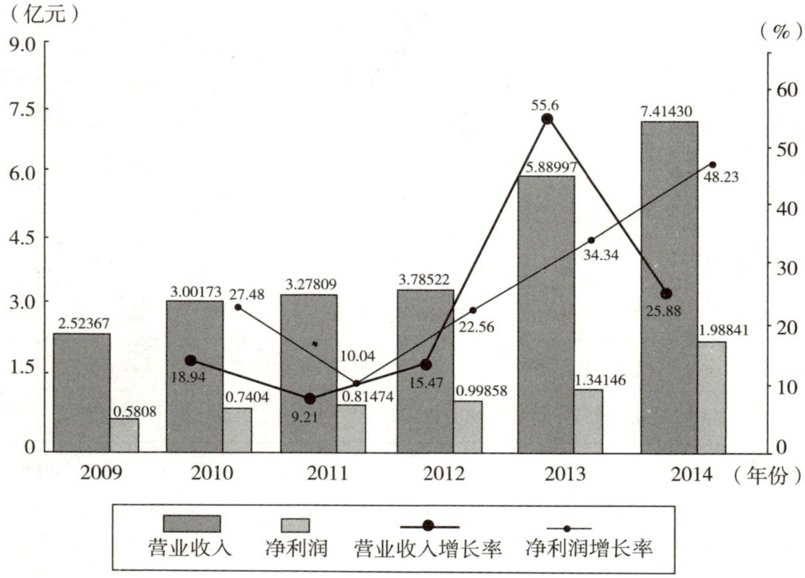

图 2－1　2009—2014 年雪迪龙（002658）业绩表现

通过以上分析，可以初步判断这就是稳健均衡投资体系寻找的“稳健增长型企业”。

从以上数据和图表我们能得出哪些初步结论呢？

从财务数据看，公司的销售净利润率非常高，20%以上；ROE（净资产收益率）数据在发行上市后也是逐年上升；营业收入增长率和净利润增长率非常健康，并有加速的趋势；唯一不足的是经营性现金流净额不理想。通过这些数据可以推测出该公司以及所在行业有如下基本特点：第一，或者整体市场容量在扩大，或者挤占竞争对手的市场份额，也可能是两者兼而有之。第二，行业利润率高，可能存在一定的进入壁垒，或者是技术上的，或者是客户有黏性；但同时也可能会吸引更多的进入者，因此要分析进入壁垒有多高。第三，从财务数据看，行业基本稳定，体现在营业收入和利润比较平稳，没有显示出很强的周期性。也许时间跨度不够，行业没有经受真正的考验。第四，行业竞争应该不是非常激烈，因为环保行业通常是区域性市场。目前了解到的同行业上市公司有先河环保和聚光科技。第五，现金流不理想，2014 年财务报表应收票据和应收账款合计 4.54 亿元，且账龄有超过 2 年甚至 3 年的，说明下游有很强的议价能力，与企业的客户都是政府部门和央企有关。第六，经营团队可能比较优秀，但需要验证。第七，公司估值相当高，说明市场非常看好环保行业。

以上是浏览公司网站和制作并分析了“全景表”后，对公司的初步印象和大致判断，是否准确，需要进一步阅读材料以及与上市公司直接沟通。

图 2－2 为公司从上市至 2015 年 7 月的月线股价走势，大幅跑赢指数。主要原因：一方面公司增长率较高，另一方面市场对环保股给出了较高溢价。

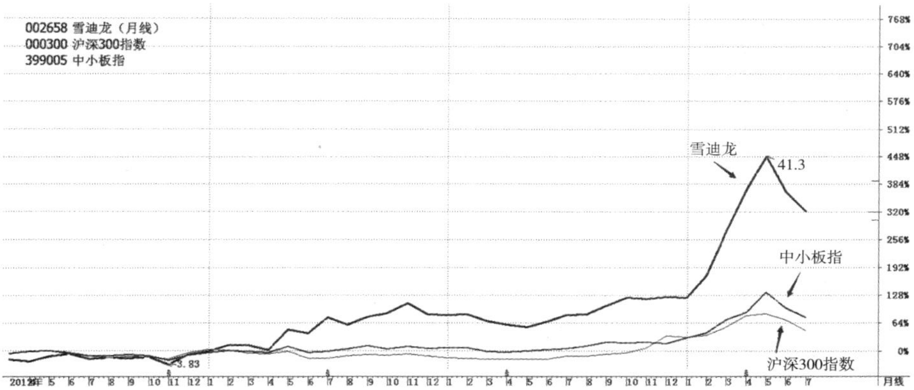

图 2－2　雪迪龙股价走势对比图（月线）

第二节　年报阅读要点

年报就是公司每年的成绩单

个人投资者必须要做的功课就是认真研读公司年度报告。年度报告是公司管理层向投资者交出的过往一个年度经营情况的答卷，通常分两大块内容：过去一年做了什么，今后一年打算做什么。

从年报披露内容的详尽程度，文字的措辞，以及对经营的分析是否客观，也可以初步判断出这家公司是否值得重点关注。真正优秀的公司往往会非常坦诚地告诉你，过往一年做出了哪些成绩，经营上有哪些不足，而不是笼统地归咎于外部因素。那么阅读年报重点看什么呢，让我们以雪迪龙 2014 年度报告为例，详细说明。

如何读懂一份年报

通常上市公司的年报都超过 100 页，内容确实有点多，不过看多了以后，抓住要点的话，一般 1 小时应该够了。

雪迪龙 2014 年度报告共 131 页，分 12 节，真正重点的是“第三节　会计数据和财务指标摘要”“第四节　董事会报告”“第六节　股份变动及股东情况”“第八节　董事、监事、高级管理人员和员工情况”和“第十节　财务报告”。其中的重中之重是董事会报告，值得多读几遍。

第一节　重要提示、目录和释义

> 公司经本次董事会审议通过的利润分配预案为：以 2014 年 12 月 31 日的公司总股本 274945600 股为基数，向全体股东每 10 股派发现金红利 1.50 元（含税），送红股 0 股（含税），以资本公积金向全体股东每 10 股转增 12 股。

解读：开篇“重要提示”的内容是分配预案。股东期盼了一年，到底公司有哪些回报呢？先给你颗定心丸！现金红利不多，转股很大方。大部分中国股市的投资者对大比例送红股，或者资本公积金转增股本非常有兴趣。原因有：期望股价除权后有填权行情；预期公司今后会有高增长；股价变低了以后，流动性会增强；股价低点看起来似乎也安全些。这里要注意的是，这个分配预案仅仅是董事会的提议，还需要股东年会投票批准，另外分配方案实施后总股本变更为 6.0488 亿股，计算每股收益和每股净资产时要用新的总股本数，不能随意使用“第三节　会计数据和财务指标摘要”中的内容。

释义部分是针对一些行业专有名词的解释，这部分内容很有用，因为不同行业差异很大，专有名词、专用术语较难理解，尤其一些英文缩写、简称，没有这部分内容，你都不知道公司在说些什么。

第二节　公司简介

……

解读：这部分内容主要是公司基本情况介绍，包括注册地、办公地、注册变更情况、联系人和联系方式等。作为投资者，想了解公司经营情况，主要和公司哪个部门、哪个人联系呢？答案是董事会秘书和证券事务代表。在这一部分，你可以找到他们的联系方式。如对公司经营有任何疑问，不妨和他们联系试试。这都是了解一家公司的渠道，可以为你的投资决策提供参考。此外，给他们写电子邮件有回复吗？电话沟通时，工作人员耐心解答你的问题了吗，工作热情吗？通过这些细节都可以帮助你判断这家公司是否有投资价值。

第三节　会计数据和财务指标摘要

……

解读：笔者前面提到的制作“全景表”的数据就来自这一节。对于这一节，要特别注意的是非经常性损益项目及金额。有些公司在某一年度有大额的非经常性损益项目发生，如处置资产、大额政府补贴等，在制作“全景表”时就要相应扣除，这样才能如实反映公司一个年度的实际经营情况。

第四节　董事会报告

一、概述

2014 年，公司紧跟国家形势，积极调整工作规划及思路，继续以市场为导向，巩固和拓展环境监测及工业过程分析的核心业务；同时，积极拓展新兴业务，探索新的商业模式，致力于技术创新，不断丰富公司的产品系列与技术储备。公司全体员工紧紧围绕年初的整体目标，严格执行各项工作计划，圆满完成了既定任务，为公司未来的持续快速发展奠定了良好的基础。

解读：由此可以看出，公司积极拓展新兴业务，探索新的商业模式；2014 年度业绩不错，对未来也充满信心。

（一）公司总体经营情况

1. 2014 年度主要经营指标完成情况：

……

2. 2014 年度各项财务指标：

……

解读：报告期内公司偿债能力方面，流动比率和速动比率两个指标分别为 5.41、4.02；在营运能力方面，总资产周转率、应收账款周转率（次）和存货周转率（次）分别是 0.50、2.42、1.56；在盈利能力方面，基本每股收益达 0.72 元，净资产收益率达到 15.79%。

（二）持续进行研发创新

2014 年，公司继续按照市场需求确定研发方向，采用多种方式与手段促进创新。公司自主研制的固定污染源废气中气态汞排放连续自动监测系统，已进行应用测试；“抽取式颗粒物浓度监测系统”及应用于低浓度气体污染物监测的“高温多组份红外气体分析仪”研发成功，并顺利投放市场；同时，公司积极进行产品的升级换代，取得了较好的成果，其中 1 项产品荣获“国家重点新产品”的称号。

截至 2014 年 12 月 31 日，共获得发明专利 20 项、实用新型专利 62 项、软件著作权 20 项、外观设计专利 6 项。

（三）募投项目建设进展情况

2014 年 9 月 25 日，募投项目环境监测系统生产线、工业过程分析系统生产线及分析仪器生产车间顺利落成并逐步投入使用。2014 年随着订单的快速释放，生产场地和人员面临严重不足的问题，公司员工积极克服困难，创造条件完成任务。随着新生产基地的启用，原生产工厂场地不足的问题得到有效解决，2014 年生产工厂共计生产监测设备 3900 余套，为公司有史以来产量最高的一年。

（四）对外投资情况

截至报告期末，公司参与投资设立两只产业基金，2014 年度共计产生投资收益 1400 多万元。

2014 年 4 月 21 日，公司出资 3200 万元参股北京思路创新公司，投资完成后公司持有思路创新 20% 的股权。

合资公司北京科迪威环保设备有限公司，围绕水质监测设备积极进行产品认证及市场推广。

全资子公司北京雪迪龙检测技术有限公司，已取得计量认证证书，公司作为环保部 19 家现代服务业试点单位之一，将面对未来逐渐放开的对外检测、送检、现场比对、现场检查等领域开展业务。

控股子公司青海晟雪环保科技有限公司，将开展环境监测及环境治理项目，是公司布局的环境治理业务平台，为公司将来涉足污染治理提供人才储备和经验积累。

2014 年 11 月成立的深圳创龙清研科技有限公司，已基本筹建完成，将主要从事新型传感器、监测设备及环境物联网领域的高新技术引进及科研成果产业化工作。

解读：通过阅读以上内容可知，公司 2014 年经营方面亮点颇多，不仅体现在财务数据上，还体现在新产品研发、专利的申请、募投项目的投产、对外投资的广泛布局等各个方面。其中提到的参股北京思路创新公司，投资者可以参阅公司之前发布的公告，了解公司的意图。

二、主营业务分析

1. 概述

报告期内，公司管理层严格按照公司计划执行各项战略，开展各项经营活动，不断完善公司治理结构，努力推进募投项目建设实施进度、整合强化营销网络、拓展新业务，加强人才队伍建设，全面深化科学管理，完成了公司董事会制定的经营计划。

2. 收入

公司2014年度继续以政策驱动和市场需求为导向，持续拓展环境监测领域的市场，积极拓展新业务，顺利完成了年初的既定目标。2014年度累计销售分析系统2494套，较2013年增加了20.08%。

前五名客户合计销售金额占年度销售总额的16.75%。

3. 成本

前五名供应商合计采购金额占年度采购总额的59.98%。

4. 费用

销售费用增长47.78%。

管理费用增长32.79%。

财务费用增长-47.91%。

所得税增长46.04%。

5. 研发支出

研发投入金额为29542443.85元。

研发投入占营业收入比例为3.98%。

解读：主营业务主要从收入、成本、费用几个角度分析。通过上述数据，首先可以看出公司收入状况比较健康，客户比较分散，也不会太依赖个别大客户，风险容易控制。其次，成本波动也不大，只是供应商太集中，最大的供应商金额超过50%，应该是西门子，其好处是可以得到最优的关键部件，但集中一家采购，蕴含的风险也挺大。最后，三项费用增长偏高，一般接近于营业收入的增幅比较合理。

三、主营业务构成情况

……

解读：按照产品分类和销售区域详细披露，可以看出公司在国内市场的分布比较均衡，整体毛利率也不低。

五、核心竞争力分析

（一）行业经验与品牌优势

尤其在火电行业烟气监测市场，公司一直占据主导地位。作为火电脱硫、脱硝工程承包商的核心供应商，在近年脱硝市场爆发的背景下，公司的行业优势将会明显显现，经营业绩将快速增长。

（二）产品及质量优势

多年来，公司持续加强与国外知名分析仪器公司、国内科研院校机构的技术合作，不断引进新技术，同时加大自身研发投入，形成了多系列的产品。产品范围涵盖环境监测系统和过程分析系统两大领域。

（三）研发创新优势

公司一直将自主研发作为公司的核心发展战略。公司的研发队伍也在不断扩大，经过多年的培养和人才引进，已形成一支专业性、创新性强的研发团队。2013 年公司作为牵头单位承担环保部组织的“固定污染源废气 VOCs 在线/便携监测设备开发和应用”国家重大科学仪器研发和产业化项目。2014 年 4 月，公司参股思路创新公司，双方就智慧环保业务开展战略合作，思路创新的核心团队来源于清华大学环境学院，并长期与清华大学、环境保护部规划院、中国环境科学研究院等科研院所紧密合作。思路创新强大的研发实力和丰富的研发资源为公司的创新发展注入了新的活力。

（四）运营服务优势

目前竞争日益激烈，竞争的形式已经从产品层面逐步扩展到产品的全生命周期层面。作为仪器产品产业链的延伸，运营服务是为客户提供综合解决方案的重要一环，在提高客户忠诚度的同时，又提升了单位客户资源的产值，在存量市场空间开辟了稳定的收入来源。公司在行业内已率先开展了运营服务的业务，并铺设建成了覆盖全国的运维网络。公司至今在国内设立了54处营销和技术服务中心，配备近500名专业服务人员，可以根据客户的个性化需求和现场情况，在最短的时间内给予客户及时有效的专业化服务。

解读：这部分内容投资者需要认真阅读并分析，因为一家企业是否具备长期的超额投资回报能力，与其是否具备竞争优势有直接关系。行业经验谈不上有特别之处，只要在市场上能立足总是应该具备行业经验的。品牌优势与产品质量、稳定性、精度、可靠性、售后服务以及产品线都有关联。至于研发创新方面，单从研发投入上看，不到3000万元人民币，占营业收入的3.98%，不算突出。查阅同类上市企业年报，聚光科技2014年报显示，研发投入1.14亿元，占营业收入的9.32%，而且连续3年投入都超过1亿元人民币，全部当年费用化。先河环保2014年研发投入将近2000万元，占营业收入的4.49%。运营服务确实是不错的举措，公司有54处营销和技术服务中心，配备近500名专业服务人员，这可以增强客户黏性，但竞争对手没有这么做吗？或者该公司的力度比较大？遗憾的是另外两家公司没有披露这方面的具体数据，也无从对比。

八、公司未来发展的展望

（一）行业发展前景

1. 政策驱动环保产业快速发展

2015年是“十二五”规划收官之年，从“十二五”规划相较“十一五”规划的环保相关内容的变化，我们可以看出，无论是对环境污染物排放和治理指标的种类范围还是对排放总量的要求都更加明确和严格。

从环保相关法规政策的出台与严格落实，我们看到了国家解决环境污染问题的决心。公司将紧跟国家政策，坚持以市场需求为导向，以政策和市场需求带动行业企业发展。期待通过环保行业的快速发展，推进与人民生活息息相关的环境质量问题逐步有效改善。

2. 行业变革拓宽市场空间

经过几十年在环保领域的探索与实践，中国的环境保护正在由“末端治理”向“总量控制”转变，由“局部污染源局部治理”向“环境质量整体改善”转变；由“末端监测”向“全过程监测”转变。从国家层面到民众层面对于环保的高度重视与持续投入，使得环保企业面临新的机遇与挑战。

污染治理，监测先行。作为环保产业链最上端的行业，环保产业的健康快速发展，环境质量监测是必不可少的基石。据有关分析，环境监测行业将继续保持快速发展。污染源监测从单一指标向多指标发展，火电脱硝监测的新建、脱硫监测的更新换代、工业锅炉改造以及 VOCs、重金属监测、水质监测等新的增长点，将有助于行业发展继续保持较快增速。

（二）目前的竞争格局

受益于国家环保政策的驱动及对环保投入的增加，国内环境监测行业规模快速增长。环境监测领域，民营企业在近几年得到了快速成长，尤其是综合实力强、有良好运营维护能力的上市企业，优势更加明显。

由于环境监测行业的快速增长，吸引了大批的企业逐步涉足该领域，国内的许多公司也通过兼并收购来实现迅速扩张，因此环境监测领域的竞争将日益激烈。随着国产仪器主要零部件的国产化，国内仪器厂商的市场占有率会慢慢扩大，而外资企业由于其在关键技术等方面的优势，会继续在我国的环境监测仪器市场占有一定份额。

（三）公司发展战略及年度经营计划

1. 2015 年主要经营目标

2015 年，作为“十二五”规划的收官之年，环保行业将迎来良好的发展契机，公司将继续以扎实求稳的工作态度，稳步推进公司业务发展，2015 年度的经营目标为：净利润增长不低于 35%；重大质量、安全、经济责任事故为零。

2. 2015 年工作重点

（1）积极拓展新业务，逐步实现战略布局

2015 年，公司将顺势而为，以政策驱动和市场需求为导向，积极实施战略布局，以环境监测、工业过程分析、环境信息化和环保服务业作为公司的发展方向，由监测设备提供商逐渐向环境综合服务提供商发展；积极拓展业务领域，在保持和巩固原有业务的同时，重点布局水质、大气、智慧环保等业务；拓展 VOCs 监测，超低浓度排放、重金属监测、便携式应急监测设备市场；同时寻求优质的新兴产品，丰富公司的产品体系。

（2）全面提升工作能力

……

（3）利用资本市场实现快速成长

……

解读：这部分内容是董事会报告的重中之重。投资是投未来，公司必须有一个美好的未来，投资者才有可能分享成果。

通过阅读以上内容，可以判断行业发展前景很好，目前的竞争格局也比较有利，竞争还比较温和，但潜在进入者也不可小觑。公司 2015 年的经营目标为“净利润增长不低于 35%”，表述直截了当，这在上市公司中是不多见的，也许可以从侧面体现出公司对未来有底气、有把握。不过投资者也只能做个参考，因为年报“第一节　重要提示”中已经提醒过你：本年度报告涉及的未来计划、发展战略等前瞻性描述不构成公司对投资者的实质承诺，敬请投资者注意投资风险。

总体来说，“第四节　董事会报告”非常重要，投资者需要重点关注第一、第二、第三、第五、第八项内容。

通过阅读雪迪龙年报第四节，基本可以判断，该公司还是比较积极进取的，所处行业也是处于上升期。究竟是因为幸运而能干，还是因为能干而幸运，或者既能干又幸运？这还需要进一步核查。

第五节　重要事项

……

二、公司股权激励的实施情况及其影响

2014 年 12 月 23 日，公司公布《员工持股计划（草案）》，2015 年 1 月 8 日，公司召开 2015 年第一次临时股东大会，审议通过《员工持股计划（草案）》。公司员工持股计划是中长期的激励政策，计划连续推出五年，即 2014—2018 年。

解读：这部分内容比较重要，笔者建议阅读《员工持股计划》全文，因为牵涉对员工的激励措施，而且是比较长期的。员工有积极性，股东才会有好回报。

第六节　股份变动及股东情况

……

敖小强　　境内自然人　　66.67%

解读：公司的股权高度集中，单一股东绝对控股，很难说是好还是不好。有的投资者特别关注股东人数，以及基金、投资机构的持仓数等（股东户数增加说明股份分散，减少说明股份集中），以此作为投资决策的一个依据。但是在我们的投资体系里，这些信息可以忽略，因为年报披露的数据与你做决策时的实际状况有偏差，而且我们的投资体系是长期持有，关注的是公司经营的本身，与多少人持有股份以及谁持有没有太大关系。

第七节　优先股相关情况

报告期公司不存在优先股。

解读：2014年3月21日证监会公布了《优先股试点办法》。优先股是相对于普通股而言，主要指在利润分配及剩余财产分配的权利方面，优先于普通股，而在投票权及股权转让方面有诸多限制的一种股权制度安排。目前只有银行股和少部分大型国企股在进行试点，但年报格式规定企业必须披露这方面的信息。

第八节　董事、监事、高级管理人员和员工情况

……

解读：这一节是比较重要的内容，可以了解到管理团队的年龄结构、专业背景、工作经历、持股情况，公司员工的薪酬体系，高管变动情况，人才流失或者引进，以及公司员工队伍的整体情况。事情都是靠人干的！建议投资者多花点时间研读此部分内容。而且连续跟踪一家公司的话，从核心管理团队人员变化、关键员工人数的增减都可以看出一些端倪。假如一家公司，隔三岔五就公告某某副总经理离职了、某某董事离开公司了，投资者就需要警觉。

第九节　公司治理

……

第十节　内部控制

……

解读：这两节内容可以粗略看下。

第十一节　财务报告

……

解读：这一节分别为审计报告和财务报表，也是需要重点阅读的一节。对于缺乏财务专业知识的投资者而言，可能比较头大。不过没关系，因为我们的投资体系只关注优质的、诚实经营的、稳健增长型公司，有了

"全景表"，已经可以解决大部分财务分析的工作了。至于深入研究财务报表，核查三张表的钩稽关系，找出做假账的蛛丝马迹，对不起，我们没有这个能力，也没这个必要，因为我们相信，我们重点研究的公司披露的信息都是真实可信的。

第十二节　备查文件目录

……

解读：这是阅读年报最轻松和愉快的部分，因为131页的年报终于结束了。

年报就是解决两个问题

这就是阅读年报的方法，真正让你费神的内容也就30页左右。希望带你读了这么一遍，可以让你接下来的阅读轻松些。

若需要更深入一些，年报还需要横向读和纵向读，横向就是研读同行业其他公司的年报，纵向就是阅读公司以往年度的报告。如果能做到这一点，你会有更多收获。

除了年报，公司每个季度的报告都需要关注，花不了太多时间，主要目的是定期核查公司经营是否正常。

其实，年报就是要解决两大问题：**去年干得如何；明年乃至今后打算干点啥。**

第三节　同行业公司对比分析

不怕不识货，只怕货比货

隔行如隔山，对于经营来说，行业间的差异也很大。对于零售业来说，也许某个企业销售净利润率达到4%，就已经非常优秀了；但对于白酒行业来说，即使销售净利润率达到25%，在行业中也是落后分子。因此，通过同行业公司之间的比较，最能看出一家公司的经营是否优秀。同时，如果发现同行业的竞争对手也在增长，那就可以说入对行了——处于景气行业中，至于企业经营管理水平是否优秀，那就需要进一步分析和观察。此时，“全景表”方法可以帮助我们进行下一步的筛选工作。

以环保行业为例

以下以环保行业的三家公司为例，详细说明行业内公司对比分析的具体方法与步骤。

全景表

表2－2　聚光科技（300203）全景表　　单位：亿元

年份	营业收入	同比增长（%）	净利润	同比增长（%）	经营现金流净额	股东权益	销售净利率（%）	ROE（%）
2008	3. 5381		0. 7961		0. 0072	1. 6821	22. 50	47. 32
2009	5. 2781	49. 18	1. 3243	66. 36	0. 1982	4. 4726	25. 09	29. 61
2010	6. 5178	23. 49	1. 6188	22. 24	0. 3021	6. 0789	24. 84	26. 63
2011	7. 6425	17. 26	1. 7454	7. 82	－0. 0974	16. 1848	22. 84	10. 78
2012	8. 3569	9. 35	1. 7738	1. 62	1. 1050	17. 7839	21. 22	9. 97
2013	9. 4108	12. 61	1. 5915	－10. 27	0. 7728	19. 0219	16. 91	8. 37
2014	12. 3060	30. 76	1. 9260	21. 02	1. 4324	20. 7804	15. 65	9. 27

注：公司2011年4月15日上市。2015年7月14日，公司总股本4. 53亿股。2014年每股收益0. 425元，每股净资产4. 59元。

聚光科技营业收入从2008年的3. 5381亿元增加到2014年的12. 306亿元，6年增长了247. 81. %，复合增长率为23. 09%；净利润从2008年的0. 7961亿元增加到2014年的1. 926亿元，6年增长了141. 93%，复合增长率为15. 86%。

表 2－3　先河环保（300137）全景表　　单位：亿元

年份	营业收入	比上年增长（%）	净利润	比上年增长（%）	经营现金流净额	股东权益	销售净利率（%）	ROE（%）
2007	0.6386		0.0836		0.0539	0.6039	13.09	13.84
2008	1.0838	69.71	0.2364	182.76	0.0768	0.8377	21.81	28.22
2009	1.3719	26.58	0.3337	41.17	0.1021	1.5624	24.32	21.36
2010	1.7170	58.43	0.4666	97.40	0.1467	8.2865	27.18	5.63
2011	1.4656	－14.64	0.4021	－13.83	－0.3910	8.6886	27.44	4.63
2012	2.1040	43.56	0.4652	15.68	－0.1231	9.0756	22.11	5.13
2013	3.3478	59.11	0.6012	29.24	0.6645	19.0219	17.96	3.16
2014	4.4062	31.61	0.7169	19.25	0.1122	20.7804	16.27	3.45

注：公司 2010 年 11 月 5 日上市。2015 年 7 月 14 日，公司总股本 3.44 亿股。2014 年每股收益 0.21 元，每股净资产 6.04 元。

先河环保营业收入从 2007 年的 0.6386 亿元增加到 2014 年的 4.4062 亿元，7 年增长了 589.98%，复合增长率为 31.78%；净利润从 2007 年的 0.0836 亿元增加到 2014 年的 0.7169 亿元，7 年增长了 757.54%，复合增长率为 35.93%。

成长性比较

表 2－4　2009—2014 年三家公司营业收入增长率比较　　单位：亿元

公司名称	2009 年营收	2014 年营收	6 年增长率（%）	6 年复合增长率（%）
雪迪龙	2.5237	7.4143	193.79	24.05
聚光科技	5.2781	12.3060	133.15	18.45
先河环保	1.3719	4.4062	221.18	26.28

表 2－5　2009—2014 年三家公司净利润增长率比较　　单位：亿元

公司名称	2009 年净利润	2014 年净利润	6 年增长率（%）	6 年复合增长率（%）
雪迪龙	0.5808	1.9884	242.36	27.91
聚光科技	1.3243	1.9260	45.44	7.78
先河环保	0.3337	0.7169	114.83	16.53

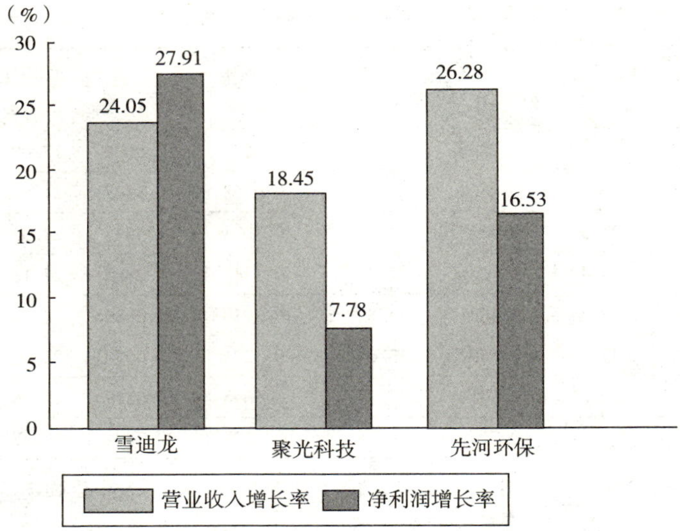

图 2－3　2009—2014 年三家公司复合增长率

从表 2－1、表 2－2、表 2－3、表 2－4、表 2－5 以及图 2－3 可以看出，三家公司的营业收入都取得了不错的增长，三家公司 5 年平均复合增长率达到 22.93%，净利润复合增长率平均达到 17.41%，说明行业处于非常景气的状况，或者是行业集中度在提升（需要进一步了解其中的原因，以及整体行业的增长情况）。另外，从 2014 年的数据看，聚光科技和先河环保也取得 20% 的增长，看来行业处于向好的趋势。

盈利质量比较

通过数据分析可知，三家公司有一个共同缺点：经营性现金流净额不理想。一般比较好的数据是：现金流净额与净利润数据接近，至少能达到净利润的 70% 或以上，这与行业有关，有些行业这个数据可以大于净利润。经营性现金流主要体现在卖出货物后是否能及时收到款项，以及支付供应商货款是否可以延期。

一家公司若对下游客户有议价能力，或对上游供应商有议价能力，就会体现出良好的经营性现金流净额，上市公司中这方面表现最突出的就是贵州茅台和海天味业。若与上游供应商和下游客户在某一方面有议价权，体现出的经营性现金流就会比较一般，就如环境监测设备行业所表现的——对供应商有一定的议价权，但对客户就比较弱势。若两方面都没有议价权，那日子就比较难过了，典型的就是钢铁行业。一般普钢企业产品没有很大的差异性，对客户只能赊销，而主要供应商铁矿石又掌握在三家巨头手里，往往要先行支付货款。

三家公司的销售净利润率都比较出色，雪迪龙最低的年份都有 22%，聚光科技最低 15.65%，先河环保 16.27%。这可能和产品的质量、稳定性以及下游客户的黏性有一定的关系。ROE 数据也显示同样的情况。

雪迪龙的利润与营业收入取得同步增长，质量明显高于另外两家。聚光科技和先河环保业绩不太稳定，分别在 2013 年和 2011 年业绩下降。雪迪龙的业绩非常平稳，剔除 2010 年股权激励的因素，增长非常扎实和稳健。

第四节　行业和公司分析

通过以上三个层面的分析，投资者对公司与行业在微观层面已经有了一定的了解，接下来，是对行业大环境的把握。针对环保行业，进行如下分析：

环境治理监测先行

首先，行业所处的大环境是比较好的：政府政策以及法律法规对环境保护日益重视，这对行业内的企业都是比较有利的。改革开放 30 多年，中国在经济发展上取得了令人瞩目的成就，但同时，环境问题也日益成为制约中国进一步发展的重要因素。民众对污染问题也是怨声载道，环境保护和治理必然会成为今后中国优先解决的问题，这已成为共识。

其次，从产业内部细分来看，环保产业又可以细分为污水处理、空气治理、土壤修复、固废处理等子行业；从商业模式角度，又可以分为环保设备提供商和环境治理运营商。

雪迪龙所处的行业是环境监测行业，又可细分为仪器、环境监测和工业过程控制。外资企业一般只进入仪器行业，后两者由于需要提供服务，本土企业占据主要份额。2015 年 2 月 12 日，政府对放开环境监测服务市场又有新的政策，对上市的民营企业比较有利。同时，环境治理，监测先行，一定程度上也决定了以上三家以环境监测为主营业务的公司的高增长。

差异化竞争

环保检测仪器行业是个充分差异化的市场，企业也基本采取差异化的竞争策略，体现在产品的技术路径、外观设计、采用的器件等均有很大的不同，因此行业内企业的竞争是比较温和的。另外，下游客户也是各个行业都有，同时也有一定的区域性，因此行业内的企业不必采取价格竞争的策略，这点从三家公司的净利润率也可以看出。

对于环保产业来说，上游企业是充分竞争的行业，除了关键零部件如传感器等；下游客户主要是政府和大企业，他们有一定的议价权，因此环保企业应收账款较多。另外，环保企业所生产的仪器的金额在下游客户工程项目中的占比不高，而客户对仪器的质量、可靠性、稳定性、准确性又有很高的要求，因此客户对价格不会太敏感。同时，客户有一定程度的黏性，因为更换仪器会对整个系统的运营带来影响。

再来看进入壁垒，这个行业还是有一定的进入壁垒的，体现在仪器设备需要检定，有一定的技术难度。是否有很多新的进入者，需要另行调研。

针对雪迪龙，笔者有如下分析：该企业在行业中处于领先地位，营业收入规模方面虽不如聚光科技，但盈利质量和成长性好于聚光科技。主要原因有：第一，该公司和西门子合作，采购的器件质量比较可靠，因此整体产品质量有优势。第二，区位优势。企业身处北京，还是有很多有利因素，如与政府部委的关系、与大企业集团（中石油、中石化、五大发电集团）的合作。第三，管理层比较优秀。董事长科班出身，管理团队有激励措施，员工有持股计划等。

以上只是从现有的资料做出的推断，还需要从其他方面收集信息来验证。

第五节　如何调研一家公司

调研的途径

经过以上四个步骤，公司信息收集、年报研读、同行业公司比较、行业和公司分析，投资者对雪迪龙这家公司已经有了大致的了解。如果打算深入研究，就需要和公司直接进行沟通，可以采取直接到公司拜访、参加股东大会、通过投资者交流平台直接和公司管理层进行沟通。第一种方式可能效果不是太好，一般需要预约，通常见不到公司主要的管理人员。第二种方式是最优选择，一般公司的临时股东大会，尤其是公司的年度股东大会，主要管理人员都会出席，你所需要做的就是提前准备好问题。只要你提的问题有见地、专业，公司都会认真解答。这种方法不足的地方就是比较费时间，尤其对于距离较远的公司，还需要支付差旅费用，成本有点高。第三种方式的优点是效率比较高，成本很低，不足的地方是缺乏面对面沟通的效果。

尽可能参加年度股东大会

对大部分个人投资者而言，参加股东大会确实比较困难，因为股东会都是工作日举行，需要请假，要支付交通住宿费用，成本比较高。建议投资者可以先从自己居住地或者本省附近的上市公司开始，尝试着参加股东大会。现在交通非常方便，邻省的公司一般当天也能赶个来回。

经常有朋友问我，参加股东大会有用吗？管理层会认真对待小投资者吗？对后一个问题，我的回答是取决于你自己，只要你做足功课，问的问题很专业，哪怕你只有 100 股，管理层通常也会坦诚与你沟通。对于第一个问题，只能说，参加肯定比不参加要好，如果时间、经费允许的话，要尽量多参加股东大会，尤其是年会。上市公司一般都很重视年会，董事长、总裁、董事、独立董事、监事、高管通常都会出席。事业都是靠人做的，与管理层直接面对面交流，听听他们对行业的理解，对公司发展前景的展望，都会对你的投资有重大的参考意义。

2013—2015 年，我连续 3 年参加了爱尔眼科的股东大会，对公司的战略和经营都有了深刻理解。2014 年公司有两项新举措——合伙人计划和行业并购基金。2015 年 4 月的股东会上，董事长就介绍了成果：原定 2020 年实现 200 家地级以上医院开业的目标将提前 3 年，到 2017 年就会得以实现。目前公司有 2000 位眼科医生，全国占比 7%，到 2020 年，目标是全国三个眼科医生中，将有一位来自爱尔，这意味着 2020 年公司的市场份额将达到 33% 左右。这些信息都是阅读年报等资料无法获得的，你说参加股东大会重要吗？对一家企业越了解，对企业的发展前景越有信心，你的持股心态就会越加坚定，即使市场经常大幅波动。

参加股东会也可以帮助你做出减仓的决策

以上所谈都是通过股东大会发现好公司的例子，那么有没有相反的情况，参加股东会后，对某家公司印象不佳而减仓甚至清仓呢？当然有。

我有一次去参加一家食品企业的股东大会，行业非常不错，整个行业处于比较高的增长阶段。公司位于离省会城市 1 小时车程的一个县里。这倒没什么不好，土地、人工等成本会比较低。会议期间，股东建议把营销中心设在中心城市，或者至少在省会城市，公司表示没有这方面的打算；另外，有股东建议和知名的营销咨询公司合作，以便更好地掌握市场数据，了解消费者偏好，提升市场占有率，管理层也不置可否。再看管理团队，以一家三口为主，估计家庭会议决定的事情，与董事会决议没太大的区别。我这样说可能损了点，其实公司还是不错的，董事长也非常勤勉，公司也是踏踏实实地在做事业，只是公司总部在一个县城里，很难吸引非常优秀的人才加入，对公司的长远发展确实很不利。

有一家医药企业，控股股东是大型央企，质地相当不错，但每次股东会董事长都不参加，总裁也时常缺席。业绩说明会上，主要负责人还经常发些牢骚，管理团队士气不高，这样的企业，也是回避为好。

说了这么多，明白我的意思了吗？要尽量参加股东大会，研读了那么多资料，也做了深入的思考和分析，最后还是要实地去考察和验证，千万别输在终点线上。

调研目的和提问要点

实地调研一家公司，主要目的是了解公司以往经营业绩优秀的原因，以及未来是否具备持续的竞争优势。因此，调研时要着重了解影响行业长期发展的因素、行业竞争格局、公司的战略、公司在行业中的地位、公司对上下游的议价能力、行业进入壁垒，以及公司是否具备“护城河”等。

调研时尽量避免询问短期业绩，如今年利润会有多少，增长率是多少等。一则上市公司信息披露是有规范的，二则太急功近利，公司也会认为你不是长期投资者。提问时尽量要抓住要点，要抓核心问题，前提是要做足功课，尤其是要深入研读年报。在此我举三个例子与读者朋友探讨一下。

案例一

海天味业

针对该公司，所提问题是关于核心竞争力。

问：2014 年报第 12 页：“1. 规模壁垒……2. 领先的技术和装备壁垒……3. 网络优势……4. 资源聚集优势……5. 行业地位……”；2013 年

报第11页："1. 领先的品牌力……2. 龙头企业的产品力……3. 强大的渠道销售力……4. 领先的科研实力……5. 领先的规模优势……6. 逐步突出的整合力……"。对比两份年报，发现2013年的品牌力和产品力在2014年报中没有提及，而品牌对快消品的重要性不言而喻，因此，想了解究竟是公司疏漏了，还是管理层对品牌有了新的认知？

案例二

海康威视

问：作为科技型企业，专利和软件著作权是营造竞争壁垒的主要方式，2014年报中，公司没有披露任何申请和获得专利的情况，查询以前的年报，2010—2013年均没有披露，只有招股书中披露获得5项发明专利。请问，公司是没有申请大量的专利，还是出于保护商业秘密的原因没有披露？或者安防行业专利技术并不重要？公司作为A股上市公司中市值最大的科技企业，研发费用占营业收入比例7%以上，在年报中没有披露任何的专利情况，有点令人费解，希望管理层能给予解答。

案例三

美的集团

问：公司在2014年报中陈述，美的是全产业链和全品类的公司。请问，全产业链战略对公司都有利吗？质量和成本都能做到最优吗？全品类方面，有多少产品是外发贴牌的？2006年我购买过美的电热水器，质量很差，而且服务跟不上，需要一周的时间才能上门服务，经过了解，是贴牌生产，美的自己无法跟踪服务。2010年爆发的美的紫砂锅事件，也对品牌造成了很大的杀伤力。全品类战略，而且用同一品牌，有很大风险，公司在这方面是如何考量的？目前贴牌生产的产品占比多大？

通过实地调研，与上述三家公司的管理团队进行了深入的沟通后，所有的问题都得到了详尽的解答，基本打消了疑虑。

调研提纲样本

以下是笔者准备的一份雪迪龙调研提纲，供读者朋友参考。尤其是参加股东大会，去一趟实在是不容易，应尽量把提纲做得详尽一些，多了解公司的各方面情况。

（1）分析公司的财务数据，以及另外两家竞争对手聚光科技和先河环保，是否可以判断行业竞争比较温和？企业竞争主要集中体现在差异化策略方面，以品牌、产品质量、稳定性、服务优异等为核心，而价格不是主要的竞争手段？

（2）公司营业收入从2009年的2.52367亿元增加到2014年的7.4143亿元，增长193.79%；净利润从2009年的0.58080亿元增加到2014年的1.9884亿元，增长242.36%，5年的复合增长率速度为27.91%。想了解一下环境监测行业整体5年的增速是多少？公司2009年和2014年的市场占有率分别是多少？

（3）公司经营业绩比另外两家竞争对手要优秀，是什么原因？

（4）公司身处北京，是否也是有利的因素？与西门子的合作是否对公司的产品质量有很好的促进作用？

（5）行业进入的门槛是否很高？体现在哪些方面？因为行业的利润率较高，近几年是否有很多新进入者？

（6）敖总是华南理工大学毕业的，分配到北京仪表厂工作，能问下敖总是哪里人？

（7）华南理工大学曾经涌现出一批优秀企业家，朱江洪、李东生、黄宏生、陈伟荣、麦伯良等，敖总是否有信心比前辈做得更优秀？

（8）公司的关键核心部件，如传感器，国产化的进程如何？

（9）从财务数据来看，公司经营不足的地方主要是应收账款太多，这方面是否有改善的趋势？客户是否都太强势了？

(10) 关于公司研发的情况，想了解一下公司在水质监测方面的业务进展；环境监测业务包括分析仪表，技术上有壁垒吗？公司的研发支出比聚光科技要少很多，是什么原因？是否会影响公司的发展后劲？

(11) 政策规定2014年7月1日前强制要求火电厂达标排放，近几年的高增长是否与此有关？今后几年会否景气回落？

(12) 关于发展专业服务，公司如何处理好与政府以及排放企业之间的关系？

公司调研是非常重要的一个环节。尽管通过研究公开资料信息，已经可以初步判断一家公司是否值得拥有，但这些基于公开信息所得出的初步判断，最好还是能得到实地验证，这样会相对更准确一些。

个人投资者在这方面确实处于弱势，一方面缺乏专业知识背景，所提出的问题可能不得要领；另一方面也受到诸多条件的限制。相比较来说，专业投资机构有专门的研究员，与上市公司比较熟悉，经常会有调研机会。不过，只要有心，提前做好准备工作，认真准备调研提纲，都能获得不错的收获。从企业的层面来说，只要是诚实经营的企业，都会对投资者以诚相待；反之，这也是一个检验指标——如果一家上市公司对小股东的合理问题不予理睬，你也就不用太费心去跟踪这家公司了。

第六节　重要公告阅读要点

当上市公司发布重要公告时，如涉及股权激励、战略合作，尤其是重大资产重组时，投资者一定要仔细阅读和分析，特别是重大的并购项目，会影响公司相当长一段时期的经营状况，甚至有的公司直接就变更了实际控制人，变更了主营业务，完全成了一家全新的公司。

我们以瀚蓝环境为例，解读如何分析“重大资产重组”。

公司概况

该公司位于广东佛山市南海区，原来的名称叫“南海发展”，2013年底改名“瀚蓝环境股份有限公司”，2000年12月25日在上交所上市，是一家专注于环境服务产业的上市公司，业务领域涵盖固废处理、自来水供应、污水处理、燃气供应，秉持“城市好管家、行业好典范、社区好邻居”的理念，为各大城市提供系统化环境服务与解决方案。

公司原来的业务重心为城市公用事业，以供水供气为主，并有部分环保业务，如污水处理以及垃圾发电项目，业务的区域也主要在佛山市南海区，其中公司投资超过20亿元建设的南海固废处理环保产业园是一大亮点。产业园规划建设了固体废物全产业链处理系统，形成了由源头到终端完整的固体废物处理产业链。

公司固废处理技术能力和运营管理能力处于行业前列，其中南海垃圾焚烧发电二厂被评为全国最高运营水平的AAA级垃圾焚烧发电厂。南海固废处理环保产业园以系统的整体规划，国际领先的建设标准，优于欧盟标准的排放指标，被称为“破解垃圾围城困境的南海样本”，成为国内同行业标杆和典范。

总体而言，瀚蓝环境是一家经营稳健、现金流充沛、收益稳定的区域性公用事业上市公司。通常而言，公用事业公司的成长性一般，市场对这类公司的估值也不会太高。但情况从2013年10月开始有了变化，10月17日，公司公告拟筹划重大事项，从2013年10月17日开始停牌。2013年12月24日公司一纸复牌公告，揭晓了谜底，“公司董事会于2013年12月23日召开第七届董事会第三十三次会议，会议审议通过《瀚蓝环境股份有限公司发行股份及支付现金购买资产并募集配套资金暨关联交易预案》等相关议案。按照有关规定，公司股票将于2013年12月24日起复牌。公司拟向创冠环保（香港）有限公司发行股份及支付现金购买其所持创冠环保（中国）有限公司（以下简称“创冠中国”）100%股权。”而创冠中国是一家在全国很多省份多点布局垃圾焚烧发电项目的公司，结合瀚蓝环境的精细化管理，市场对公司未来的成长给予很多憧憬。那么，事实真的那么乐观吗？需要我们通过调研来验证。

公司全景表

表 2-6 瀚蓝环境（600323）全景表　　单位：亿元

年份	营业收入	同比增长（%）	净利润	同比增长（%）	经营现金流净额	股东权益	销售净利率（%）	ROE（%）
2000	1.3168		0.3201		0.7317	6.4401	24.31	4.97
2001	2.1842	65.88	0.3980	24.35	1.4633	6.7857	18.22	5.86
2002	2.3392	7.09	0.7210	81.16	1.2522	7.5067	30.82	9.60
2003	2.5539	9.18	0.6405	-11.16	1.3982	7.7302	25.08	8.29
2004	2.7239	6.66	0.7152	11.65	1.3148	8.0284	26.26	8.91
2005	3.1887	17.06	0.7752	8.40	1.4596	8.2823	24.31	9.36
2006	3.6756	15.27	0.8627	11.28	1.7087	8.6370	23.47	9.99
2007	4.1192	12.07	0.9286	7.64	1.8824	8.8412	22.54	10.50
2008	4.2389	2.90	0.9577	3.14	1.8339	9.4236	22.59	10.16
2009	4.6522	9.75	1.0357	8.15	2.1688	10.0798	22.26	10.28
2010	5.9531	27.96	1.1942	15.30	2.2489	15.2543	20.06	7.83
2011	7.4770	25.60	1.5008	25.68	2.0446	16.2130	20.07	9.26
2012	8.8527	18.40	1.9026	26.77	4.9724	22.6664	21.49	8.39
2013	10.0145	13.12	2.3388	22.93	4.9656	24.4259	23.35	9.57
2014	24.3530	143.18	3.0871	32.00	8.2920	33.2906	12.68	9.27

注：①公司 2000 年 12 月 25 日上市。

②2015 年 7 月 15 日，公司总股本 7.66 亿股。

③2014 年每股收益 0.40 元；每股净资产 4.35 元。

④2010 年报表显示净利润为 5.581529 亿元，处置地产获得一次性收益 4.39 亿元，列表时按照扣除非经常性损益后的净利润。

⑤公司于 2014 年 12 月底成功实施重大资产重组，将创冠中国和燃气发展公司纳入公司合并范围。根据企业会计准则，合并创冠中国是属于非同一控制下的企业合并，2014 年合并报表只将创冠中国的资产负债期末数纳入合并，创冠中国 2014 年损益不纳入合并。合并燃气发展公司是属于同一控制下的企业合并，在编制 2014 年合并报表时需要将燃气发展公司 2014 年的资产负债和损益纳入合并，并追溯调整 2013 年和 2012 年的合并财务数据。

⑥公司 14 年的营业收入复合增长率 23.17%，净利润复合增长率 17.57%。

分析以上数据可知，营业收入增长率非常突出，当然有并购合并报表的因素，比较准的是净利润的增长率，15 年复合增长率 17.57%，也是相当优秀了，尤其是 2010 年开始增幅明显加快，初步判断是垃圾焚烧发电项目的成功所致，需要认真研读 2010—2014 年报表才能下最后的结论。经营性现金流净额更是优异，每年均超过净利润数据，这也基本符合公用事业型企业的特征。有点意外的是销售净利润率，平均超过 20%，这与通常认为的公用事业型公司是政府定价，基于成本加成原则，一般不会超过 10% 的认识有很大的不同。净资产收益率保持在 9% 左右，比较正常。

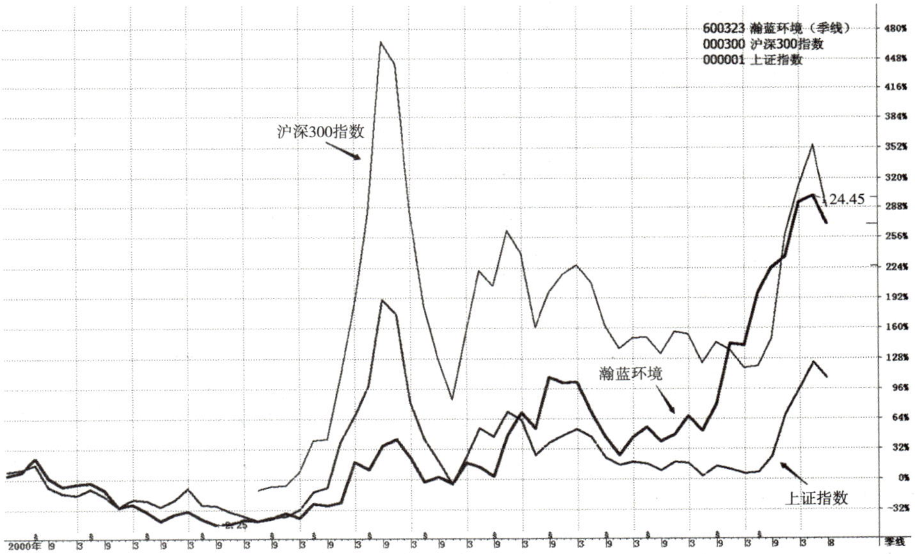

图 2－4　瀚蓝环境股价走势对比图（季线）

解读并购公告

我们再回到并购创冠中国事项，来解读其并购公告的内容，主要目的是分析判断对价是否合理，收购的资产是否能顺利整合，是否会产生预期的协同效应等。

2013 年 12 月 24 日公司复牌，发布了《瀚蓝环境股份有限公司发行股份及支付现金购买资产并募集配套资金暨关联交易预案》，这只是预案，需要公司召开临时股东大会投票审议，并得到监管层的批准才能正式实施。预案报告书共有137页，共有10节内容。

第一节　上市公司基本情况
第二节　交易对方基本情况
第三节　本次交易的背景和目的
第四节　本次交易方案
第五节　交易标的基本情况
第六节　本次交易对上市公司的影响
第七节　风险因素
第八节　保护投资者权益的相关安排
第九节　停牌前股价波动说明及股票买卖情况的核查
第十节　独立财务顾问意见

阅读这么一份报告书，难度确实非常大，而且每一节都很重要，信息量巨大，专业知识又非常难，还牵涉资产的评估，一般个人投资者望而却步也在情理之中。但如果你持有公司的股票，或者一直在密切关注这家公司，那还是硬着头皮啃吧。

当然，首先要有一个基本的认识，那就是报告书的内容基本是可信的。因为这份报告书不仅是给投资者阅读的，也是获得管理层，如商务部、证监会审批的重要依据，而且这份报告书经过第三方专业机构把关，可以说信息是可靠的，只是有些主观的判断，如定价是否合理，本次交易对上市公司的影响等，需要投资者斟酌。

历经将近一年的审批和等待，2014年12月15日，并购事项获得证监会核准，同日公司发布了《瀚蓝环境股份有限公司发行股份及支付现金购买资产并募集配套资金暨关联交易报告书（修订稿）》。和2013年12月24日的公告相比，这两份报告书的标题只有微小的差别——2013年12月那份结尾的是“预案”，是需要股东大会和证监会审批的；2014 年 12 月的那份是“报告书”，马上就可以实施。

正式的报告书共有 18 节，333 页，容量相当于一份招股说明书！怎么办，读还是不读？如果你是一位认真的投资者，对自己的投资高度负责任的话，还是需要认真研读，至少也要选择重点章节来阅读。

笔者试着摘录一些要点，逐项解读。

本次收购有两块资产，南海城投的燃气资产和创冠中国的垃圾焚烧发电项目，前一项是关联交易，资产标的较小，重点在于后者。

> 垃圾焚烧发电项目是由政府提供垃圾作为燃料，产生电力销售给电网企业。
>
> 垃圾焚烧发电项目一旦落地，在某一城市或城市的某一区域具有区域垄断性，不存在市场竞争，因此其燃料来源有保障。而根据《中华人民共和国可再生能源法》，电网企业应当全额收购垃圾焚烧发电项目的上网电量，因此垃圾焚烧发电项目的产品销售不存在市场风险。因此，垃圾焚烧发电项目的市场风险较小，仅在投产初期可能因政府相关配套设施不完善，垃圾供应不足，影响企业效益，但随着政府相关配套设施逐步完善，垃圾供应将得到有效保障。
>
> 截至本报告书签署日，创冠中国下属公司已建成项目的垃圾处理规模合计为 6100 吨/日，在建项目的垃圾处理规模合计为 5250 吨/日，因此在建项目能否如期投产运营对重组后的上市公司未来经营有较大影响。
>
> 近年来，由于城镇化和工业化快速发展，城市生活垃圾激增，而城市周边土地资源日益稀缺。垃圾焚烧发电可使垃圾体积减小 90%，重量减轻 80%，是对垃圾进行减量最为彻底的一种方式，是垃圾处理发展的趋势所在，垃圾焚烧发电成为国家宏观政策及产业政策大力支持和发展的产业。

解读：垃圾焚烧发电从总体上而言，是非常好的项目。①原料供应无须担忧。每天城市垃圾堆积如山，有增无减，而且电厂收集垃圾，政府还付资金。②产品就是电力，国家有优惠政策，电网企业必须照单全收，而且价格还比普通的发电厂高一些。③通常是地区性的垄断经营，没有第二家。而且随着技术的进步，垃圾焚烧发电的排放已经达到非常高的水准，发达国家尤其日本通常把电厂建在市中心。同时社会效益也相当好，比较填埋等方式，既节省土地，又减少土壤和地下水污染。这正是很多企业梦寐以求的好生意啊！原料不花钱，产品不愁销，还独家经营！事情当然没有这么简单，接着往下看。

公司制定了“十二五”发展战略，确立了致力于成为“全国有影响力的系统化环境服务投资商和运营商”的战略定位，并明确以固废处理为突破口，实施全国性的业务扩张。因此，向全国大力拓展以垃圾焚烧发电为主的固废处理业务，为各城市提供生活垃圾的系统化解决方案，是瀚蓝环境实现战略目标的必然举措。

本次收购创冠中国，是落实公司发展战略、实施公司产业布局的重要一步。

创冠中国是国内固废处理行业的龙头企业之一，目前拥有福建、湖北、河北、辽宁等地共 10 个垃圾焚烧发电厂项目，总规模 11350 吨/日，包含 7 个已建成项目和 3 个在建项目。通过本次并购，公司将一举突破对外发展的瓶颈，把固废处理业务推向全国。未来，公司将依托这些项目所在地的资源，积极寻求业务拓展，复制固体废弃物一体化集约化处理的“南海模式”，在为各城市提供优质的系统化环境服务的同时，实现公司成为“全国有影响力的系统化环境服务投资商和运营商”的战略目标。

本次收购创冠中国后，公司的垃圾处理总规模达到近 15000 吨/日，一跃成为国内垃圾处理规模排名前列的垃圾焚烧发电企业，行业地位大幅提高。

解读：垃圾焚烧发电项目是利国利民利己的大好事，应该是皆大欢喜，政府在政策上又是大力支持，但为何在中国发展并不是那么快呢？主要是观念问题，以及政府宣传不到位。人人都觉得好，该大力发展，但“别在我家后院”（not in my back yard）。2014 年 5 月初，杭州市余杭区中泰乡及附近地区人员因反对垃圾焚烧项目选址，就发生规模性聚集事件，而这起事件不过是近年来有关垃圾焚烧项目频起争议的缩影。

由此，我们不得不佩服创冠中国公司在市场方面的开拓能力和政府的公关能力。瀚蓝环境的绿电项目运营得非常成功，获得 AAA 级认证，但多年来还只是在南海发展。南海只是佛山市的一个区，佛山的其他区域都无法进入，更不用说广东省和全国了，可见，项目的开拓有很大难度。除了民众反对，从政府拿项目很难外，资金和运营管理也是很大的障碍。

创冠的拿项目能力加上瀚蓝环境的精细化管理、国企背景及融资能力，两者的结合，看起来确实很美！但是，这么难拿的项目，这么好做的生意，创冠香港为何要卖呢？需要我们从下文中找寻答案。

创冠中国的主营业务为通过 BOT 方式，从事垃圾焚烧发电项目及污泥干化项目的投资、建设和运营服务。目前创冠中国拥有 10 个垃圾焚烧发电项目，分别位于福建省晋江市、惠安县、安溪县、福清市、建阳市，湖北省黄石市、孝感市，河北省廊坊市，辽宁省大连市，以及贵州省贵阳市，日均处理垃圾能力超过 1.1 万吨（含已建成和在建项目）；目前创冠中国拥有 1 个污泥干化处理项目，位于福建省晋江市。BOT 项目的投资商和运营商主要通过垃圾处理业务（1/3）及焚烧发电（2/3）业务获得收入。

2014 年 7 月 7 日，创冠安溪垃圾焚烧发电厂垃圾渗滤液池发生爆炸事故，爆炸产生强烈冲击波造成墙体垮塌导致 3 人死亡、2 人受伤的较大生产安全事故；本次事故导致死亡人数 3 人，根据创冠安溪与 3 名死者家属签订的《和解协议》，约定赔偿总额共 306 万元，其中一次性工亡补助金共 168.45 万元、亲属抚恤金66.234万元、其他补偿金71.316万元。综上，不考虑保险公司的财产损失赔付金额，创冠安溪应承担的财产损失为442.85万元、伤亡赔偿费用为41.67万元、停工损失为431.76万元，罚款支出21万元，本次事故总损失预计为937.28万元。

截至本报告书签署日，创冠中国下属主要项目公司建设均取得环评和验收的批复，基本能按照环保法规的规定运营，但在多年的运营中，仍有部分项目公司存在管理疏忽造成的违规行为，共6起。

2013年9月29日，因被认定存在非法结汇和擅自改变结汇资金用途，创冠孝感被国家外汇管理局湖北省分局处以569万元罚款。2013年9月29日，国家外汇管理局湖北省分局向创冠孝感出具《行政处罚决定书》（鄂汇检罚〔2013〕24号），认定创冠孝感存在非法结汇和擅自改变结汇资金用途的行为，其中资本金结汇所得人民币10027.84万元用途的发票全部为虚假发票，1000万美元外债结汇所得人民币6218万元的实际用途与其申请用途不一致，根据《中华人民共和国外汇管理条例》第二十三条、第四十一条、第四十四条的规定，决定对创冠孝感非法结汇的行为处以351万元罚款，对创冠孝感改变结汇资金用途的行为处以218万元罚款，合计罚款569万元。

解读：现在可以大致判断出售创冠的原因了，缺资金肯定是一个重要原因。垃圾发电是长周期项目，回报期非常长，至少10年以上，且新的项目要不断投入，而民企或者外企融资能力是短板。另外，创冠的管理实在是不敢恭维，发生爆炸事故、6起环评违规，性质更为严重的是非法结汇、虚假发票，事关诚信度的问题，不得不慎重考虑。

瀚蓝环境目前主要通过其全资子公司佛山市南海绿电再生能源有限公司从事垃圾焚烧发电业务。截至本报告书签署日，绿电公司所承建运营的垃圾焚烧发电项目主要是南海垃圾焚烧发电项目，该项目包括1个已建项目（南海垃圾焚烧发电二厂项目，垃圾处理能力为1500吨/日，已于2012年投产）与1个在建项目（南海垃圾焚烧发电一厂扩建项目，垃圾处理能力为1500吨/日，预计于2015年上半年投产）。基于领先的建设和运营水平，南海垃圾焚烧发电二厂项目于2013年被国家住建部评为AAA级无害化焚烧厂，目前全国仅有5家AAA级垃圾焚烧发电厂，代表行业最高水平。本次交易完成后，瀚蓝环境旗下将拥有两家垃圾焚烧发电的全资子公司——绿电公司与创冠中国，合计将拥有12个垃圾焚烧发电项目，其中已建项目垃圾处理能力合计为7600吨/日，在建项目垃圾处理能力合计为6750吨/日，这种业绩与品牌优势的强强联合，将大幅度地提升瀚蓝环境在全国各地参与垃圾焚烧发电项目的投标竞标能力，同时将大幅度地提升瀚蓝环境在垃圾焚烧发电行业内的地位，进而有利于瀚蓝环境固废处理业务突破对外发展的瓶颈，从南海区走向全国，实现跨越式发展。

目前，绿电公司投资超过20亿元建设了南海固废处理环保产业园，建设了包括十个垃圾压缩转运站的垃圾中转系统、两个生活垃圾焚烧发电项目、一个污泥处理项目、一个餐厨垃圾处理项目及包括渗滤液和灰渣处理等末端处理系统，从源头到终端集中解决垃圾围城问题。而创冠中国则拥有10个生活垃圾焚烧发电项目、1个污泥处理项目，以及基于垃圾焚烧发电厂的餐厨垃圾处理技术等专业技术。绿电公司与创冠中国在产业链条与技术工艺上存在较大的优势互补空间，有利于瀚蓝环境在全国范围内复制固体废物一体化集约化处理的"南海模式"，在为全国各地城市提供优质的系统化环境服务的同时，实现公司成为"全国有影响力的系统化环境服务投资商和运营商"的战略目标。

解读：没有这次并购，瀚蓝环境的成长性确实很难体现，尽管它也不失为一家好企业——现金流稳定，盈利能力也挺强。通过并购，资本市场有了很大的想象空间及美好的预期。但是，整合是否能够顺利进行？协同效应能否如愿产生？需要投资者耐心观察并认真分析和调研。

并购效果究竟如何，需要认真调研

以下是笔者针对本次收购准备的调研提纲。

（1）向创冠和城投发行的股份数是否不变？137554028 股，按每股 8.24 元计算；配套融资的发行价格为 7.41 元，也不变吗？还是按照发行时的市场价格另行计算？

（2）股份增加 2.3 亿股，原来股份 5.79 亿股，增加将近 40%。截至 2014 年 12 月 22 日，公司已完成股权登记，股份总数为 7.168 亿股。请问，创冠中国并表的时点？

（3）创冠中国 2011 年及之前是否都是亏损的？2013—2014 年业绩开始转正，此时为何要卖呢？

（4）除了晋江，其他 9 个项目是否会建设污泥干化处理项目？是否有可能复制“南海模式”，即环保产业园的模式？公司的策略是做精现有的 10 个项目，还是继续向新的项目延伸？

（5）发电厂的使用寿命有多长？企业自主运营时间为 25～30 年，之后要无偿转移给政府。那么，土地是否为政府无偿划拨？设备和厂房是由企业出资吗？建成后为何转入无形资产而不是固定资产？是因为要转移吗？每年需要摊销吗？如何摊销？

（6）按国家政策，垃圾焚烧发电上网电价 0.65 元/度，这是有保证的吗？肯定能上网输送吗？普通电厂的电价是多少？公告资料 87 页显示，创冠中国的电价是 0.55 元/度和 0.56 元/度，为什么？

（7）公告资料 86 页显示，创冠中国 2013 年垃圾处理能力为 180.68 万吨，日平均 4950 吨，按照 10 个项目的产能 1.1 万吨，也就是还有一多半的产能没有运营？公告220页显示，已建项目7个，日均处理垃圾能力为6100吨，与4950吨有不小的差距，原因是什么？

(8) 公告资料86页显示，2012年垃圾处理量140.8587万吨，发电量3.55113943亿度，252.1度电/吨垃圾；2013年垃圾处理量1783653吨，发电量477996118度，267.99度电/吨垃圾；2014年1—6月，垃圾处理量1010038吨，发电量294431957度，291.50度电/吨垃圾。请问，每吨垃圾的发电量是否可以作为衡量垃圾发电厂营运效率的指标？公司的子公司“绿电”的指标是多少？创冠这个数据在逐步走高，原因是什么？

(9) 垃圾收集、转运等，公司是一体化运营，请问创冠中国呢？若不是一体化，会否有脱节的情况发生，也就是产生垃圾供应不及时的情况？是否有可能与各当地政府磋商，把垃圾的前段业务整合进来？

(10) 创冠安溪的爆炸事故，是否说明创冠的管理有很大的隐患，对今后其他项目的扩展会否有很不利的影响？这次事件，公司是否有公告？事件的直接损失将近1000万元，是否应该从向创冠香港的支付款中扣除？7月7日，公司股价收盘12.27元，7月8日大幅低开，报11.51元，低开6.2%，是否与此事件有关？

(11) 创冠中国在环评方面由于管理疏忽，有6起违规事件，公司这方面是否有类似的情况？今后对创冠中国的管理整合、制度建设、人员储备等方面有哪些具体举措？

(12) 公司是否需要向创冠中国注入营运资金？并购后，公司现金流将会有很大压力，目前有何应对举措？

(13) 创冠中国会改名吗？哪些管理岗位由公司派出？10个异地项目的建设和运营是否主要由原来的团队管理？请介绍一下公司对创冠的整合计划。

(14) 创冠中国的排放标准与绿电相比，哪个更高，是否会向高指标靠拢？

（15）创冠管理人员的薪酬是否比上市公司管理层要高，如何协调这方面的问题？如果公司向创冠派出管理人员，薪酬标准按照哪一个计算？

（16）请谈谈创冠中国及各地项目的经营团队对被收购的看法。目前人员有流失吗？他们对瀚蓝有何期望？

（17）并购的目的是产生协同效应，公司如何认识这个问题？协同效应体现在哪些方面？是否有达不到预期的可能，公司有何应对措施？

（18）创冠香港在公司将有11%的股权及一个董事席位，这对公司的发展会有哪些积极作用？公司对创冠香港有哪些期望？这次收购价值7.5亿元，以8.24元作价为股权，而目前市场价格为14元多，创冠香港是否有卖得太值了的想法？

（19）请谈谈餐厨垃圾处理项目的进展，今后是否有很大的发展机会？

（20）公司在南海经营得非常不错，佛山其他区域为何没有获取同样的发展机会，包括顺德、广州等？

第七节　“全景表”及其他财务指标解读

财务数据鸟瞰

稳健均衡策略的核心是寻找市场中经营稳健、行业前景光明、有良好的经营历史、管理团队诚实能干、财务健康和稳健而且有良好的成长性的优秀企业。

一家企业是否优秀，最终由经营业绩决定，而经营业绩的直接体现就是财务指标。“全景表”可以非常直观地把公司的经营绩效呈现给投资者。

在该表格中，主要的财务指标包括：主营业务收入规模和增长率、净利润规模和增长率、销售净利润率、经营活动产生的现金流净额、净资产规模和净资产收益率。

“全景表”是稳健均衡投资体系的一件利器，也是本书的一大亮点。当你把一家企业所有年份的主要财务数据归总到一张表格时，会有一种鸟瞰的感觉。“全景表”主要目标是筛选出具备以下特征的企业：①成长性，主营业务收入与净利润基本同步增长，过往的经营历史以及未来十年至少复合增长10%～15%。②稳定性，企业保持稳健增长，过往的经营状况不能大起大落，更不能有年度亏损。③较高的销售净利润率，15%左右。④较高的净资产收益率，15%或以上。⑤优良的经营性净现金流净额，要正数，而且最好能与净利润数额匹配，能超过最好，或者达到70%。

如果一家企业历史上出现经营方面的剧烈波动，增长忽高忽低，甚至有的年份还亏损，ROE在8%以下，经营性现金流净额总是负数，就应该果断放弃。为什么？这会不会是一家快要“乌鸡变凤凰”的公司呢？那就等真正成为凤凰后再买也不迟。

有些投资者会说，“全景表”只能说明企业以前经营得不错，那么，能保证以后也优秀吗？投资不是投未来吗？是的，仅仅看“全景表”，我们不能确定企业以后也会业绩优秀。但是，我们都有过当学生的经历，如果一个人从初中开始一直成绩优秀直到高三，那你说他考上重点大学的概率是高还是低？如果一个人经常有些课程考试不及格，你能指望他高考超水平发挥吗？

还有的投资者会质疑这种方法太笨了。是的，是笨了点，但却很有效！问题是很多“聪明”的投资者不愿意下笨功夫，而恰恰是“笨”投资者取得了很好的投资回报。

“全景表”指标详解

主营业务收入规模和增长率：反映企业是否在健康成长。通过比较分析行业内其他公司的数据，就可以判断出，企业是否处在一个成长的行业中，或者是通过挤占竞争对手的市场份额来求生存。若企业成长性不如整体行业水平，则说明企业只是处在风口中，随大势而增长，经营管理水平有待提高。

净利润规模和增长率：这是最核心的指标，还记得股权投资盈利的十大逻辑吗？第一条就是盈利。在我们的投资体系中，一般是回避净利润下降的公司，或者是盈利增长率波动剧烈的公司，而亏损公司则是直接排除在外。那么，多高的增长率合适呢？当然越高越好！但要注意持续性，通常太高的净利润增长率是很难长期持续的。以 10 年为周期，能复合增长 15% 已经是非常优秀的表现了，20% 甚至 25% 可以说是凤毛麟角。

销售净利润率：反映企业的盈利能力。该指标在行业间有很大差异，竞争性行业能达到 15% 左右就是不错的数据。

净资产收益率：通常简称为 ROE（Return of Equity），反映的是股东投入的资金一年经营下来能得到的回报率，能长期保持 15% 或以上的企业就是我们选择的对象。

经营性现金流净额：一般投资者会忽略这个指标，其实这个指标也非常重要。笔者在读 MBA 课程时，会计课的老师第一堂课就给我们灌输了一个理念：一家企业即使年年亏损，只要有现金流，就可以持续经营；一家企业即使年年盈利，但现金流枯竭，那么离倒闭的日子就不远了。现金流对于企业，就好比血液对于人体，重要性不言而喻。十多年过去了，这个理念还一直印在我脑海中。

比较理想的指标是现金流净额大于净利润，达到净利润的 70% 左右属于比较健康，而现金流一直为负的企业就比较危险了。主要存在两个风险：一是应收账款是否能按期收回，二是企业必须不断融资才能应对日常运营。

以上五大财务指标对于非财务专业的投资者而言比较容易理解，对于分析稳健经营型的企业也基本够用。投资者若有精力和能力，可以再分析其他财务指标。

其他财务指标

盈利能力指标

毛利率：是毛利与销售收入（或营业收入）的百分比，其中毛利是收入和与收入相对应的营业成本之间的差额。

毛利率 = 毛利/营业收入 ×100% = （主营业务收入 - 主营业务成本）/主营业务收入 ×100%

毛利扣除三项费用和所得税后就是企业的净利润。毛利率通常是反映企业竞争能力的一个指标，如贵州茅台、化学药和软件企业的毛利率非常高，一方面是主营业务成本比较低，茅台的主要原料是高粱，化学药的原料是化工中间体等，另一方面是品牌的溢价。但是，对于毛利率高的企业来说，考虑三项费用的因素后，净利润率不一定就很高，如普通的化学药和应用软件因为营销费用和管理费用居高不下，净利润率一般不高；而茅台可以保持很高的净利润率，主要是因为品牌的因素，并且三项费用较小。

总资产收益率：指净利润/总资产，反映的是总资产的回报率，通常银行业会用到这个指标。

投入资本回报率：简称 ROIC，这个指标一般投资者很少用，计算也比较复杂，有些数据如超额现金和非经营性资产还牵涉主观判断。但是，这个指标能更全面地反映企业经营的绩效，不仅考虑股东权益的回报率，同时也考虑债权的回报率。

ROIC = NOPLAT（息前税后经营利润）/IC（投入资本）

NOPLAT = EBIT ×（1 - T）=（营业利润 + 财务费用 - 非经常性投资损益）×（1 - 所得税税率）

IC = 有息负债 + 净资产 - 超额现金 - 非经营性资产

投入资本回报率公式还有另外一种表达方式：净利润/（长期负债 + 净资产）。

流动性指标

流动比：反映企业短期偿债能力，一般情况要大于1，数据越大，安全性越高；但比例过高，说明企业流动资产过剩，资金利用效率可能不高。

流动比率 = 流动资产/流动负债

速动比：是比流动比更直接体现企业到期偿债能力的指标，是企业财务安全性指标。

速动比 = （流动资产 - 库存）/流动负债

杠杆指标

资产负债率：资产负债率（Debt to Assets Ratio）是期末负债总额除以资产总额的百分比，也就是负债总额与资产总额的比例关系。它是反映企业的财务稳健性的一个指标，当然低点最好，但也不绝对。在一个高速成长的行业，企业在保证安全性的前提下，适度提高负债率有利于企业的发展，也可以提升 ROE 指标。

经营指标

应收票据和应收账款：反映企业对下游客户的议价能力，数额越大，对企业越不利。因为企业通过赊销的方式销售产品和服务，有收不到货款的风险。

预收账款：企业若每年都有大额预收账款，说明企业的产品和服务特别畅销，客户要提前付款。这样的企业并不多，若能发现，就需要重点跟踪。上市公司中，比较典型的有茅台、海天味业和格力电器。

应付票据和应付账款：反映企业对上游供应商的议价能力，数额越大，对企业越有利。

预付账款：若金额很大的话，说明企业是被上游供应商卡着脖子在经营，投资者要格外小心。

三项费用：具体指营销费用、管理费用、财务费用，反映公司经营管理水平。不同行业有很大差异，若在同行业中比较，费用小，基本说明公司经营效率比较高，但需要拉长时间段观察。有些企业为了某一年度冲业绩，会减少广告支出，压缩人员费用等，但对企业长期发展不见得有利，投资者需要谨慎对待。

此外，存货周转率、应收账款周转率等，也是反映企业经营效率的指标。

存货：有些企业存货太大，也是风险因素，遇到经济不景气，杀伤力颇大，如 2013 年很多服装企业就面临去库存的难题，直接的结果就是企业做减值处理，对损益会有很大影响。

杜邦分析

杜邦分析最显著的特点是，将若干个用于评价企业经营效率和财务状况的指标，按其内在联系有机地结合起来，形成一个完整的指标体系，并最终通过净资产收益率来综合反映。

净资产收益率（ROE）＝销售净利润率×资产周转率×权益乘数＝（净利润/主营收入）×（主营收入/总资产）×（总资产/净资产）

净资产收益率高来源于三个因素：销售净利润率高、资产周转率高、杠杆系数高。

投资者分析一家企业时，用以上分析方法可以分析判断净资产收益率的高低是受哪些因素影响。如房地产开发企业，在景气的年代，销售净利润率和权益乘数都很高，但资产周转率很低，ROE 不见得非常高。房地产市场进入白银时代后，销售净利润率开始下降，体现在 ROE 就是不断下滑。现在有些地产企业在第二项即高周转率上下功夫，用轻资产模式加快周转的方法提升 ROE。

第八节　招股说明书阅读要点

招股说明书蕴含丰富的信息

招股说明书可以说是了解企业的最优信息渠道，因为按照目前的发行程序，IPO（首次发行）企业需要披露详尽的信息，接受社会的监督，因此，披露的信息多半是真实可信的。

另外，当投资者首次接触新兴行业的公司时，研读招股说明书是一堂必修课，因为你会遇见很多新名词，如 CRO，英文原文 Contract Research Organization，直译为“合同研究组织”，这个词可能会让你一头雾水。

手把手教你读懂招股说明书：泰格医药

表 2－7　泰格医药（300347）全景表　　单位：亿元

年份	营业收入	比上年增长（%）	净利润	比上年增长（%）	经营现金流净额	股东权益	销售净利率（%）	ROE（%）
2009	0.6279		0.0780		0.2195	0.4237	12.42	18.41
2010	1.2284	95.64	0.3171	306.47	0.2659	0.9337	25.81	33.96
2011	1.9326	57.32	0.4779	50.72	0.3869	1.4116	24.73	33.86
2012	2.5432	31.59	0.6775	41.76	0.1498	6.9006	26.64	9.82
2013	3.3652	32.32	0.9406	38.83	0.7710	7.4398	27.95	12.64
2014	6.2456	85.60	1.2550	33.43	0.4366	8.6354	20.09	14.53

注：公司 2012 年 8 月 17 日上市，截至 2015 年 6 月 25 日，公司总股本 4.31 亿股。2014 年每股收益 0.29 元，每股净资产 2.0 元。

泰格医药，CRO 企业，欲知详情，敬请阅读招股说明书。先打个招呼，说明书全文共 508 页、15 节，希望没有吓到你。接下来，需要读者从网络自行下载一份泰格医药的招股说明书，笔者将带着你阅读一遍。限于篇幅问题，部分招股说明书的引文省去。

表 2-8　泰格医药招股说明书章节与阅读要点对照表

章节	阅读要点
第一节　释义	有关专有名词的介绍需要认真读
第二节　概览	也比较重要，是对说明书全文做扼要提示
第三节　本次发行概况	大致了解即可
第四节　风险因素	了解该行业和企业通常会面临的风险因素，重要
第五节　发行人基本情况	公司的历史沿革，大致了解即可
第六节　业务与技术	这是招股书的重中之重，必须打起精神认真研读
第七节　同业竞争与关联交易	可以略过
第八节　董事、监事、高级管理人员与核心人员	比较重要
第九节　公司治理结构	例行公事
第十节　财务会计信息与管理层分析	可以粗略读一下
第十一节　募集资金运用	大致浏览
第十二节　未来发展与规划	重要
第十三节　其他重要事项	忽略
第十四节　有关申明	忽略
第十五节　附件	忽略

通过表 2-8 可知，招股说明书虽然内容繁多，但真正需要认真研读的也就是第一、第二、第六和第八节，其中“第六节　业务与技术”是最重要章节，“没有之一”。所有公司的招股说明书都是如此，概莫能外。

下面笔者就陪着你一起走进这部“大书”，希望通过这种方式帮助你克服阅读招股说明书的畏难情绪。

第一节　释义

……

解读：主要是对专业名词的解释，以便后续阅读时不至于出现大的障碍。笔者的建议是，要认真阅读相关专有名词的介绍，尤其是初次接触某行业的公司。

第二节　概览

解读：本节对公司经营、财务情况等基本信息做了简要说明，如果没有时间阅读除第六章外的其他章节，那么本节就是一个很好的指引，可以帮助你了解公司。

一、发行人简介

公司前身系2004年12月15日成立的杭州泰格医药科技有限公司。2010年11月4日，泰格有限整体变更设立为杭州泰格医药科技股份有限公司，注册资本为4000万元，法定代表人为叶小平先生。

公司所属行业为临床试验合同研究组织（CRO）行业，根据国家食品药品监督管理局的定义，临床试验CRO是指一种学术性或商业性的科学机构。申办者可委托其执行临床试验中的某些工作和任务，此种委托必须做出书面规定。

公司总部位于浙江省杭州市，下设七家子公司，主要为医药产品研发提供临床研究服务，包括I至IV期临床试验技术服务、数据管理、统计分析、注册申报、临床试验现场服务、医学翻译以及I期临床分析测试服务等，构筑了覆盖临床研究产业链各个环节的完整服务体系。截至2011年12月31日，公司在国内40个主要城市设有服务网点，拥有566人的专业服务团队，其中管理团队（经理级别及以上）成员70名，管理团队中硕士及硕士以上学历占比高达64.29%。

解读：这段不长的文字已经把公司的基本情况介绍清楚了。公司成立于2004年12月，总部在杭州市，注册资本即发行前的总股本是4000万股；主要业务是为医药产品研发提供临床研究服务。

读了这一部分，应该可以大致明白CRO是什么含义，但也许理解得还不够透彻。在招股说明书的第160页，才有完整的定义：“合同研究组织（Contract Research Organization，CRO）是一种学术性或商业性的科学机构和个人，负责实施药物研究开发过程所涉及的全部或部分活动，基本目的在于代表客户进行全部或部分的科学或医学试验，以获取商业性的报酬。”药品从研发到进入患者手中需要经过很多环节，其中一个就是临床试验。因为是人命关天的事情，必须非常慎重，临床试验共分为四期，每期的周期、费用、试验对象、人数、达到的目的等，在第六节都会详细阐述。

作为中国领先的临床试验 CRO 企业，公司的业务战略定位主要体现在：

1. 提升我国医药企业的临床研究水平。

2. 借助临床试验数据管理和统计分析离岸外包服务融入全球医药研发产业链。

解读：以上为公司的业务战略定位，简单说就是国内和国外两个市场。国内医药企业大部分是仿制药，没有创新能力，竞争激烈，虽然意识到需要创新，但缺乏临床研究经验；而国家大力支持医药研发，支持创新，两者结合，明明白白地告诉你一个结论：国内市场空间巨大，大有可为。

国外市场由于成本、市场开拓等因素，大型跨国制药企业正在把临床研究转移到发展中国家，而泰格医药是国内少数具备这个能力的企业，未来在医药研发离岸外包市场上也可以大展拳脚。

二、发行人控股股东和实际控制人简介

本公司控股股东、实际控制人为叶小平先生和曹晓春女士，本次发行前，两人合计持有泰格医药 50.1476% 股权。叶小平先生目前担任本公司董事长兼总经理，曹晓春女士目前担任本公司董事、副总经理兼董事会秘书。

解读：大致可以了解公司的实际控制人以及持有的股份比例，发行新股后，控制人的持股比例将下降到50%以下。

三、发行人主营业务概述

……

四、发行人的主要财务数据和财务指标

……

五、本次发行情况

……

六、募集资金用途

……

七、发行人核心竞争优势

……

解读：阅读第三部分内容可以大致了解企业的主营业务，但详细情况需要阅读第六节；阅读第四部分时可以参阅“全景表”；第五和第六部分稍作了解就可以了；第七部分内容的核心是阐述公司在行业中的地位。

第六节　业务与技术

一、发行人主营业务、主要服务及设立以来的变化情况

二、发行人所处行业的基本情况

三、发行人在行业中的竞争地位

四、发行人的主营业务情况

五、发行人的主要固定资产与无形资产

六、发行人的质量保证体系

七、发行人拥有的特许经营权

八、发行人的核心技术与研究开发情况

九、发行人的人力资源和荣誉情况

十、发行人境外经营情况

解读：第六节总共87页，分为10个部分，其中第二、第三、第四部分是重点。

二、发行人所处行业的基本情况

（一）行业概况

1. 行业产生的背景

CRO 作为一个新兴的行业，起源于 20 世纪 70 年代的美国，早期的 CRO 公司以公立或私立研究机构为主要形式，规模较小，只能为制药公司提供有限的药物分析服务。20 世纪 80 年代开始，随着美国 FDA 对药品管理法规的不断完善，药品的研发过程相应地变得更为复杂，越来越多的制药企业开始将部分工作转移给 CRO 公司完成，CRO 行业进入了成长期。

解读：通过阅读此部分可知，新药研发面临的主要问题是：①研发投入巨大；②研发周期长；③研发成功率低。鉴于这些问题，这一领域必须专业分工，一方面提高效率，降低成本，另一方面降低风险。CRO 行业的诞生和兴起有其必然性，不是可有可无的行业。

2. 药物研究与开发过程

药物从研究开始到上市销售是一项高技术、高风险、高投入和长周期的复杂系统工程，主要研究与开发工作包括化合物研究、临床前研究、临床试验申请与批准、临床研究、药品注册申请与审批以及上市后持续研究。……

解读：通过以上药物研究与开发过程的描述，我们行业外人士终于可以对药品开发流程有一个初步概念。药品开发真不是件容易的事，1 万个候选化合物才能最终上市一个新药。公司的主要业务就是这个过程中的第四项：临床研究。

3. CRO 行业的服务范围

CRO 企业分为临床前 CRO 和临床试验 CRO 两大主要类别，目前临床前 CRO 主要从事化合物研究服务和临床前研究服务。临床试验 CRO 主要以临床研究服务为主，包括 I 至 IV 期临床试验技术服务、临床试验数据管理和统计分析、注册申报以及上市后药物安全监测等。……

解读：读了这份说明书，才明白 CRO 企业还分为临床前 CRO 和临床试验 CRO 两大主要类别。读招股书真是长知识啊。

4. 临床试验 CRO 的主要服务内容

根据我国《药物临床试验质量管理规范》的规定，申办者可以委托 CRO 执行临床试验中的某些工作和任务。临床试验 CRO 行业主要服务内容如下图所示。

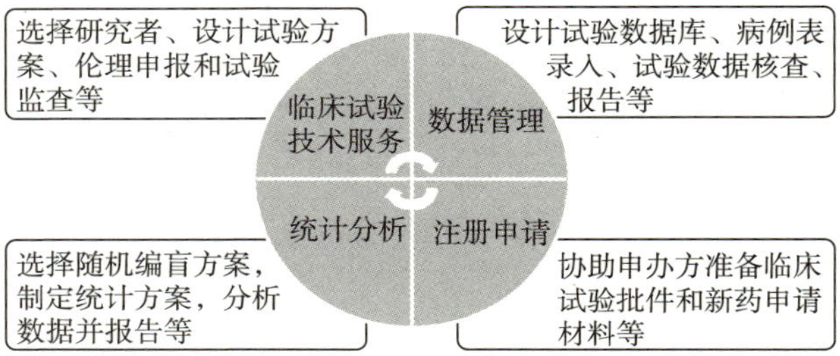

临床试验 CRO 行业主要服务内容

临床试验技术服务：该项服务是临床试验 CRO 企业提供的最主要服务，覆盖了 I 至 IV 期临床试验。

解读：以上内容详细介绍了 CRO 企业的主要服务内容，与相关各方的法律关系、权利和义务等。特别要注意的是 CRO 不是临床试验机构，后者通俗点说就是医院，而且通常是三甲医院才有这个资质。CRO 企业从本质上说是中介机构，是整个临床试验过程的组织者。这样就清楚了 CRO 企业的定位和职责。

（二）行业监管及政策

……

（三）行业现状

1. 竞争格局和市场化程度

……

2. CRO 市场需求现状

……

解读：以上内容概括起来就是：中国的研发投入很低，仅占销售额的1.48%，而以创新专利药为主的跨国药企占比为15%以上，即使以仿制药为主的印度也接近销售额的10%。这说明市场空间很大。另外，CRO 临床试验的市场规模目前还比较小，但增长速度非常快，从2006年到2010年5年的复合增速超过34%。

三、发行人在行业中的竞争地位

（一）公司的竞争地位分析

……

（二）市场占有率情况

……

（三）近三年的业务情况

……

（四）公司的主要竞争对手

……

（五）公司的竞争优势

……

解读：通过阅读第六节的第二、第三部分的内容，投资者对公司所处的行业、行业发展历史和发展前景、影响行业发展的因素以及公司在行业内的竞争地位等应该有了大致的了解。至于今后是否能持续增长，还需要继续研究第六节后续的内容及第八、第十一和第十二节的内容。

500多页的资料确实令人望而生畏，即使是言情小说或者侦探小说，这么厚的书都需要很大的耐心，况且是专业资料。但只要抓住重点去读，并不需要花费太多时间。一般情况下，80页左右的内容就可以抓住要害了。希望通过阅读这份招股说明书，可以帮助你打消畏难心理。

第九节　体验产品和服务

在研究分析基础上的消费体验

前文所讲基本都是案头工作，包括阅读、写作。据说巴菲特老先生每天主要的工作就是阅读公司年报，这说明我们正走在正确的道路上，也许一不小心就成功了呢？

这一节我们讲点有趣的事情，就是通过公司产品或服务的体验来判断公司的投资价值。

资本市场上有大量与我们日常生活密切相关的公司，如衣食住行、旅游娱乐、金融服务、生活服务等，所处的行业大部分可归类为消费类公司，这些公司正是我们应该重点关注的企业。这些行业本身体现出稳健增长的特征，也符合国家今后经济转型的方向，对投资者而言也看得见摸得着。《彼得·林奇的成功投资》这本经典著作中介绍了很多这方面的生动例子，建议读者朋友阅读借鉴。

在进行产品体验时，要时刻记住，我是以投资者的身份来审视企业的产品和服务的，千万不要因为自己喜欢某种产品，每天要消费很多，就作为投资决策的依据。例如，因为我每天要喝一瓶白酒，就只买白酒企业的股票。那不是在投资，那只是嗜好。我们首先还是要全面研究企业，研读年报，收集资料，在此基础上做消费体验，从而验证某些推断。

与朋友交流体验

个人消费体验总是有局限的，不妨多和亲戚、朋友交流。我有一个朋友和我一样，都关注万达商业，每到一地都要去逛逛万达广场。2015 年 4 月他发现一个问题，在万达广场，最好的位置都留给了万达百货，但生意比较清淡，是个隐患。我们就此问题进行了交流，并在 5 月 26 日参加万达商业的股东会时和管理层讨论了此问题。在写这段文字的7月20日，传来了万达百货大批撤柜的消息。有时候，直接的消费体验会给你带来一手信息。再如，2014年底，一个朋友去三亚，我委托其考察一下海棠湾免税商场的情况，由此掌握了品类、价格、客流等方面的直接信息。

案例分享："专车"走起

2015年6月16日，笔者体验了神州专车服务，撰写了体验报告，与读者朋友分享如下。

神州专车体验记

早上6:20起床，从深圳南山赶往蛇口码头，正好可以体验神州专车的服务。打开APP，点击"立即叫车"，有三种车辆可以选择：公务轿车（帕萨特级别的车）、商务车（别克GL8 7座）、高级车（奥迪A6、宝马5系列），价格分别为：公务轿车17元起步+2.8元/公里 +0.5元/分钟、商务车20元起步+4.5元/公里+0.7元/分钟、高级车23元起步+4.6元/公里+0.8元/分钟。相比深圳一般出租车的价格，起步10元、每公里2.4元，专车的价格还是高了不少，尤其第三项每分钟收0.5元，碰上堵车，那可真要了命。

我选择了公务轿车，1分钟后就有电话打来，并有短信通知，5分钟后到，是别克GL8，但按公务轿车收费，比较合理。一路上和司机聊天，了解到如下情况：神州专车全部是自有车辆，专职司机，司机被公司聘用后，培训3天上岗，包括1天的礼仪培训，2天的专项培训，每天上2班，每班8小时，月收入6000左右，比一般的出租车司机要少些，但工作强度稍好些，不用在路上兜客，全部是后台信息指挥。

在每个区域，手机都可以显示有多少辆神州的专车在等候，司机可以避开太集中的区域。后台收到用户的信息后，集中发送，司机必须抢单，在内部形成竞争。司机的业务量多少与经验也有关系，一般上班高峰期就要在小区周边候车，下班时就到办公区等候。车辆非常干净，司机衣着也比较整齐，下车后主动为顾客开车门、提行李。司机驾驶非常小心，车况也很好，就是发票不能及时提供，需要邮寄，而且要用户支付邮费，车费超过200元邮费由公司支付。我问是否能累积到200元后统一开具发票，司机不了解，不过答应马上向公司反映。到目的地后5分钟司机短信回复，可以累积开具发票。用户体验还算不错。

这次用车总费用为：总里程7.24公里，总时长18分钟，起租价17.00元，17 +7.24 ×2.8 +18 ×0.5，合计46元；若一般的出租车，费用大致30元左右，贵了50%；滴滴快的的专车估计也是30元左右。

神州专车与滴滴快的的专车相比较，因为前者是公司车辆，后者是私家车，政策风险小一些，司机的专业性、安全性也有较高的保障，但企业本身不具备出租车运营资质，其实还是蕴含同样的政策风险。滴滴快的是平台型企业，与淘宝有点类似，因此资本支出较小，价格较低，在补贴用户和司机、争取客户方面有很大的优势。神州专车有点类似京东的模式，前期投入较大，因此价格也比较高，但还是有其目标客户，如商务旅行的用户，因为可以提供相对高端些的服务，市场还是比较可观的。专车的出现，是对城市出租车行业的挑战，很好地补充了市场的空白。几乎所有城市出租车运营都有很大的弊端，政府垄断、打不到车、服务很差等，专车的出现，犹如微信对于传统通信运营商的挑战，对用户是福音，对形成真正的市场化运作起着很好的推动作用。

第十节　建立组合、市场波动与仓位管理

前述章节讨论的是如何研究、挖掘单个优秀的投资标的，寻找未来至少5年能持续繁荣的行业，再从中筛选出最优质的公司——财务稳健、过往的经营业绩优异、管理团队诚实能干。找出投资标的后，接下来的工作就是建立投资组合。

建立组合

做投资好比打仗，组合就是你的战队，需要有前军、中军、后军以及预备队。投资者切忌押单只或者少数几只股票，那无异于赌博。再好的公司，都会有令人意想不到的“黑天鹅”事件发生。笔者对个人投资者的建议是，组合中至少要有5家公司，分布于不同的行业，资金平均分配，也就是单只股票的市值不超过资产总额的20%。有精力和时间研究更多的公司，或者投入资金比较多，组合最多可以达到15只左右股票，一般情况不要超过10只。

斯蒂芬·加里斯洛夫斯基被媒体称为“加拿大的巴菲特”，在其著作《投资丛林》中提到，“在全世界我可以选择的几万只股票中，我真正需要看的最多有50只”，请注意，加里斯洛夫斯基管理的资产超过500亿美元，他只需要看50只股票！你有多少资金？你打算关注几只股票呢？

俗话说，弱水三千，只取一瓢饮；十鸟在林，不如一鸟在手。把握好自己能把握的，才是明智之举，如此，才能不被市场中随时泛起的概念、题材所诱惑。

笔者建议投资者持续跟踪和研究20家左右公司。一般来说，投资10家左右公司是比较合适的，另外10家公司就作为预备队。组合中的10家公司要采用均衡配置的原则，分散于不同行业。当市场整体非常低迷时，不妨多配置些成长新星；当市场开始变得火热时，就需要向低估值的公司倾斜；任何时候，组合中的低估值优质公司都不能少于50%。

这样的配置，会使你保持相对稳定的持股心态。假如组合中全部是低估值的大盘股，但有时候市场偏偏就是小盘股、成长股连续涨，涨到你不相信为止，这个过程也许持续半年、一年甚至两年。若你的组合中有“成长新星”类的股票——当然不是讲故事的那一类，而是有扎实业绩的公司，你的组合整体表现也不会差，你也就不会牢骚满腹。而当市场调整时，尤其是大跌甚至股灾时，若你的组合全部是成长股，那就惨了，即使连续几个跌停板都卖不出去！如果有足够多的优质低估值公司在组合中，你就会很淡定。

分散投资会使你避免重大损失！例如，一个由5家公司组成的投资组合，即使有一家公司碰到"黑天鹅"，如海底的海参、扇贝突然不知道去哪儿了，或者重大资产重组没有得到监管层批准，导致股票价格下跌了一半，但整个组合只是损失了10%。反过来，如果5家公司中有一家表现特别突出，业绩增长大幅超过预期，一年内股价翻了一番，即使其他四家公司非常平庸，股价没变，组合的表现也会很不错，整体20%的收益，很有可能跑赢市场。

组合均衡配置还有一个额外的好处：方便调仓。市场风格经常变化，牛市来临的话，板块启动有先后，可以适当调整配比，把涨得多的、涨得快的调整一些到涨得慢的、涨得少的股票上。当然，我们的体系总体上是不赞成做短线的，宗旨是长线持有优质公司。可能投资者会问，是一直持有不动吗？当然不是，需要持续跟踪持有公司的经营状况，一旦变差就要卖出，或者股价涨得太高，远离公司的基本面，或者有更好的标的替换时。另外就是要对牛市保持足够的警惕，当市场变得沸腾时，或者你组合中所有股票的估值都到达了令人难以置信的程度时，就是该离开市场的时候了。

我们的体系除了对于行业的选择偏重于稳健增长型以外，其他的因素，如企业的所有制类别，无论主板、中小板，还是创业板等没有任何偏见。相对来说，民营企业经营机制更灵活，激励机制也比较到位，但国企也有其固有的优势，如政策倾斜、行政垄断等，至少没有造假的动机。

2015年6—7月间的股灾，使很多投资者对中小板和创业板避之唯恐不及，但创业板的三聚环保在7月17日已经创出历史新高；同一日爱尔眼科收盘价34.25元，离6月10日收盘最高价40元仅仅相差14.37%；而上证指数收盘3957.35点，离6月12日的收盘最高点5166.35有23.4%的距离，创业板指数就差得更多了，30.11%。究其原因，就是因为企业经营业绩优异。2015年中期业绩，三聚环保预告增长114%～125%；爱尔眼科预告增长35%～45%。因此，公司质地优异、经营稳健、未来繁荣可期，才是关键中的关键。

买入的时机

那么，什么时候是买入的良机呢？**笔者认为是熊市，最好是大熊市。**当大多数人对股市失去信心，以谈论股票为耻的时候，就是买入的最好时机。投资最大的风险就是牛市高价买入二线股，相对应，投资最大的机会就是熊市低价买入一线股。在熊市中，即使买的是最差的二线股，都不要紧，只要牛市来临都会有盈利。而在牛市买入题材股、概念股，而且是高价买入，一旦市场回撤，杀伤力是非常惊人的。2015年6—7月间的股灾，一半以上的股票惨遭“腰斩”，还有些“腰斩”后再“腰斩”，跌去了75%。股灾其实是检验组合的最好时机，如果你的组合市值回撤与大盘同步或者要少，说明选择的公司标的具备很好的防御性，应该是以优质公司为主。如果回撤大于大盘，那就真的需要好好读一读这本书了。如果下跌超过50%，你可能太激进了，需要谨慎再谨慎。如果你不幸被强制平仓了，哎，真不知道该说什么好了。

牛市和熊市是市场的两个极端，通常情况下是平衡市。我们的投资体系主要关注个股的质地，只要不是明显高估，都可以买入并持有。假如你打算建立一个由10只股票组成的投资组合，把资金平均投入这10家公司，意味着每家的市值都不超过资产的10%。如果其中1只或几只短期内迅速上涨，先查明原因，若是经营业绩好，如预告业绩增长，那就安心持有，即使市值超过了资产的10%也不用理会；若仅仅是因为正赶上当前市场的热点，那就可以做些减仓。另外买入时也可以采用一些技巧，如看好10家公司，先拿出资产的1/3建仓，若下跌的话，你也不会很沮丧，正好加仓另外1/3。如果一去不回头涨上去了，也乐享其成，因为你有预备队，看看其他后备的另外10家公司里有没有价格合适的。这样就可以进退自如——涨也高兴，跌也不丧气。

按照我们的体系，一般建仓工作完成后，就耐心长期持有，因为你还有更重要的事情要做，就让组合中的优秀公司为你操心、为你劳累吧。有时想想，做个投资者真的是很幸福的事情，你可以挑选全国最优秀的公司、最优秀的管理团队、最优秀的员工为你服务，使资产增值。人生如此，夫复何求啊！

市场波动

在股票市场中，每一家上市公司的股权，每天都有不同的成交价格，甚至一天中价格波动可以达到20%，而企业的经营怎么可能在一天之中有这么显著的变化？这也是投资者进入股票市场时经常会面临的困境——价格每天都在波动，甚至是剧烈波动，我到底该买还是卖呢？这也是投资者进行股票投资时需要解决的又一个重要问题，即控制自己的情绪，不要被市场的狂热或绝望影响，反而要利用市场的情绪，当严重高估时舍得卖出，当严重低估时敢于买入。当然，说说很容易，真正要做到，何其难也。需要你对市场有正确的认识，对人性有深刻的洞察，更关键的是，对你关注或者持有的公司有深入的了解。总之，**波动并不是真正的风险，风险在于买错股票。**

仓位管理

仓位管理策略

究竟应该满仓，还是半仓，还是看市场情况调整，也就是通常所说的择时交易，波段操作。我的经验是，个人投资者没有这个能力，也没有这个精力去判断市场的趋势，只要市场不是显著的整体高估，就一直满仓。当然，市场下跌时损失会比较大，但想想市场上行时，空仓照样很难受。最怕的是两面挨刀，肉没吃着，挨刀时一刀都没落下。市场低位时，认为还会下跌，清仓等待；而市场反身向上时，又不甘心去追，或者根本就追不上，眼看着电脑屏幕一片红彤彤，举国欢庆时，你却独自神伤，这叫啥事！

最近的一个例子就是2015年7月6日至10日这一周，前三天市场状况可以概括为千股跌停——卖不掉，卖不掉，卖不掉！后两天的情况是千股涨停——买不到，买不到，买不到！不知道你是如何度过那一周的，如果追随市场的节奏，7月6日、7日、8日根本卖不出，焦虑异常，彻夜难眠。7月9日又挂跌停板卖，恭喜你，成功啦，然而半小时后，市场开始上涨，到中午接近涨停，下午全线涨停，人生的悲剧也不过如此了，一天就相差22.22%。接着又是7月10日、13日千股涨停，真是欲哭无泪啊。按照我们的体系，只要配置的是优质公司，并且均衡配置，就一直满仓吧，**最多也就是中短期错一次而已，绝不会错两次，**而且从长期而言，祖国肯定会持续繁荣，你持有的优秀公司肯定会持续盈利和增长，长期是不会出错的，需要克服的只是你的短期恐惧心理而已。

择时交易：永远不要尝试

市场相对高位时空仓等待，等下跌时再满仓买入，理论上很正确，看起来也挺美，但实际操作很有可能是正好相反的，因为人性使然。当下跌时市场弥漫着恐惧心理，随处都是利空消息，低了还有可能更低，投资者往往是不敢轻易买入的，而一旦股价向上又不甘心买入，因为之前有便宜的价格没买，还是再等等吧。也许就一直等不到原来的低价，要么就错失，要么就是涨到高位时按捺不住追高买入，那时市场又是一片欢腾，到处都是利好消息。因此，择时交易发生错误的概率从长期看，肯定要大于50%。我们做投资不就是要避免大概率的错误发生吗?

投资经典《赢得输家的游戏》第三章中，对择时交易有很精彩的论述，摘录如下：

> 投资历史结论性地说明，市场复苏第一周的涨幅收益占最终整个复苏过程的很大比例。然而也正是在残酷的市场谷底，波段操作者可能会踏空，错失最好的投资机会。

此外，正如我们所看到的，市场往往在非常短的时间内完成变动，而投资者还没来得及从过去的共识中反应过来。

明智的投资者甚至不会考虑通过高抛低吸的方法来战胜市场和其他对手。

长期来看，投资者遭受损失的一种典型情况是，在市场非常糟糕的时候，恐慌地清仓出局。他们会正好错过股票出乎意料大涨的好日子。其中的教训不言而喻：“闪电来袭的一刻”，你一定要站在那里。所以，波段操作真的是个危险的想法。不要尝试，永远不要。

有一个不容忽视的因素。下图说明了把20年间涨幅最高的天数去除后长期复合收益率的变化。去除最好的10天（仅占整个评估期的0.25%），平均收益率降低了22%（从11.1%降到8.6%）。再去掉次佳的10天，收益率又降低20%。把最好的30天全去掉，收益率从11.1%降到5.5%，降幅超过50%。

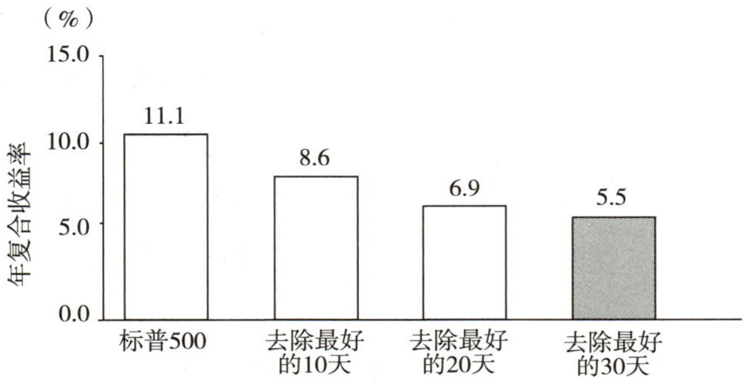

1980—2000年的复合收益率

资料来源：Courtesy of Cambridge Associates。

经历过中国股市2015年6—7月间跌宕起伏的投资者，对此应该深有体会。

长期持有，不做波段操作，这个观点确实很难说服大部分的投资者，也是我与朋友交流时最容易引起争议的部分。我想引用经济学泰斗凯恩斯的一段话，为这一观点提供支撑。“如果我们逃离了股市，一般不会立刻回头，等到回去时总是已经太晚了。如果复苏真的到来，我们肯定会被甩在后面；而如果复苏永远不来，那就怎么做也没用。”

最后的陈述

投资者的工作就是选择约20家优秀公司长期跟踪，然后优中选优，准备投入10家，分布于5个左右的行业。其中既有老而弥坚的旗帜型公司，又有成长新星类公司，再加上少量港股中的优秀中资公司。所投入资金必须是闲钱——至少3年内可以不用的资金，杜绝杠杆，不能借钱买股票，这是纪律。然后看看市场，熊市、大熊市，太好了，这是建仓良机。若是牛市，尤其是有点沸腾的牛市，先歇着吧。如果是平衡市，把资金分成等额的10份，准备投入心仪的10家公司，但别急着一次性投入，分批建仓为好，这样的话，买入后股价下跌，你也不会沮丧，可以加仓。如果一直上涨也没关系，我们还有预备队——还有另外10家公司可以选择。全部建仓完毕后，就耐心持有，无视市场的波动，心中一直装有一个信念——我做的是正确的事情，只要公司没选错，我一定能到达胜利的彼岸。最后就是定期核查组合中公司的经营情况，以企业的经营业绩作为是否调仓的准则。概括起来就是：优质公司、合理价格、分散投资、长期持有。

第十一节　有关估值的讨论

估值是投资中的难点，连巴菲特老师也是欲言又止，从来没有给“巴迷”们一个明确的交代。如果估值像“1+1=2”那么简单，市场也不会有波动了，一切按照一个既定的公式来定价，买卖双方各取所需，相安无事，不会有股灾，也不会有救市。

每天市场都在波动，而且有时候是大幅波动，而企业的经营状况在短期内是不会有如此大变化的，企业的价值也同样。这就说明一个问题，投资者对企业的估值在短期内会受到很多其他因素的影响，更多的是情绪因素。有种说法，一根阳线改变情绪，两根阳线改变预期，三根阳线改变信仰。在三天内连信仰都会改变，何况对企业的估值呢。

但是，从长期来看，公司的股价总是与企业的内在价值高度吻合，因此，对于长期投资者而言，如何评估公司的价值，运用好合理的估值体系，以合理的甚至有时折扣价格买入公司的股票，就显得尤为重要。

DCF 模型

理论上最准确的估值方式就是未来现金流贴现模型（Discounted Cash Flow，DCF 模型），是把企业在未来存续期内的所有现金流贴现到今日，得到的数值就是企业的内在价值。这个模型是由美国的 John Burr Williams 于 1937 年首次提出，1938 年正式出版，书名为"The Theory of Investment Value"。①

Williams 的 DCF 模型指出，企业价值的核心是它未来的盈利能力，只有当企业具备这种能力，它的价值才会被市场认同。其计算公式如下：

$$\sum_{t=1}^{n} \frac{CF_t}{(1+r)^t}$$

n 表示资产（企业）的寿命；CF_t 表示资产（企业）在 t 时刻产生的现金流；r 反映预期现金流的折现率。

从上述计算公式我们可以看出，该方法有三个基本的输入变量：现金流、折现率、企业的存续期，也就是寿命。因此在使用该方法前，首先要对现金流做出合理的预测。在评估中要全面考虑影响企业未来获利能力的各种因素，客观、公正地对企业未来现金流做出合理预测。其次，是选择合适的折现率。折现率的选择主要是根据评估人员对企业未来风险的判断。由于企业经营的不确定性是客观存在的，因此对企业未来收益风险的

① 翻译成中文应该是《投资价值理论》，好像没有中译本。笔者书架上有一本英文原版，满篇的数学公式，因此一直没有勇气阅读，已经十多年了，积满了灰尘。

判断至关重要。当企业未来收益的风险较高时，折现率也应较高；当未来收益的风险较低时，折现率也应较低。

现金流贴现法，是通过预测未来企业存续期内的自由现金流，并用恰当的贴现率计算这些现金流终值的现值，从而预测出合理的公司价值的方法。现金流贴现法分析了一个公司的整体情况，既考虑到资金的风险，也考虑到资金的时间价值，是理论上最完善的估值方法。

理论上完善，并不代表实际可行，三个变量都是对未来的预测，不是有句笑话，“预测是最难的，尤其是对未来的预测”。首先企业存续期有多长，这个只有天知道。企业在未来的每一年能有多少现金流入，即便是企业的董事长、CEO、财务总监，也未必说得清。贴现率多少合适？这个倒是可以参考无风险利率，再考虑企业的状况来确定。但这个贴现率稍稍有点差异，最终的数值就会相差巨大。笔者现在算是理解“百无一用是书生”这句话的道理了——一味地执着理论的完善、公式的漂亮，对于实践是毫无意义的，这个估值方法对个人投资者尤其不适用。

即便如此，该模型还是具有非常深刻的内涵，尤其是20世纪30年代，当美国资本市场还是一片混沌时，该模型拨开了投资的迷雾，揭示了投资价值的本质。即使在将近80年后的今天，对我们的投资还是具有非常现实的指导意义，**那就是要寻求长寿的企业，未来能持续繁荣的企业，能带来大量自由现金流的企业，这才是真正的投资的本源。**

PB法

PB就是市净率，P（Price）指价格，B（Book Value）指账面价值，PB也就是你支付的价格相对于企业账面价值的倍数。PB通常大于1，有时也会小于1，如2013—2014年的大部分时间，A股中的银行股PB是小于1的。

PB有时也可以考量一个企业的重置成本。如果以PB为1购入一家企业，相当于重新建一家相同的企业，成本与当初建立时的历史成本相同；

如果大于1，说明溢价，也就是重新建一家相同的企业，成本会大于当初的历史成本；小于1，就正好相反。

PB数值的大小，反映了市场对于企业账面资产价值的态度——是增值了还是减值了。但是PB这种估值方式有很多不合理的地方。首先，按照会计准则，企业账面价值是按历史成本计算，再计提一定的折旧等形成的当期的净值，但是有些资产会大幅增值，有些资产会大幅贬值。会计准则的计提方式不见得与市场实际相符，如土地、房产等实际增值可能会远超账面所反映的；而有些如专用设备、运输车辆等贬值的幅度会大于计提的数额。同时账面资产往往只反映了有形资产的价值。但是，企业的核心盈利能力，往往并不取决于有形资产，有的行业恰恰相反，如专利、专有技术、品牌力、技术人员的数量和质量、管理经验、市场口碑等。

PE法

PE是市盈率的意思，P（Price）就是你支付的每股股票的价格，E（Earing Per Share）指每股收益，简称EPS，也就是对应上市公司每股收益你愿意支付的价格是多少。PE的倒数就是收益率，如一家公司每股收益是1元，如果你16元买入，PE就是16倍，20元买入，PE就是20倍，而PE 16倍的倒数是0.0625（6.25%），PE 20倍的倒数是5%，相当于说，假如公司把每股收益当年全部分红，你PE 16倍买入，一年的收益率是6.25%，这也是股利率的数值；PE 20倍买入，收益率是5%。可见，你买入时的市盈率越低，收益率将会越高。

大部分公司当然不会把收益全部用于分红，还需要用于扩大再生产。假如以上的例子中，公司只分配一半，这个时候就要看公司的ROE指标，也就是留存收益将会成为公司的净资产增量，如果下一年度公司的净资产收益率只有5%左右，你会觉得回报太低了，如果能超过10%，当然不错。

另外要考虑的因素就是公司今后净利润是否能保持增长，最好是持续增长。因为只有增长，EPS每股收益才能不断增长，才能使你的PE指标不断下降，意味着你的潜在收益率会不断提高。

稳健均衡策略所选择的行业和公司以稳健增长型为主，主要集中在消费品领域，如医药、医疗、娱乐、旅游、食品等行业，因此 PE 是最好的估值方式，既容易掌握，也容易理解。笔者建议个人投资者主要采用这种估值方式。

那么 PE 多少才合理呢？当然是越低越好，但市场中充满了“聪明钱”，只有在大熊市或者股灾发生的时候，才会有绝对低的 PE 出现，但这个时候，你会比一般投资者勇敢吗？

在第一章提到过一个公式：

价值 = 当期（正常）利润 ×（8.5 + 两倍的预期年增长率）

这也可以作为我们买入一家公司时的一个参考，也就是未来 10 年公司若能持续复合增长 15% 的话，最高的 PE 不要超过 40 倍，若能达到 20%，不要超过 50 倍。请注意：连续 10 年复合增长 20% 是很难达到的目标，即使有，也是相当稀少的。

一般情况下，PE 最好控制在 20 倍以下，这样需要公司在未来 10 年的增长率为 5.75%。这不难做到，若大大超过，就会给你带来惊喜，这也是安全边际的意义所在。彼得·林奇创造了一个 PEG 指标，其实也就是结合 PE 和增长率的关系来确定买入时的 PE 倍数，有兴趣的投资者不妨推演一下。

本节的最后，介绍一家公司，先不说公司名称，请投资者猜一猜它可能处于什么行业？该公司 2002 年上市，14 年主营业务收入年复合增长 19.06%，净利润复合增长 23.41%，2015 年 7 月 8 日收盘价 19.6 元，PE 13.36 倍。你关注过这家公司吗？2015 年 7 月 8 日你会出手吗？

表 2-9　某上市公司“全景表”　　单位：亿元

年份	营业收入	比上年增长（%）	净利润	比上年增长（%）	经营现金流净额	股东权益	销售净利率（%）	ROE（%）
2000	2.4530		0.2391		0.5530	1.0459	9.75	22.86
2001	2.6442	7.79	0.2368	-0.98	0.5184	1.0849	8.95	21.82
2002	3.0098	13.83	0.2425	2.42	0.3323	3.4920	8.06	6.94

续表

年份	营业收入	比上年增长（%）	净利润	比上年增长（%）	经营现金流净额	股东权益	销售净利率（%）	ROE（%）
2003	3.7310	23.96	0.2722	12.24	0.7156	3.5642	7.30	7.64
2004	5.4983	47.37	0.3371	23.84	0.3953	3.7038	6.13	9.10
2005	8.0074	45.63	0.4419	31.09	1.7455	3.9407	5.52	11.21
2006	10.7590	34.36	0.4842	9.58	1.7977	4.4289	4.50	10.93
2007	14.1589	31.60	1.0062	107.80	1.8128	7.7372	7.11	13.00
2008	21.0305	48.53	1.9297	91.77	5.7004	9.5522	9.18	20.20
2009	15.4405	-26.58	1.5760	-18.33	2.5511	15.4476	10.21	10.20
2010	15.6692	1.48	1.3406	-14.94	3.7692	16.6162	8.56	8.07
2011	18.4281	17.61	1.5371	14.66	3.6538	17.8985	8.34	8.59
2012	22.1866	20.40	1.9406	26.26	4.4518	19.6037	8.75	9.90
2013	30.0458	35.42	3.7758	94.57	7.1223	22.8948	12.57	16.49
2014	28.2049	-6.13	4.5468	20.42	5.5355	27.1788	16.12	16.73

注：截至2015年7月7日，公司总股本3.10亿股。2014年每股收益1.467元，每股净资产8.76元。

第二部分

行业选择和公司竞争优势分析

投资要分析宏观、中观和微观经济形势。作为个人投资者，基本可以忽略宏观分析，因为这需要太多专业知识，变量众多，短期波动很大，还受世界经济形势的影响。个人投资者只要确定国家会越来越好就行，这就是最大的宏观分析。中观和微观对应行业和公司，这个太重要了，尤其是公司，这是我们投资获得收益的根本，是投资的本源。

第三章　行业分析和选择

先选择行业，再从中选择优秀公司，然后等待合适的价格，买入并持有，安心等待收益。投资就是这么简单！

投资本来就不复杂，是人们自己搞复杂了，这也是人性的一个方面，喜欢化简为繁。

第一节　行业选择非常重要

赚钱不辛苦与辛苦不赚钱

我们不得不承认，由于种种原因，有些行业天生就是赚钱不辛苦，反之，有些行业辛苦但不赚钱。如银行业，受行政垄断的保护，日子过得不是一般滋润，2014 年 16 家上市银行合计实现净利润为 1.25 万亿元，而 A 股总计 2713 家上市公司合计净利润为 2.4445 万亿元，银行业利润占比超过 51%。2015 年 3 月 4 日召开的全国政协会议上，某银行领导发言时说了一句“银行是弱势群体”，全国人民都笑了，把总理也逗乐了。

再如钢铁行业，由于钢铁产品普遍同质化严重，行业退出成本又非常高昂，而原料铁矿石又被国外三家巨头（巴西的淡水河谷、澳大利亚的力拓与必和必拓）垄断，价格不断上涨，结果就是持续挤压钢铁企业的利润空间。A 股 24 家上市钢铁企业中，有 5 家亏损，13 家基本持平，5 家微

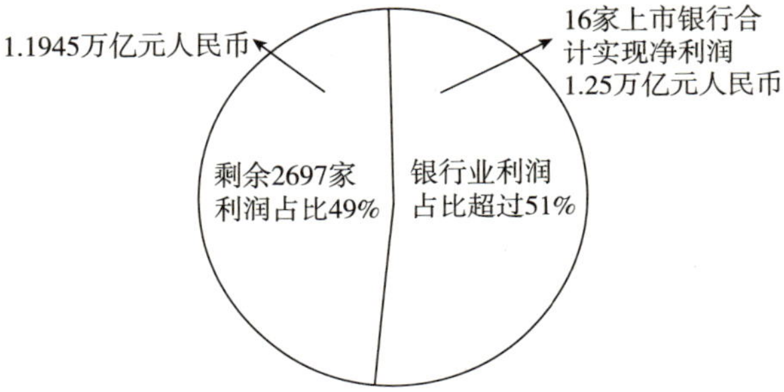

图 3-1　2014 年上市银行利润占全部上市公司利润的比例

利，盈利能力最强的宝钢股份，销售净利润率也仅仅 3.09%，净资产收益率只有 5.07%。

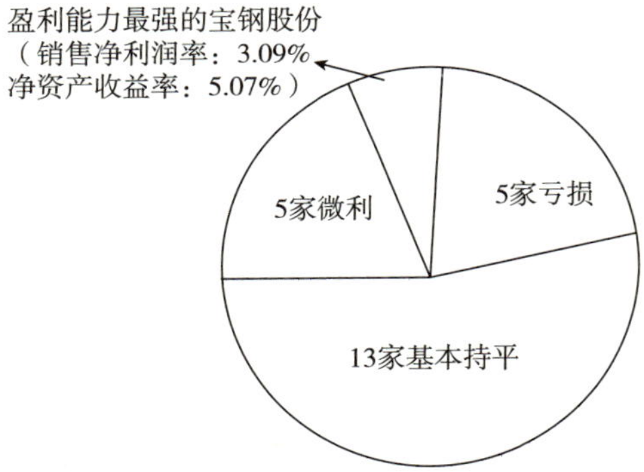

图 3-2　2014 年钢铁行业上市公司盈利状况

美股的启示

美国西格尔教授在《投资者的未来》一书中，分析了 1957—2003 年 46 年间美国标准普尔 500 指数成分股涨幅，见表 3-1。

表 3-1　1957—2003 年 20 个最佳"幸存者"

排名	2003 年的公司名称	1000 美元初始投资的积累金额（美元）	总盈利倍数	年收益率（%）
1	菲利普·莫里斯公司	4626402	4625	19.75
2、	雅培制药公司	1281335	1280	16.51

续表

排名	2003 年的公司名称	1000 美元初始投资的积累金额（美元）	总盈利倍数	年收益率（%）
3	百时美施贵宝公司	1209445	1208	16. 36
4	小脚趾圈公司	1090955	1090	16. 11
5	辉瑞公司	1054823	1054	16. 03
6	可口可乐公司	1051646	1051	16. 02
7	默克公司	1003410	1002	15. 90
8	百事可乐公司	866068	865	15. 54
9	高露洁棕榄公司	761163	760	15. 22
10	克瑞公司	736796	736	15. 14
11	亨氏公司	635988	635	14. 78
12	箭牌公司	603877	603	14. 65
13	富俊公司	580025	579	14. 55
14	克罗格公司	546793	546	14. 41
15	先灵葆雅	537050	536	14. 36
16	宝洁公司	513752	513	14. 26
17	好时食品公司	507001	506	14. 22
18	惠氏公司	461186	460	13. 99
19	荷兰皇家石油公司	398837	398	13. 64
20	通用磨坊	388425	387	13. 58
标准普尔 500 指数		124486	123	10. 85

数据表明，有两个行业基业长青的超级大牛股特别多，分别是品牌消费品和医药医疗服务业。标普 500 指数原始成份股中表现最佳的 20 家基业长青公司，都保持了完整的业务结构，未与其他任何公司合并。1957 年到 2003 年底，标准普尔 500 指数年复合收益率 10. 85%，20 家基业长青公司的股票年复合收益率 13. 58% ~19. 75%，总收益率 387 倍到 4625 倍，是标准普尔 500 指数的 3 倍到 37 倍。

这 20 家基业长青公司中的 11 家是具有高知名度品牌的消费行业股，其中 2 只股票是烟草公司——菲利普 · 莫里斯公司和富俊公司，收益分别是 4625 倍和 579 倍；2 只股票是食品公司，以生产番茄酱著名的亨氏公司上涨 635 倍，世界第六大食品公司通用磨坊上涨 387 倍；2 只股票是饮料公司，可口可乐 1051 倍，百事可乐 865 倍；3 只股票是糖果公司，世界上最大的糖果圈和棒棒糖供应商小脚趾圈 1090 倍，世界上最大的口香糖生产商箭牌 603 倍，美国上市企业中最大的糖果生产商好时食品公司 506 倍；2 只股票是个人护理用品公司，高露洁棕榄 760 倍，宝洁公司 513 倍。

另外还有 6 家是医药股：雅培 1280 倍、百时美施贵宝 1208 倍、辉瑞 1054 倍、默克 1002 倍、先灵葆雅 536 倍、惠氏 460 倍，在 20 家基业长青股涨幅排名分列为第 2、第 3、第 5、第 7、第 15、第 18 位。这 6 家制药企业和 11 家消费品牌公司占据了 20 家中 85% 的名额。

从以上数据分析我们可以看出一些细节：

（1）整体市场的长期收益率以标准普尔 500 指数为代表，是 10. 85%。

（2）复利的威力，尤其是长期的累积效应是非常惊人的。表 3 – 1 中第 10 位克瑞公司年复合收益率是 15. 14%，接近我们体系的目标收益率，46 年后总的回报是 736 倍。

（3）每年复合收益率即使只有不大的差距，如第 1 位的菲利普 · 莫里斯是 19. 75%，第 2 位雅培制药公司 16. 51%，相差 3. 24%，但 46 年后的总回报分别是 4625 倍和 1280 倍。

美国不同产业的盈利能力

迈克尔 · 波特在《竞争论》这本著作中对美国大部分行业的投资回报率做了一个统计分析，结果正好验证了我们的一句俗语：男怕入错行，女怕嫁错郎。回报率最高的行业与最低的行业相差将近七倍。

A 股的验证

美股的历史表明：品牌消费和医药是长跑冠军，A 股是否也同样呢？2000 年 1 月 1 日到 2010 年 8 月 8 日，万得全 A 股指数上涨 152%，万得一级行业指数涨幅排名中，第一名是医药保健指数，10 年上涨 280%，第二

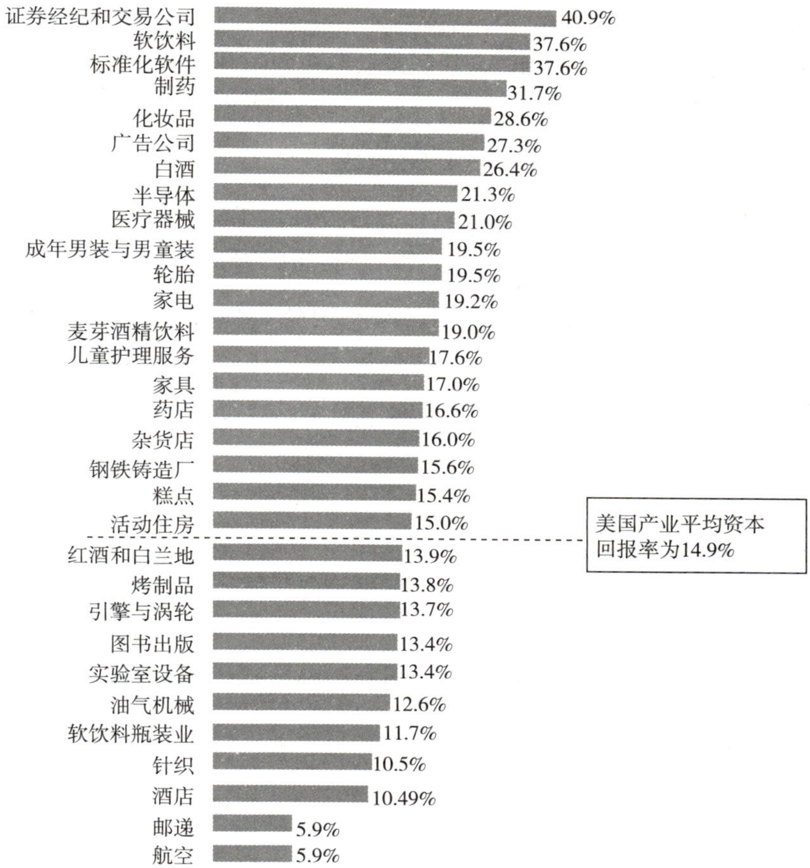

图 3-3　1992—2006 年美国产业平均资本回报率

名是日常消费指数，上涨 254%。2003 年 12 月 31 日到 2013 年 12 月 31 日，中信标普 A 股综合指数上涨 131%，中信标普全市场二级行业指数涨幅排名中，第一名是医药行业指数，10 年上涨 481%，第二名是食品饮料指数，10 年上涨 451%，超越市场整体涨幅 3 倍以上。

以上数据对我们有何启示呢？首先，我们要确定投资最基本的原理和逻辑，即长期股价表现与企业的经营业绩正相关，长期来看，企业利润增长多少倍，股价也相应上涨多少倍。不仅美国市场如此，中国市场也不例外。其次，投资的复利原理在企业经营中也同样适用，也就是说企业经营的最佳模式是稳定增长型，不能大起大落，这就基本决定了长期高投资回报的优质公司往往出自于非周期行业。最后，企业的竞争优势，即长期获得超额回报能力的来源，其一是知名品牌，之所以能成为知名品牌，必然与客户的黏性有关；其二是市场空间，医药医疗显然具备这方面的天然优势。

当然，46年的时间跨度确实太长了一点儿。人的一生中真正能从事投资的时间未必会如此长久，而且以46年的标尺去衡量投资标的，会错失一些行业。如科技行业，这个行业的技术更新相对较快，往往很难经得起40多年的考验，但并不能就此完全忽略，如微软、IBM、英特尔、戴尔、谷歌、苹果等，以10~20年的投资周期来看，都给投资者带来了相当惊人的回报。还有一些行业在不同国家、不同发展阶段，也会有不俗的表现，如A股1996—1997年的牛市是由银行和家电引领，2006—2007年的牛市是由地产、金融、资源等周期性行业带动。

第二节　行业变迁

经济发展阶段与行业选择

个人投资者在选择行业时，需要一些宏观视角，综合考虑行业发展的趋势和演变、国家发展阶段，以及影响行业变迁的因素。

中国从改革开放开始，走的是外需拉动的路径，因此与出口业务有关的上市公司表现要出色一些，如港口、航运、集装箱等产业。20世纪90年代中期开始，家电消费开始引领市场，接着是房地产——这是个产业链相当长的行业，带动了基建、建材、钢铁、家电、装饰等行业的大发展。2008年金融危机后，政府采取积极的财政政策，再次靠拉动基础设施建设走出经济低谷，工程机械、高速公路、机场、铁路等行业表现不俗。

但基础设施总有接近完善的一天，房子也总有盖完的时候，由于人口结构、土地成本、环境不堪重负等因素，粗放式的经济发展模式已经走到了尽头，有些行业已经快接近天花板。这个时候，整个国家需要进行经济转型，投资者的思路也必须有所改变。

此外，商业模式也是影响行业的重要因素。新的商业业态、新技术的更迭，对有些行业会产生颠覆性影响，投资者需要留意观察。

案例分析

苏宁电器

苏宁电器后更名为“苏宁云商”，先看看全景表。

表 3－2　苏宁云商（002024）全景表　　单位：亿元

年份	营业收入	比上年增长（%）	净利润	比上年增长（%）	经营现金流净额	股东权益	销售净利率（%）	ROE（%）
2002	35.2556		0.5856		1.0886	1.5046	1.66	38.92
2003	60.3372	71.14	0.9890	68.88	0.8121	2.5505	1.64	38.78
2004	91.0725	50.94	1.8120	83.22	1.2081	8.3092	1.99	21.81
2005	169.0488	85.62	3.7465	106.76	1.4923	12.0548	2.22	31.08
2006	261.6125	54.76	7.5764	102.22	1.5075	31.5814	2.90	23.99
2007	401.5237	53.48	14.6543	93.42	34.9648	46.2356	3.65	31.69
2008	498.9671	24.27	21.7019	48.09	38.1914	87.7596	4.35	24.73
2009	583.0015	16.84	28.8996	33.17	55.5494	145.4035	4.96	19.88
2010	755.0474	29.51	40.1182	38.82	38.8134	183.3819	5.31	21.88
2011	938.8858	24.35	48.2059	20.16	65.8852	223.2833	5.13	21.59
2012	983.5716	4.76	26.7612	－44.49	52.9944	284.6632	2.72	9.40
2013	1052.9223	7.05	3.7177	－86.11	22.3848	283.5152	0.35	1.31
2014	1089.2530	3.45	8.6692	133.19	－13.8142	292.8186	0.80	2.96

注：截至 2015 年 7 月 10 日，公司总股本 73.83 亿股。2014 年每股收益 0.12 元，每股净资产 3.97 元。

公司 2004 年 7 月 21 日上市，到 2008 年 1 月 3 日高点，历经 3 年半时间，股价从上市首日的收盘价上涨了 4019.84%（按后复权价格计算），翻了 40 倍，是当时资本市场最为耀眼的明星，“没有之一”。查询全景表，其 2004 年到 2007 年的净利润接近每年翻一倍，这在所有上市公司中也是前无古人，至于是否后无来者，还不好下定论，估计这个纪录也很难被打破。

究其原因，是因为苏宁电器扮演了行业颠覆者的角色，当然，同期的还有国美电器、大中电器、永乐电器，后两者规模较小。

20 世纪，百货商店的家电部门是家电的主要销售渠道，而且大部分是国有体制，效率低下，价格高企，服务很差。以苏宁和国美为代表的新商业业态——家电连锁企业异军突起，这在当时的中国无异于一场革命。当然，这种商业模式在发达国家早已有之，如美国的百思买、电路城等。

专业家电连锁企业的优势是集中采购，降低了价格；统一店面，给消费者很好的辨识度；服务热情、专业，解决了消费者的后顾之忧。一方面，由于房地产市场开始启动，带来了很大一块增量市场。另一方面，由于价格下降，激发了消费者的购买热情，并快速蚕食了原有销售渠道的市场份额。另外，借助资本市场的力量，生动地诠释了产业加资本的震撼力和颠覆力。

总之，天时、地利、人和加资本，种种因素叠加，创造了一个行业的奇迹，也给资本市场留下了一个绝对惊艳的印记。

家电连锁行业的竞争尽管激烈，但远远谈不上惨烈，随着并购的推进，行业中只剩下苏宁和国美两家寡头垄断，日子还是相当滋润的，这从全景表中的销售净利润率和 ROE 指标可以得到验证。苏宁 2011 年之前销售净利润率数据不断在走高，ROE 有些起伏，那是不断融资，净资产增厚所引起。两强相遇，鹿死谁手呢？苏宁董事长曾经豪言，“做不过国美，就把苏宁白送给黄光裕”，可谓气吞山河，事实上苏宁也做到了，2010 年苏宁就全面超越国美。

但是，可恨的就是这个“但是”，从古至今，多少英雄豪杰、多少金玉良缘都是毁在了这“但是”二字。正可谓“螳螂捕蝉，黄雀在后”，“苏美”激战正酣时，半路杀出个程咬金，曾经是行业颠覆者的苏宁、国美，这次不幸要成为被颠覆的对象。这个“程咬金”就是电商，终结了苏宁、国美的美好生活，苏宁的净利润在 2011 年达到 48 亿元的高峰后，2012 年急剧下滑到 26 亿元，2013 年只有可怜的 3.7 亿元了，股价也从

2010 年 10 月 8 日的前复权价格 16.40 元，一路下跌到 2013 年 6 月 25 日最低的 4.51 元，整整跌去了 72.5%。曾经的耀眼明星遭遇如此境遇，不禁令人唏嘘不已，投资苏宁的股东也是损失惨重，这也给投资者一个深刻的教训，选择行业和企业时，要对行业的竞争环境有清醒的认识。

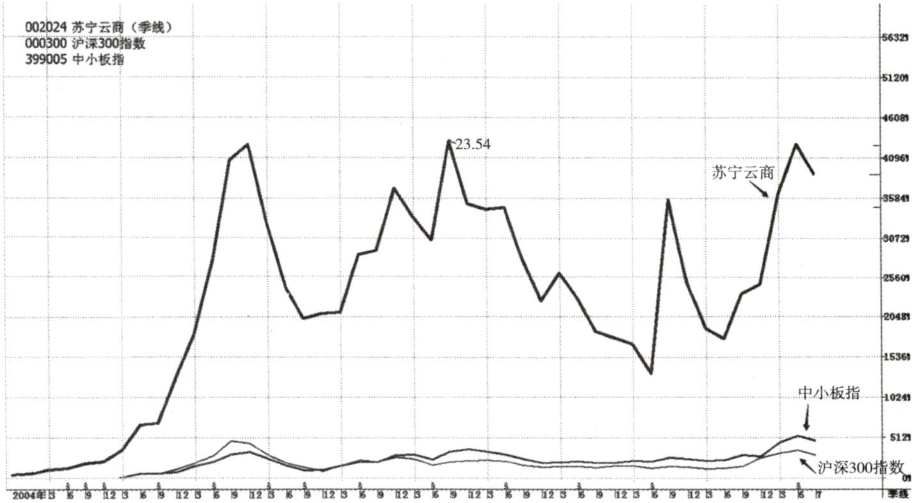

图 3-4　苏宁云商股价走势图（季线）

应该说苏宁在面对电商的冲击时，并不是无所作为，而是积极应对，推出苏宁易购积极拥抱互联网，只是之前的竞争利器——门店——现在成为了双刃剑。同时，苏宁易购还需要大量的投入，与线下门店也有利益冲突，企业的原有文化也与互联网有距离。尽管一直很努力，但行业的大势所趋，作为个体的企业实在是有点无可奈何。

索菲亚

表 3-3　索菲亚（002572）全景表　　单位：亿元

年份	营业收入	比上年增长（%）	净利润	比上年增长（%）	经营现金流净额	股东权益	销售净利率（%）	ROE（%）
2008	2.0152		0.2269		0.3155	0.4255	11.26	53.33
2009	4.2724	112.01	0.5768	154.17	0.7306	1.3415	13.50	42.99

续表

年份	营业收入	比上年增长（%）	净利润	比上年增长（%）	经营现金流净额	股东权益	销售净利率（%）	ROE（%）
2010	6.8894	61.25	0.9300	61.24	0.9987	2.1455	13.50	43.35
2011	10.0360	45.67	1.3473	44.88	1.3871	13.6349	13.42	9.88
2012	12.2170	21.73	1.7320	28.55	2.0422	14.7796	14.18	11.72
2013	17.8348	45.98	2.4485	41.37	3.5255	16.8144	13.73	14.56
2014	23.6108	32.39	3.2690	33.51	3.5226	19.4118	13.85	16.84

注：公司2011年4月12日上市，截至2015年7月24日，公司总股本4.41亿股。2014年每股收益0.74元，每股净资产4.40元。

扫一眼“全景表”，令人眼前一亮，从2008年到2014年6年时间里，营业收入复合增长50.71%，净利润复合增长55.99%，经营性现金流净额每年超过净利润额，ROE也是在上市后逐年走高，销售净利润率保持在13%左右。这是个什么行业，会有如此亮丽的数据？资本市场也是投桃报李，按后复权价格计算，2015年7月24日，写下这段文字的时点，经历股灾的洗礼后，后复权收盘价格317.28元，相比上市首日的收盘价格77.40元，上涨了309.92%；该企业上市仅仅4年零3个月，而同期的上证指数仅仅获得34.74%的收益。

这是另一个行业颠覆者的故事！

每个家庭都有衣柜，大部分都是在家具商场买现成的吧？索菲亚是定制衣柜，而且现在不仅仅做衣柜，书柜、餐厅柜、客厅的家具都可以为你定制，如今还进入了橱柜领域。它满足了市场个性化的需求趋势，结合柔性制造技术、信息技术，充分利用你房子的空间，既满足了你的基本需求，又能充分体现你的个性意愿，还彰显了你不俗的品位。最终颠覆了传统的家具制造商，挤占了它们的市场。

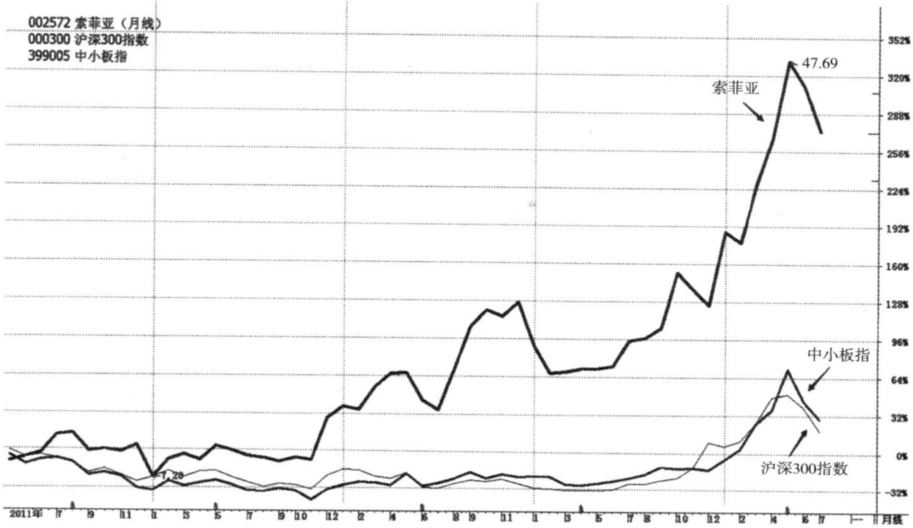

图 3－5　索菲亚股价走势图（月线）

第三节　周期性行业为什么不适合个人投资者

如何在投资的丛林中生存

笔者在第二章介绍过《投资丛林》这本书，该书是加里斯洛夫斯基在 79 岁时根据自己 50 年的投资经历所写，我只能用“弥足珍贵”这个词来形容。他的核心思想是：“要基于严肃的行业探访和证券研究，并且投资于优质的、有成长性的公司。”他认为投资成功的要素是：“投资于那些经过时间检验的、管理卓越、高质量、财务稳健的公司，并且这种投资总是在深入的行业研究支持下进行的。”“股票在 20 世纪的任何一个 25 年期内都会比债券表现得好。这是合乎情理的，因为如果你可以从政府债券上赚取更多的钱，那么谁还会去办企业呢？”“你只需要选择一些最好的种类来建立一个良好的多样化的组合，从而能获得可持续、低风险、高复合增长的收益。你所做的一切就是去找到它们，在合理的价位上买进它们，然后确信它们保持在正轨上。”

三只股票的故事

作者在书中讲述了其在50年前购买的3只股票的故事，因为该书出版于2005年，往前推算，买入的时期在1955年左右，但书中又多次提到1948年，应该以后一个年份为准。当初作者在每只股票上投入了2000美元，第一只是雷诺兹金属，是铝业生产商。20世纪中叶，铝业是增长最快的金属行业，因为随着航空业的大发展，飞机制造业对金属铝的需求增长非常快速。作者在2000年的时候以15000美元售出，持有的时间大致推算是52年，年复合收益率3.95%，相当平庸的回报。

第二只股票是美国联合航空公司，每股买入价格是12美元。那时航空业受追捧的程度不亚于现在的互联网+，有着跳跃性的成长。而美联航一度成为世界最大的航空公司，这应该是一个不错的投资标的，对吗？但事实并非如此，当时，各航空公司过度扩张，为了偿付巨额债务，它们不得不满载乘客，争夺乘客的竞争驱使票价下降，从而把利润几乎驱赶到零。有许多年，美联航一直在亏损并且无法支付股利。大约在20世纪80年代初，航空公司再度成为市场的热门，由于一个要约收购（该要约最终失败），在持有了35年后，作者以每股282元卖出，年复合收益率9.44%，还算不错，基本与大势持平。在那之后，该股股价再次跌到80美元。

第三只股票是雅培，在20世纪40年代末的时候，它没有金属铝和航空业那么耀眼。在漫长的岁月里，它很少大起大落，在收入和股利方面以每年10%～16%的速度逐渐增长。该股票在上涨和下跌两个方向上都很少有引人注目的地方，特别像A股中的恒瑞医药，很少有涨停也很少有跌停，只是在2015年6—7月间的股灾中录得1个跌停和2个难得的涨停。那么，雅培的投资收益回报率是多少呢？还记得本章第一节中西格尔教授的统计数据吗？排名第二，年复合回报率16.51%。你还觉得年15%的回报率太低吗？那可是美国历史上长期回报率第二名的公司啊。

作者加里斯洛夫斯基最后总结道：你的目标应该**定位于那些对商业周期几乎没有依赖性的股票上**。

彼得·林奇的告诫

彼得·林奇在《彼得·林奇的成功投资》这本书中也提到过周期行业股票的投资策略，但对个人投资者而言实在是太难把握了。投资者很难在景气的低位买进，在景气的顶峰前脱身。如果你在错误的周期阶段购买了周期型公司的股票，你会很快亏损一半还要多，并且还要等上好几年才会再一次看到公司业务重新繁荣起来。

中国资本市场上也不乏这样的案例，三一重工、中联重科、中集集团、中国船舶、中国远洋、云南铜业等，在世界舞台上都是极具竞争力的企业，但由于行业的周期性波动，企业经营业绩波动非常剧烈，甚至有些年份的亏损数额会达到令人咋舌的地步，体现在股价上也是起伏不定。因此，个人投资者是不适合投资于周期性行业的。

案例分析

为了让读者更加直观地理解，笔者现举两个案例说明。

三一重工与中联重科

表3－4　三一重工（600031）全景表　　单位：亿元

年份	营业收入	比上年增长（%）	净利润	比上年增长（%）	经营现金流净额	股东权益	销售净利率（%）	ROE（%）
2001	5.5035		0.9125		1.0377	2.6087	16.58	34.98
2002	9.8456	78.90	2.0986	129.99	0.7055	4.7128	21.31	44.53
2003	20.8801	112.08	3.2480	54.77	0.7068	17.0043	15.56	19.10
2004	26.5623	27.21	3.2730	0.77	2.6174	19.0631	12.32	17.17
2005	27.1079	2.05	2.3616	－27.85	1.2533	22.4925	8.71	10.50
2006	52.1019	92.20	5.9200	150.68	5.1002	30.5154	11.36	19.40

续表

年份	营业收入	比上年增长（%）	净利润	比上年增长（%）	经营现金流净额	股东权益	销售净利率（%）	ROE（%）
2007	91.4495	75.52	16.0616	171.31	6.3059	50.4722	17.56	31.82
2008	142.6220	55.96	13.7557	-14.36	5.5857	68.9605	9.64	19.95
2009	189.7581	33.05	26.3990	91.91	46.7993	89.2685	13.91	29.57
2010	339.5494	78.94	56.1546	112.71	67.4912	113.5032	16.54	49.47
2011	507.7630	49.54	86.4890	54.02	22.7903	196.6271	17.03	43.99
2012	468.3054	-7.77	56.8610	-34.26	56.8174	230.1941	12.14	24.70
2013	373.2789	-20.29	29.0360	-48.94	27.6933	238.8772	7.78	12.16
2014	303.6472	-18.65	7.0921	-75.57	12.3194	237.8543	2.34	2.98

注：公司2003年7月3日上市，截至2014年12月31日，公司总股本76.17亿股。2014年每股收益0.09元，每股净资产3.12元。

从三一重工的“全景表”可以很直观地看出，公司经营业绩与中国经济的整体波动非常吻合。2002—2003年经历高增长，2004—2005年陷入低谷，2006—2007年以惊人的速度成长，2008年受全球金融危机影响再次下行，2009—2011年，中国政府的“4万亿”刺激经济措施又使得工程机械行业迎来转机，然而从2012年到2014年业绩又持续下滑。公司净利润在2011年创下86亿元的最高纪录，而到了2014年净利润仅仅为7亿元，不到峰值时的10%。从大的格局来考量，工程机械行业的黄金时代已经成为历史，86亿元净利润的纪录恐怕再也难以打破。

该公司股价的表现也同样大幅波动。当然，如果你能在行业最低谷时买入，在行业最高峰前卖出，收益是非常可观的。但是，你有这个能力吗？反正我是肯定没有。

中联重科与三一重工类似，也是工程机械行业的领军企业，境遇与三一重工相差不大。尽管这两家企业管理都很优秀，也非常努力，在国际上都有极强的竞争力，如2011年日本核电站事故时，三一重工的62米混凝土泵车曾参与福岛核电站反应堆冷却作业，这说明技术、质量是得到国际认可的。但企业再努力，也抵抗不过行业的趋势。

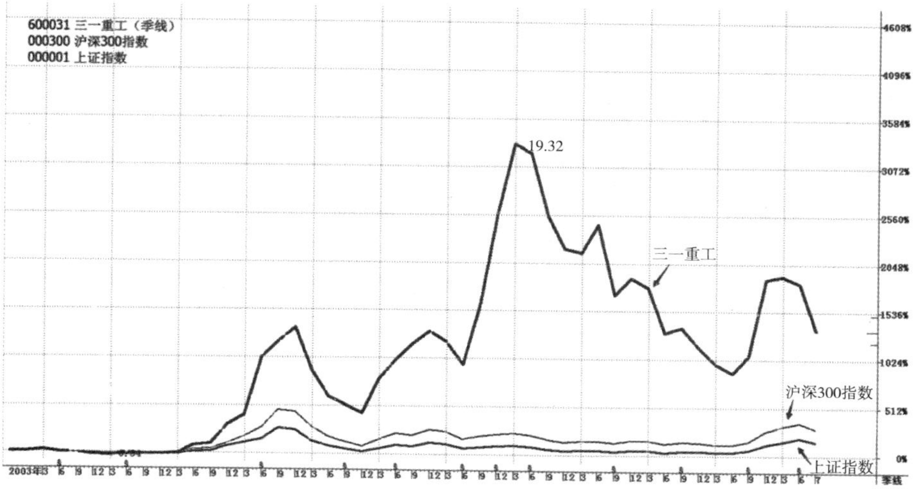

图 3－6　三一重工股价走势图（季线）

表 3－5　中联重科（000157）全景表　　　单位：亿元

年份	营业收入	比上年增长（%）	净利润	比上年增长（%）	经营现金流净额	股东权益	销售净利率（%）	ROE（%）
2000	2.4485		0.5256		0.0414	8.0716	21.47	6.51
2001	3.8833	58.60	1.0523	100.22	0.3591	8.7490	27.10	12.03
2002	6.6544	71.36	1.5371	46.06	0.2914	10.0610	23.10	15.28
2003	11.7333	76.32	2.3076	50.13	－0.3239	12.3686	19.67	18.66
2004	33.8046	188.11	3.8285	65.91	2.3306	16.2049	11.33	23.63
2005	33.1774	－1.86	3.1623	－17.40	4.5784	17.4477	9.53	18.12
2006	46.5757	40.38	4.8243	52.56	4.3658	23.1189	10.36	20.87
2007	89.7356	92.67	13.3359	176.43	4.5992	36.2914	14.86	36.75
2008	135.4878	50.99	15.8577	18.91	－6.5806	51.1241	11.70	31.02
2009	207.6216	53.24	24.4640	54.27	－12.9737	74.6760	11.78	32.76
2010	321.9267	55.05	46.6559	90.71	5.4518	274.1521	14.49	17.02
2011	463.2258	43.89	80.6564	72.88	20.9323	354.4645	17.41	22.75
2012	480.7117	3.77	73.3005	－9.12	29.6029	408.0214	15.25	17.96
2013	385.4178	－19.82	38.3897	－47.63	7.3677	416.1909	9.96	9.22
2014	258.5120	－32.93	5.9407	－84.53	－76.9013	408.3079	2.30	1.45

注：公司 2000 年 10 月 12 日上市，截至 2014 年 12 月 31 日，公司总股本 77.06 亿股。2014 年每股收益 0.08 元，每股净资产 5.30 元。

中国远洋

表3-6 中国远洋（601919）全景表 单位：亿元

年份	营业收入	同比增长（%）	净利润	同比增长（%）	经营现金流净额	股东权益	销售净利率（%）	ROE（%）
2006	637.3692		75.7338		83.9819	325.5966	11.88	23.26
2007	981.3244	53.96	190.9035	152.07	229.0990	449.4946	19.45	42.47
2008	1159.3539	18.14	107.9549	-43.45	233.8850	521.3883	9.31	20.71
2009	557.7506	-51.89	-75.2990	-169.75	-63.1381	428.6001	-13.50	-17.57
2010	806.2752	44.56	67.6742	189.87	111.3808	477.7960	8.39	14.16
2011	689.0818	-14.54	-104.4886	-254.40	-50.1106	346.9529	-15.16	-30.12
2012	720.7566	4.60	-95.5914	8.51	-52.9711	251.4160	-13.26	-38.02
2013	619.3414	-14.07	2.3547	102.46	-23.3813	242.2258	0.38	0.97
2014	643.7446	3.94	3.6253	53.96	59.0132	243.7916	0.56	1.49

注：公司2007年6月26日上市，截至2014年12月31日，公司总股本102.16亿股。2014年每股收益0.0355元，每股净资产2.39元。

2008年中国远洋的净资产为521亿元，到了2014年只有243亿元，损失了一半多。远洋运输也是典型的周期性行业，更受到国际经济形势的影响。公司2007年净利润190亿元，相比2006年增长了152%，何等的意气风发，但自2008年开始一蹶不振，2009年、2011年、2012年三年巨亏，2013年和2014年微利，那也是为避免退市变卖家产的结果。

公司在二级市场的股价更是惨不忍睹。2007年6月26日上市首日收盘价16.38元，2007年10月25日最高价68.40元，之后一路下跌，2013年7月30日跌至最低到3.24元（以上价格均为后复权价格），从最高点整整跌去了95.26%。然后开始反弹，到2015年4月29日最高到17.43元，从最低点算起，涨幅超过437%，不错的投资机会，是吧？但是，普通投资者能把握住吗？不能！因为按照2014年的每股收益0.0355元，每股净资产2.39元计算，17.43元对应的PE 490倍，PB 7.29倍，即使经过股灾，股价下跌到7月9日最低的6.98元，PE还有196倍，你敢买吗？虽然有个说法，周期性公司应该在高PE买入，低PE卖出，但是多高才是高

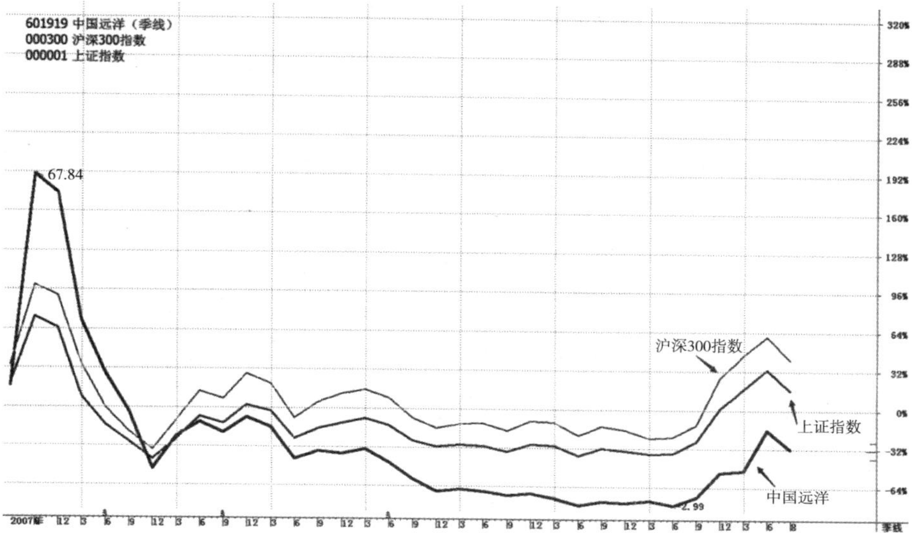

图3-7　中国远洋股价走势图（季线）

呢？是490倍的17.43元，还是196倍的6.98元？

股灾反弹后，2015年8月4日，中国远洋收盘价10.61元（后复权价格），相比2007年6月26日首日上市的收盘价16.38（后复权价格），还相差54%，这是8年的结果，更不用说与最高价格68.4元相比了。同时，中国远洋H股2015年8月4日收盘价格3.95港元，折合人民币3.16元，相比A股10.05元（前复权价格），相差了218%。不知道谁错了，而且还错得很离谱，我真怀疑是否行情系统出错了。

第四节　个人投资者的首选行业：非周期行业

个人投资者绝大多数是业余型的投资者，他们的特点是：有自己的职业，没有时间每天盯盘，没有精力和能力去密切跟踪行业的变迁。因此，个人投资者所能做的就是选择稳健增长的行业，非周期性的行业，在其中选择最优秀的公司，选择具有垄断经营优势的企业，然后分散投资，让时间来证明优秀企业的价值，并从中得到丰厚的回报。

除了以上提到的行业选择要点，还要关注国家发展的阶段，以及今后发展的走向，目的就是要选择未来10年能持续繁荣的行业。笔者认为以下八类行业值得关注：

（1）医药、医疗或者说大健康行业是首选。人口老龄化趋势，以及人们追求生活质量，决定了这个行业的需求是刚性的；不利的因素有：医保控费，药价下降，因此必须寻找能持续创新、具备垄断经营优势的企业。

（2）知名品牌消费品，尤其是快消品或者高频度的重复消费品。此类商品一则需求稳定，不受经济周期影响；二则随着消费升级，有美誉度的品牌企业不仅可以享受市场的自然增长，还可以获得行业集中度提高的收益。

（3）环保行业。中国改革开放30多年经济高速增长，环境欠债太多，是到了必须“还债”的时候了，这是环保行业面对的有利因素。不利因素是环保行业受政策影响较大，现金流不理想。

（4）科技行业。中国要在世界上成为真正的强国，科技必须要有大发展。同时，现代信息技术、互联网技术等对传统行业的渗透、改造，也会促进现有产业的效率提升，其中蕴含着很多机会。不利之处是科技行业变化较快，比较难以把握行业发展的趋势。

（5）文化、旅游、休闲、娱乐行业。物质生活提高到一定程度后，人们的精神需求必然会增加，而且这是个没有明显行业“天花板”的产业。不利因素是这一行业中企业的估值普遍偏高。

（6）理财、保险等金融行业。随着人们收入的增加，资产增值和避险的需求也会增多。

（7）有国际竞争力的高端制造业，典型的就是家电行业。

（8）“剩者为王”的行业。某些行业明显被贴上了“夕阳产业”的标签，也没有任何激动人心的故事，但经过了残酷的市场竞争后，这些行业中的大批企业被淘汰，逐步涌现出一些龙头企业，具备垄断经营的优势，盈利能力超强，甚至超过某些最热门的行业，而且可预见性更确定。最重要的，由于其长期不被看好，估值非常合理，如纺织印染行业、农药行业、汽车玻璃行业、水泥行业等。

笔者将通过五个案例详细说明，为何稳定增长的行业比较适合个人投资者，以及从以上行业中选择公司的基本思路。

恒瑞医药

表3－7 恒瑞医药（600276）全景表 单位：亿元

年份	营业收入	比上年增长（%）	净利润	比上年增长（%）	经营现金流净额	股东权益	销售净利率（%）	ROE（%）
1999	4.1393		0.5133		0.3388	1.6043	12.40	32.00
2000	4.8471	17.10	0.6527	27.15	0.1967	6.7043	13.47	9.74
2001	6.3427	30.86	0.8116	24.34	0.1149	7.4306	12.80	10.92
2002	7.5603	19.20	0.7895	-2.71	0.4984	7.9210	10.44	9.97
2003	10.5035	38.93	0.9452	19.72	1.3682	8.6115	9.00	10.98
2004	11.4514	9.02	1.2262	29.73	2.0941	9.8377	10.71	12.46
2005	12.0317	5.07	1.6222	32.30	2.2788	10.9498	13.48	14.82
2006	14.3661	19.40	2.0665	27.39	2.6618	12.5598	14.38	16.45
2007	19.8062	37.87	4.1478	100.72	2.1016	16.3781	20.94	25.33
2008	23.9256	20.80	4.2295	1.97	1.1746	19.9438	17.68	21.21
2009	30.2896	26.60	6.6573	57.40	4.3912	26.0774	21.98	25.53
2010	37.4411	23.61	7.2417	8.78	3.8595	33.8738	19.34	21.38
2011	45.5039	21.53	8.7661	21.05	5.2736	42.2418	19.26	20.75
2012	54.3507	19.44	10.7738	22.90	9.5837	52.1410	19.82	20.66
2013	62.0307	14.13	12.3811	14.92	13.6496	63.5723	19.96	19.48
2014	74.5225	20.14	15.1557	22.41	15.7431	79.3439	20.34	19.10

注：公司2000年10月18日上市，截至2015年7月31日，公司总股本19.56亿股。2014年每股收益0.77元，每股净资产4.06元。

1999—2014年，恒瑞医药15年营业收入复合增长21.25%，净利润复合增长25.32%，仅在2002年利润出现过小幅下降，2008年和2010年经历增长的低谷，其余年份均为两位数增长。经营性现金流与净利润也比较匹配，而且有逐年改善的趋势，最近两年的数额均大于净利润；销售净利率近年稳定在20%左右，是相当出色的数据。ROE也稳定在20%左右的水平，而且每年的研发支出全部费用化。

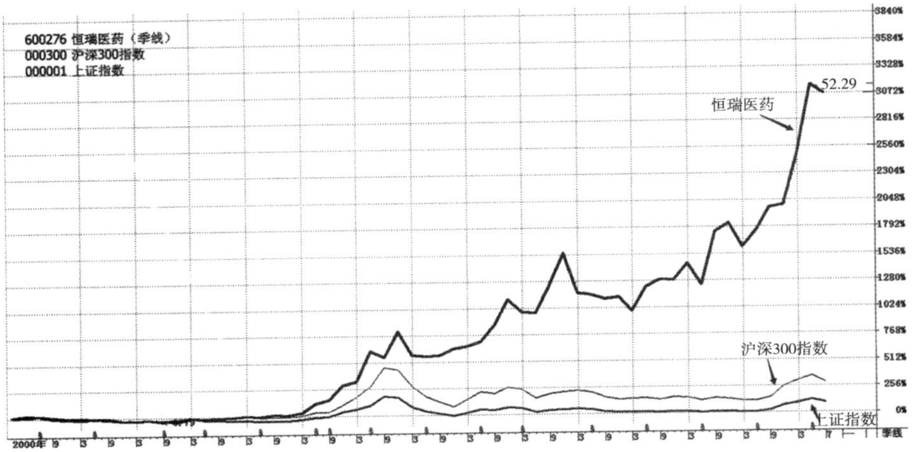

图 3-8　恒瑞医药股价走势图（季线）

恒瑞医药股价从上市首日的 2000 年 10 月 18 日收盘价 27.7 元到 2015 年 8 月 5 日收盘价 861.18 元（后复权价），上涨 30 倍；年复合收益率 25.75%，与净利润的复合增长率基本相同，完全符合我们在第一章提出的投资十大逻辑中的第一、第二、第三条。

上证指数 2000 年 10 月 18 日收盘为 1922.85 点，截至 2015 年 8 月 5 日收盘 3694.57 点，15 年上涨 92.14%，年复合收益率 4.45%，与恒瑞医药相比相差不是一点，可见是否能够选对优秀公司并长期持有，是投资能否成功的关键所在。另一方面，该公司的估值一直就没有便宜过，需要投资者耐心等待相对低点的出现，如 2008 年下半年、2012 年初、2013 年中、2014 年底，几乎每年都有买入的机会。但那个时段往往会有更低估值的股票可以选择，甚至周期股弹性更大。这也是投资这类长牛、慢牛股的难点所在，纯粹的价值投资者会觉得估值太高，而缺乏耐心的投资者又嫌上涨太慢。

类似恒瑞医药这样的公司，在市场中很少会成为焦点，涨幅和跌幅都不会太引人注目，历史上也很少有涨停板，跌停板当然也少。这样的公司可贵之处在于抗跌，遇到市场大跌时，表现出非常好的抗跌性。然后，随着每年业绩的稳定增长，高估值得以不断消化，公司内在价值也随之增长，最终体现在股价上。投资这类公司需要极强的耐心——耐心地等待机会的出现，买入后耐心地持有。

公司的核心优势在于研发。创新药有专利保护期，这是最好的护城河。而研发优势又不是一朝一夕就能建立的，更不是靠资金能堆出来的。

详解恒瑞医药

一、公司简介

公司始建于1970年，2000年在上海证券交易所上市，是国内最大的抗肿瘤药和手术用药的研究和生产基地，也是国内最具创新能力的大型制药企业之一。

公司连续多年被国家统计局列为全国化学制药行业十佳效益企业；公司是国家“重大新药创制”专项创新药孵化器基地，是“中国抗肿瘤药物技术创新产学研联盟”的牵头单位；2011年，公司组建的国家靶向药物工程技术研究中心，成为江苏省医药企业建立的第一家国家级工程技术中心；公司位列医药上市企业最具竞争力前三名。公司是国内第一家注射剂获准在欧美上市销售的制药企业，在中国制药发展史上具有里程碑的意义。目前公司已有3个注射剂、2个固体制剂、5个原料药通过美国FDA和欧盟认证。

恒瑞医药坚持以科技创新为动力，致力于打造企业的核心竞争力。公司在美国，我国上海、成都和连云港建有四大研究中心和一个临床医学部，拥有各类高层次专业技术人员1200余名，其中有500多名博士、硕士及海归人士。近年来，公司先后承担了4项国家863计划重大科技专项项目、23个项目列入国家“重大新药创制”专项，12项国家火炬计划项目，7项国家星火计划项目。公司共申请了近200项发明专利，其中97项PCT专利，有1个创新药艾瑞昔布已获批上市，2个创新药已申报生产，另有9

个创新药处于不同的临床阶段。“恒心致远，瑞颐人生”。恒瑞医药秉承“科研为本，创造健康生活”的理念，以建设中国人的跨国制药集团为总体目标，拼搏进取、勇于创新，不断实现企业发展新跨越和新突破。

二、公司竞争优势

技术优势：公司先后在连云港、上海、成都和美国设立了研发中心和一个临床医学部，国家“重大新药创制”专项孵化器基地。

市场优势：公司建立了一支高素质、专业化的营销队伍，并在原有市场经验的基础上不断创新思路，推进复合销售模式，加强了市场销售的广度和深度。

品牌优势：抗肿瘤药、手术用药销售名列行业前茅。

质量优势：公司制定了高于国家法定标准的质量内控制度，原料药和辅料均符合或高于欧盟、美国药典规定标准。目前公司全部制剂均已通过了国家新版GMP认证。

三、行业发展趋势

1. 全球医药产业格局

随着世界各国特别是新兴市场经济的发展，全球医疗支出不断增加，医药行业市场规模日益扩大。药物研发成本不断提高，创新难度不断增大。跨国行业巨头大量专利到期，市场上仿制药步步紧逼，全球医药行业的市场竞争日趋激烈。抗肿瘤药领域，细胞毒性类药物占比下降，单抗、抗体—药物偶联物、细胞免疫疗法等新产品和新技术方兴未艾。发达国家尤其是美国加快新药审批效率，既满足了患者需求，又抢占了生物医药的科技制高点。

2. 我国医药行业现状和发展趋势

随着医保覆盖面的扩大、人们生活水平的提高以及人口老龄化的加速，国内医药市场存在着巨大的发展空间，但受医保总额控费、招标降价压力等因素影响，2014 年医药行业总体市场增速放缓。新版 GMP 认证工作继续深入开展，虽然可以淘汰一批劣质企业，但无法从根本上解决医药行业“多、小、散、乱”的局面和药品质量参差不齐的现状。国内创新药审批时间趋于延长，创新难度和创新成本不断增加；仿制药重复申报和同质竞争加剧，市场竞争趋于恶化。与此同时，跨国企业迅速抢占市场份额，根据 IMS 数据显示，2014 年跨国企业在三线及以下基层市场增长率为 15.3%，国内企业仅为 10.6%。

四、公司战略规划

公司以打造“中国人的专利制药企业”为目标，秉承“科研为本，创造健康生活”的理念，紧紧围绕“科技创新”和“国际化”两大战略，紧跟全球医药前沿科技，高起点、大投入，致力于药品创新和国际市场的开拓。

深入实施“科技创新”发展战略。坚持以资金投入为基础，以人才引领为支撑，以体系建设为保障，不断提高创新的质量和层次，走出一条可持续、高水平的创新发展之路，使创新真正成为企业发展的动力源泉。大力推进“国际化”发展战略。积极参与国际竞争，顺应我国生物医药产业发展的新要求和国际产业演进的新趋势。

五、可能面对的风险

创新的风险。医药行业创新具有大投入、长周期、高风险的特点，这期间任何决策的偏差、技术上的失误都将影响创新成果。

药品招标政策和市场风险。省级药品招标以降价为主导思路，二次议价、唯低价是取的政策频出。

新品种推广进程不及预期。

出口波动。

宋城演艺

表3-8　宋城演艺（300144）全景表　　单位：亿元

年份	营业收入	同比增长（%）	净利润	比上年增长（%）	经营现金流净额	股东权益	销售净利率（%）	ROE（%）
2007	1.2102		0.4457		2.5527	1.2953	36.82	34.41
2008	1.9771	63.37	0.6416	43.98	0.9872	1.6411	32.45	39.10
2009	2.7330	38.23	0.8700	35.58	1.5071	2.6608	31.83	32.70
2010	4.4476	62.74	1.6334	87.75	2.5036	25.3264	36.73	6.45
2011	5.0453	13.44	2.2222	36.05	2.9495	27.0446	44.04	8.22
2012	5.8616	16.18	2.5655	15.45	3.9555	28.8708	43.77	8.89
2013	6.7872	15.79	3.0842	20.22	4.2935	31.3661	45.44	9.83
2014	9.3512	37.78	3.6118	17.11	5.2800	34.4442	38.62	10.49

注：公司2010年12月9日上市，截至2015年9月1日，公司总股本14.31亿股。2014年每股收益0.25元，每股净资产2.41元。

宋城演艺主营业务收入从2007年的1.2102亿元增加到2014年的9.3512亿元，7年的复合年增长率33.92%，同期净利润的年复合增长率34.84%，经营性现金流净额尤其出色，每年都大幅超过净利润数额，这在全市场的上市公司中比较少见。销售净利率也是非常惊人的数字，平均达到40%的水平，能达到这一数字的公司也是屈指可数，与贵州茅台、中信证券等相当。ROE指标稍为逊色，主要原因是资产周转率和经营杠杆较低，但在2010年底上市后逐年走高。

2015年8月6日，公司发布了2015年半年报，主营收入5.731亿元，同比增长46.68%；净利润2.768亿元，同比增长60.09%；经营活动产生的现金流量净额3.942亿元，同比增长69.5%；销售净利润率48.30%；半年度的ROE达到了7.76%，全年有望接近15%的水平；资产负债率10.18%。数据表明，公司业绩在明显加速。主营收入高速增长的同时，三项费用合计同比还略有下降，使得净利润增速远高于营业收入的增速。

从经营企业的角度看，高增长、高利润率与高经营性现金流净额是相悖的。通常为了追求高增长，扩大市场份额，企业往往采取降低价格，降低利润率，放宽信用条件，以较长的收款期限吸引更多的客户。因此，“三高”集于一身，确实是比较少见。

而宋城演艺的市场表现同样不俗。

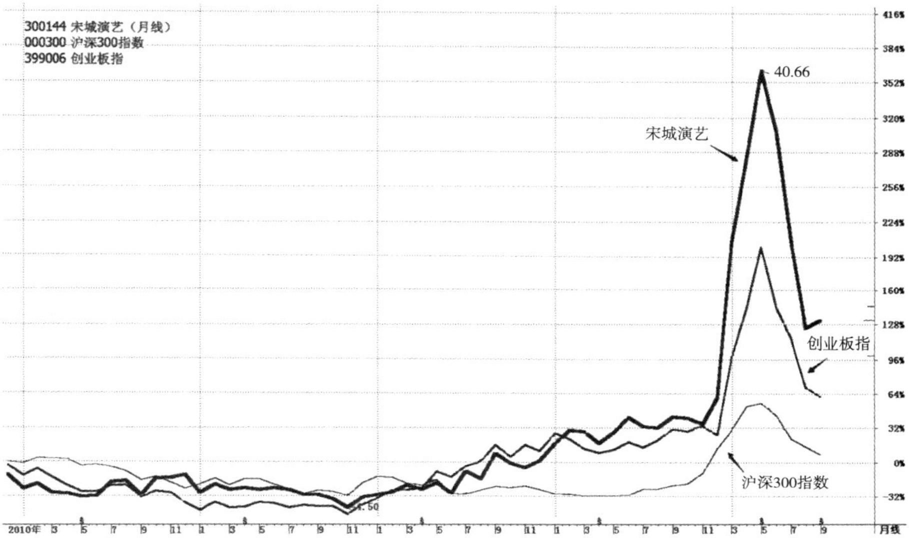

图 3-9　宋城演艺股价走势图（月线）

公司2010年12月9日上市首日收盘价64.49元，2015年9月7日收盘价格145.85元（后复权价），累计涨幅126.16%；同期创业板指数从1144.53上涨到1893.52，涨幅为65.44%；沪深300指数从3123.37上涨到3250.49，涨幅为4.07%。

按照惯例，需要提示投资风险，自然灾害、重大疫情是旅游演艺行业必然会面临的风险因素，不过从历史上看，也往往会出现比较好的投资机会。其他还有竞争过度激烈的风险，以及安全事故的风险。

详解宋城演艺

一、公司历史

宋城演艺是我国最早进入主题公园与旅游文化演艺行业的公

司之一，公司前身为成立于1994年9月21日的杭州世界城·宋城置业有限公司。1996年5月，公司的第一个主题公园——杭州宋城景区开业，是浙江省第一家主题公园，更是中国最大的宋文化主题公园。

1997年3月，露天版《宋城千古情》公演，该演出创造了世界演艺史上的奇迹：年演出1300余场，十多年来已累计上演17000余场，接待观众5000余万人次，是目前世界上年演出场次和观众最多的剧场演出，与拉斯维加斯的“O”秀、巴黎红磨坊并称“世界三大名秀”。

二十多年来，宋城演艺始终坚持以“演艺”为核心竞争力，成功打造了“宋城”和“千古情”品牌，旗下拥有杭州、三亚、丽江、九寨等十大旅游区、三十大主题公园，《宋城千古情》《三亚千古情》《丽江千古情》《九寨千古情》《泰山千古情》等五十大演艺秀，以及中国演艺谷等数十个文化项目，是名副其实的中国演艺第一。纵观宋城演艺的发展历史，基本可以分为五个阶段：

第一阶段以1996年5月18日宋城景区开园为起点，宋城进入“主题公园＋旅游演艺”时代；

第二阶段以休博园建设、休博会召开为起点，宋城集团和股份公司承办了2006年杭州世界休闲博览会以及连续四届中国国际动漫节，宋城进入旅游综合体建设、城市大活动策划时代；

第三阶段以2010年演艺公司上市为起点，宋城成为公众公司、踏入资本市场的时代；

第四阶段以三亚、丽江、九寨三大战役为起点，宋城从杭州一地走向全国连锁经营；

第五阶段以收购“六间房”为标志，开启从实体投资、建设转向收购兼并、管理提升，从线下公司转向线上的互联网平台，从演艺中国第一迈向世界第一的时代。

二、公司经营分析

最初公司是以“主题公园＋旅游演艺”的商业模式进入市场。20世纪90年代全国兴起了主题公园建设高潮，每个城市几乎都有，譬如深圳的世界之窗、锦绣中华，笔者所在城市的圆明新园等。人造景观最初确实很吸引人，但时间一久就会审美疲劳，再加之一哄而上，过多过滥，势必经营惨淡。

演艺通常是在剧院演出，而且晚上居多。现在的人们工作太忙，下班堵车又太严重，好不容易有个节假日，还得多陪陪小孩，父母。去剧院看演出又太正规，不说西装革履，至少不能穿短裤拖鞋吧，太受拘束。

好了，既能休闲，与家人亲朋聚会；又能看演出，有文化气息；还非常热闹，有很多主题活动，成人小孩都能其乐融融，这就是景区＋演艺的魅力所在。

当然宋城演艺不仅是景区＋演艺这么简单，而是紧紧抓住了“文化”这个命脉。杭州是个很奇特的城市，不单单是风景秀丽。笔者从小在杭州长大，深谙其中的奥妙，杭州方言有“官话”之称，与周边城市迥异，即使离城郊只有5公里的距离，已经是完全不同的语系了。为何？盖因杭州曾经是南宋的首都，历史上南方城市鲜有成为都城的。以前的政治文化中心在北方，随着宋朝的南迁，北方的文化加上江南的富庶，杭州（当时叫临安，临时偏安之地）成为令人瞩目的繁华之地，也就顺理成章。马可·波罗在南宋后的元代来到中国，惊叹杭州是“世界上最美丽华贵之天城”。所以杭州的方言带有很浓的北方语系，杭州人也深以为傲，谁让他们的祖先曾经也是天子脚下的子民呢？也许查查家谱，说不定祖上就是皇亲国戚也未可知啊。

《宋城千古情》的横空出世，拨动了多少杭州人内心深处的心弦，你说能不火吗？随着演出的日渐深入人心，口口相传，“宋城千古情”已成为杭州的第二张名片，第一张不说你也应该知道。所有外地来杭州的人，不光是游客，到过西湖后的第二站，通常是宋城景区。

宋城演艺的董事长黄巧灵先生，内心深处有着浓厚的文化情结，在取得杭州《宋城千古情》的成功之后，相继担任总导演，陆续推出带有浓厚当地文化色彩的《三亚千古情》《丽江千古情》《九寨千古情》《泰山千古情》系列，都得到了当地政府的大力支持和民众的追捧。

说完宏观层面的，再来分析公司为何有如此高的利润率。文化产业是个创意产业，好的创意能带来高额的利润率，这在文化领域是比较普遍的，如 2012 年底上映的《泰囧》，2015 年 7 月上映的《捉妖记》，美国迪士尼的《米老鼠和唐老鸭》更是如此，简直就是印钞机，而且是每年都会开动的印钞机。

《千古情》系列相比电影和电视，又有成本方面的巨大优势。每拍一部新电影，都要组建新的剧组，要支付剧本的费用，支付导演的费用，支付演员的费用，等等。好不容易拍摄完毕，审查还不一定能通过，即使通过了，还要小心翼翼地寻找一个好的档期，就算一切顺利，相当一部分票房还得被影院拿走。即使票房不错，收益也很好，但是，下一部呢？

而《千古情》系列，一旦定型，就可以不断演出，最大的成本其实是创意阶段，而创意成本的绝大部分是不会反映到账面上的。董事长担任总导演，也无须支付导演费用。主要成本是演员的工资，而《千古情》系列是大型歌舞节目，不会突出个别角色，更不用依赖某个明星演员。此外，场地折旧、运营管理费、水电等也是成本的一部分。

经营性现金流净额充沛的主要原因是，公司的业务模式是针对个人客户，都是付现金买票入场，或者通过旅行社。公司的产品独具特色，对旅行社、导游均极具议价能力。这使公司在收入端占据优势。从成本端看，很大一块成本是折旧，这并不影响现金流出。因此公司的经营性现金流净额通常是净利润数额的150%左右，这一点连贵州茅台都难以做到。

按理说，守着杭州这块风水宝地，经营着利润超高的宋城景区，公司的日子也会非常滋润。但是，硬币还有另一面，公司的成长性就会受到很大局限。好在宋城演艺的管理团队是一支有理想、有抱负的队伍，2012 年公司开始了全国扩张的征程。

三、竞争优势

宋城演艺从一个单纯的主题公园到生态链丰富的“中国演艺第一”，经过多年的摸索、实践，其行业壁垒愈加深厚。在经营模式、创作和设计、营销等多个方面，公司都拥有可持续的竞争优势。

1. “主题公园 + 文化演艺”创新经营模式优势

宋城演艺独创的“主题公园 + 文化演艺”深度融合的商业模式是其最核心的竞争力。该经营模式有效克服了单一主题公园文化内涵不够丰富、建成后缺乏创新和变化的缺陷，通过旅游元素和文化元素的深度融合，给予游客最佳的游玩体验。

2. 创作和设计优势

创作和设计的优势是其保持差异化经营和进行持续创新的重要保障。通过对行业发展规律的持续探索，宋城演艺不断吸取国内外优秀企业的创意、创作、设计灵感和经验，打造了一支具有丰富的创作和设计经验的专业自主创作队伍、独立完整的规划设计和创作演出团队，并通过制度保障规划和演出质量，不依赖个别人才。

3. 成功的营销模式优势

目前，宋城演艺的“宋城”和“千古情”品牌真正实现了立足杭州、走向全国，一个全国性的旅游休闲大平台初步确立。宋城的市场推广也在稳定华东线的基础上，向全国辐射，目前已实现全国市场网络的初步搭建，其广度和深度均具有显著的优势；

同时，公司拥有强大的组团营销优势，开发及维护市场方面有着多年的实战经验，签约合作的企事业单位有数千家。

2013 年 7 月，宋城自己的电子商务平台——宋城独木桥旅游电子商务平台（www. 51dmq. com）正式上线，真正实现了营销的转型升级，大大拓宽了产品销售渠道。经过两年的摸索，独木桥公司在网络分销和直销方面积累了经验，同时，公司移动无线端微信购票、微网站也已推出。

4. 丰富的行业经验积淀

作为我国较早进入主题公园和旅游文化演艺行业的企业之一，宋城演艺经过十多年的探索，在主题公园的设计和运营、旅游文化演艺节目的创作和编排以及管理、营销、业绩考核等各领域均积累了丰富的运作经验，相比其他新进入的企业具有较明显的先发优势。黄金景区的土地是最稀缺的资源，是承载演艺活动的基础和吸引客流的保障，宋城演艺前瞻性地进行了国内一线旅游目的地战略布局，使得竞争对手很难再进入这些景区。

四、企业战略

2015 年，宋城演艺确立“打造宋城生态，全面拥抱互联网”的战略重点和发展方向。

2014 年，宋城演艺实现了跨越式的发展。一是三大异地项目获得圆满成功；二是通过大规模的兼并收购，真正“触网”，转型为 O2O 的平台型企业。通过这两个跨越，宋城演艺向市场表明了自身的战略能力和布局，形成了“宋城生态”的基本轮廓，奠定了公司迈向更高台阶的基础。

以此为基础，宋城适时将国际化战略提到重中之重。在国际化战略上，宋城将致力于实现以下两个目标：一是在规模第一基础上实现世界演艺品牌第一；二是跻身全国第一、世界前三的旅游休闲集团。

宋城演艺将在三个方向实现转变：一是从过去“深挖一口

井”的单业务发展向多业务协同发展转变，在继续强化旅游演艺和互联网演艺两大主业竞争优势、保持主业快速增长的前提下，挖掘新的业务增长点；二是从过去“自给自足”的全产业链生产模式向“开放共享”“合作共赢”的资源整合型生态转换，通过业务合作和兼并收购的方式，整合社会优质资源，共同把线下线上平台做大做强；三是在人才队伍上，从过去传统企业的偏“劳动密集型”向互联网产业的“智力密集型”转变，打造更加专业化、互联网化、国际化的人才团队。

从业务板块来看，基于公司的生态架构、核心竞争优势与市场前景，它将以连接“人与娱乐”为目标，围绕“粉丝经济”，以IP为原动力，以现场娱乐、互联网娱乐和旅游休闲三大平台为载体，打造“现场娱乐＋互联网娱乐＋旅游休闲＋IP”四位一体、相互联动的综合性娱乐生态圈。

海康威视

表3－9　海康威视（002415）全景表　　单位：亿元

年份	营业收入	比上年增长（%）	净利润	比上年增长（%）	经营现金流净额	股东权益	销售净利率（%）	ROE（%）
2007	11.8451		3.6451		3.5665	5.4380	30.77	67.03
2008	17.4247	47.10	5.4885	50.57	6.4704	9.6955	31.50	56.61
2009	21.0151	20.61	7.0558	28.56	6.5400	14.9566	33.57	47.18
2010	36.0548	71.57	10.5180	49.07	6.6393	56.4022	29.17	18.65
2011	52.3164	45.10	14.8101	40.81	11.7046	68.0965	28.31	21.75
2012	72.1379	37.89	21.3687	44.28	14.3679	85.6499	29.62	24.95
2013	107.4591	48.96	30.6665	43.51	18.6337	110.8664	28.54	27.66
2014	172.3311	60.37	46.6537	52.13	37.0642	148.4224	27.07	31.43

注：2010年5月28日上市，截至2015年7月31日，公司总股本40.69亿股。2014年每股收益1.15元，每股净资产3.65元。

海康威视主营业务收入从2007年的11.8451亿元增加到2014年的

172.3311 亿元，7 年复合增长 46.59%；净利润从 2007 年的 3.6451 亿元增加到 2014 年的 46.6537 亿元，7 年复合增长 43.94%，是相当惊人的成长速度。主营业务收入和净利润基本同步增长。经营性现金流净额基本符合要求，主要是应收账款非常多，下游客户还是有比较强的议价能力。好在公司应付账款也不少，对供应商还是有较强的议价权。销售净利润率和 ROE 数据更是亮丽。

图 3－10　海康威视股价走势图（月线）

公司 2010 年上市后，股价表现也与业绩基本相符，如图 3－10 所示，大幅跑赢中小板指数和沪深 300 指数，目前是全市场中市值最大的科技公司。

详解海康威视

一、公司概况

杭州海康威视数字技术股份有限公司成立于 2001 年，总部位于浙江杭州，2010 年 5 月 28 日，在深圳证券交易所成功上市。

2014 年实现销售收入 172.33 亿元，净利润 46.65 亿元，位居全球视频监控第 1 位。

公司是全球最大的数字音视频监控产品和解决方案提供商，面向全球提供领先的安防产品、专业的行业解决方案与优质的服务。

二、历史沿革

公司的发展主要经历了三个阶段：

1. 初创阶段（2001—2005 年）：植根技术，创造品牌文化

2001 年 11 月 31 日，中国电子科技集团第五十二研究所在深化国有企业的改革上勇敢地迈出了第一步，以创新混合制形式，创建了杭州海康威视数字技术有限公司。从此中电集团五十二研究所 28 位工程师全部脱离事业编制，走向创业创新的道路。由于公司创业者全部来源于技术开发人员，使得公司从诞生起就有着浓厚的创新基因，工程师文化也作为公司文化传承至今。

公司始终坚持技术驱动发展路线。创业团队始终保持着艰苦奋斗、踏实奋进、勇于创新的工作精神，苦心研究编解码技术，并取得了巨大技术突破。此后，公司围绕编解码领域开发出一系列核心专利技术，使得公司在业界名声大噪，为发展打下良好根基。公司稳扎稳打，在编解码技术后进入嵌入式系统开发领域，2003 年推出了当时监控行业革命性产品——视频监控存储产品（DVR），改变了国外产品主导国内监控市场的局面，奠定了公司技术引领产业的局面，2005 年公司荣登国内安防龙头地位。

2. 成长阶段（2006—2009 年）：专业厚实、奋力前行

公司在编解码和后端存储产品上相继取得巨大成功后，又把目标放到了潜力更加巨大的前端摄像机市场，但公司并未采取快速投产的策略（即购买国外技术、快速组建生产线贴牌投产的方式），而是组建了一支 ISP（Image Signal Processing，图像信号处理）技术团队，经过两年的技术积累，在 ISP 等核心技术上取得

巨大突破，一举打破国外技术垄断局面，并于2006年底正式推出基于公司自主研发的ISP技术的摄像机。产品一经问世立刻得到市场和用户的高度评价，只用两年时间就把前端摄像机市场占有率做到全国第一。2009年公司在高清算法上取得突破，此后仅用四年时间就将前端市场占有率做到全球第一。

公司一方面不断探索行业新技术，如网络化、高清化相关技术，做好技术储备，积极引领行业发展；另一方面通过收购兼并等方式尝试横向产品线和产业链的拓展，并以自主品牌形式正式拓展国际市场。通过该阶段的发展，公司从单一产品供应商转变为视频监控全系产品供应商，同时，将业务延伸至全球。从2005年美国分公司开始，先后设立了18家海外分子公司，初步形成全球性营销体系，产品远销100多个国家和地区，在全球市场了奠定了领先者的竞争地位。

3. 快速发展阶段（2010年至今）：厚积薄发、引领行业

经过前十年的高速发展，公司已成为全球视频监控领先企业，拥有了全系产品线。为追求可持续发展，公司开始由设备供应商向系统集成解决方案供应商转型，并提出“行业细分、区域下沉”的营销战略，依靠厚实的技术积累，为行业化发展提供了有力保障。通过行业深耕，先后设立公安、交通、楼宇、金融、司法、能源、文教卫等七大事业部，并以行业发展带动产品发展，通过行业细分延伸出众多行业专属产品，得到了客户一致认可，获得多个全球行业范围重大标志性工程项目。公司承担了国内外一系列重大安保项目，使得公司在行业市场份额急剧上升，据美国IHS调研数据，2011年至今公司都是全球视频监控龙头企业。

三、竞争优势

1. 竞争地位

公司是全球视频监控行业的领导者，主要产品市场占有率均达到全球第一，且连续多年位居我国安防百强榜榜首，是我国安

防行业龙头企业。

2. 关键成功因素

公司超越竞争对手，取得成功的关键因素见下表。

海康威视取得成功的关键因素

关键成功因素	具体解释
企业文化	坚持“专业、厚实、诚信、持续创新”的经营理念 形成了支撑企业高速稳定发展的工程师文化
战略导向	专注安防市场，深耕视频监控领域 紧随市场脚步，保持敏锐的洞察力和预见性
研发和技术	持续研发高投入，建有完善的研发体系，形成强大的研发产出能力 在音视频领域的关键技术上保持领先，引领行业应用和发展
大安防产品	拥有行业最全的视频监控产品线和最专业的行业解决方案 逐步成功切入门禁、报警等大安防潜在市场和视频内容服务市场 产品线及产业链具有强大的市场竞争优势
营销体系	建有37家国内和18家国外分支机构 拥有行业覆盖面最广最深的营销服务体系
高素质人才	坚持“以人为本”，建有完善的人力资源管理体系，建有较为完善的任职资格评价体系、人员素质评鉴体系与人才培养机制 人员素质与人员配置符合公司战略与文化要求

四、风险因素

技术更新换代的风险，互联网业务商业模式不确定的风险，汇率风险。

浙江龙盛

表3-10　浙江龙盛（600352）全景表　单位：亿元

年份	营业收入	比上年增长（%）	净利润	比上年增长（%）	经营现金流净额	股东权益	销售净利率（%）	ROE（%）
2001	7.7236		0.5621		0.3202	2.5215	7.28	22.29
2002	9.1063	17.90	1.0302	83.29	2.2657	3.0247	11.31	34.06
2003	11.2944	24.03	1.2469	21.04	-0.3465	8.1706	11.04	15.26

续表

年份	营业收入	比上年增长（%）	净利润	比上年增长（%）	经营现金流净额	股东权益	销售净利率（%）	ROE（%）
2004	13.7517	21.76	1.5684	25.78	-1.3285	9.2850	11.40	16.89
2005	19.2112	39.70	1.6519	5.32	3.1003	10.0023	8.60	16.52
2006	24.7380	28.77	2.1260	28.70	3.4932	12.2471	8.59	17.36
2007	33.4544	35.23	3.8255	79.94	0.0336	27.2145	11.43	14.06
2008	43.0583	28.71	4.5507	18.96	7.1344	31.9051	10.57	14.26
2009	46.2014	7.30	6.7120	47.49	-5.5288	40.2927	14.53	16.66
2010	66.7715	44.52	8.0509	19.95	-8.7502	61.3150	12.06	13.13
2011	82.2944	23.25	8.1085	0.72	-4.8409	67.4462	9.85	12.02
2012	76.4931	-7.05	8.3027	2.39	10.8897	76.4929	10.85	10.85
2013	140.8582	84.15	13.4911	62.49	8.9207	91.6390	9.58	14.72
2014	151.4999	7.55	25.3329	87.77	26.4939	111.8765	16.72	22.64

注：公司2003年8月1日上市，截至2015年7月31日，公司总股本32.53亿股。2014年每股收益0.78元，每股净资产3.44元。

浙江龙盛主营业务收入从2001年的7.7236亿元增加到2014年的151.4999亿元，13年的复合年增长率25.73%，净利润的年复合增长率34.04%。经营性现金流在逐年改善，说明对下游客户的议价能力在逐步提升。销售净利润率也基本保持在10%左右，ROE也都在10%以上。这是一家10多年前你就应该拥有的公司，但市场并没有给出估值的溢价，因为所处的行业太不起眼了，是纺织印染行业的化工品供应商。纺织、化工太没有想象力了，而且是典型的“夕阳产业”，但就是在这个不被看好的行业，剩者才能为王。A股2800多家上市公司，能取得13年净利润复合增长率34%的有几家呢?

2015年9月7日，浙江龙盛收盘价格10.29元，对应2014年PE 13.19倍，PB 2.99倍。公司2014年年报中，提出2015年经营计划：营业总收入180亿元，比上年增长18.81%；利润总额46亿元，比上年增长38.05%；归属于母公司所有者的净利润35亿元，比上年增长38.16%。

一家高速增长了13年的公司，而且未来一年预期增长率超过30%的公司，PE 13.19 倍，是市场不看好公司更长远的未来，还是淘金赚来的钱要比卖铁锹赚来的钱成色更足呢？

看一下公司历史股价表现，2003 年 8 月 1 日公司上市首日收盘价 11.20 元（后复权价），截至 2015 年 8 月 5 日收盘 200.75 元（后复权价格），总回报率 1692.41%，12 年 17 倍，年复合收益率 27.19%，这不是传说中的 10 年 10 倍股吗？同期上证指数从 1476.97 点上涨到 3694.57 点，年复合收益率 7.94%。

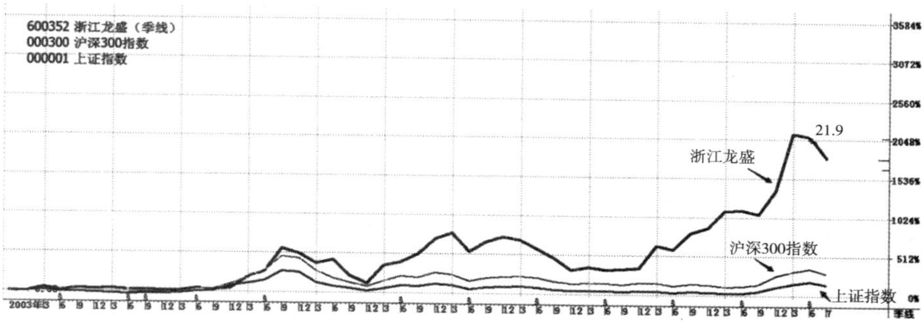

图 3-11　浙江龙盛股价走势图（季线）

详解浙江龙盛

一、公司简介

浙江龙盛集团股份有限公司是一家以化工为主业，拥有化工、房地产、钢铁汽配、金融投资四大产业的综合性企业集团。2010 年，龙盛通过启动债转股控股德司达全球公司，开始掌控纺织染料行业的话语权。

二、公司竞争优势

行业地位优势：公司已成为全球最大的纺织用化学品生产服务商，全球拥有超过年产 30 万吨染料产能和年产 10 万吨助剂产能，在全球市场中列居首位。

技术研发优势：公司拥有全球完整的产品开发、工艺开发、颜色应用服务（CSI）、可持续发展解决方案技术研发体系。

产业链延伸优势：公司已由单一染料产品向其他特殊化学品

延伸。

国际化运作优势：公司通过几年的努力，实现了经营活动的全球化布局，与之相适应，公司全球化运营的能力进一步提升。

节能减排环保优势：作为行业的领先者，公司提出“零排放”管理概念，打造零排放高标准目标。

概括起来，公司核心的优势就是基于技术领先基础上的环保优势。目前乃至今后几年，随着国内各地对环保整治力度的持续加强，公司在环保方面的优势必将得以充分体现。

三、行业发展趋势

我国已成为世界染料生产数量、贸易数量和消费数量的第一大国，染料产量约占世界染料总产量的60%。目前我国生产的染料品种大约有600多种，涵盖各大染料类别，能满足国内90%以上市场需求量，染料的需求随着全球纺织品需求的增长将继续稳步增长。

四、公司战略规划

在未来几年国内产业结构转型升级的推动下，公司将继续立足于特殊化学品领域快速发展，战略上高度关注新材料、重污染产品的清洁生产工艺研发、互联网+等领域，通过“内生性技术开发和外延式购并并重”，融合规模化、技术化、品质化以及品牌化的优势，以“产业延展”“技术延伸”为主业拓展路线，通过互联网将公司商业模式与金融服务有机结合，以电子商务为服务平台进行上下游和相关产业的整合和拓展，打造供应链金融生态圈，并将优势辐射到整个行业和产业，促进整个行业更加健康发展。实现产品与业务的多元化、国际化，成为“世界级特殊化学品生产服务商”。

五、可能面对的风险

产品安全风险：随着消费者对纺织服装安全性认识的提高，纺织用化学品的安全关注度也日益提升，公司的纺织用化学品是否安全、生态，将直接影响到公司的品牌与市场。

环保风险：公司主营的染料、中间体、减水剂以及无机化工业务存在环保要求提高的风险。

管理风险：公司控股子公司与参股公司数量的持续增加给公司的管理带来一定的压力与风险。

汇兑风险：公司业务广泛分布于全球多个国家和地区，日常运营中涉及美元、欧元、新加坡元等数种货币，而公司的合并报表记账本位币为人民币。

格力电器

表 3-11 格力电器（000651）全景表

单位：亿元

年份	营业收入	同比增长（%）	净利润	同比增长（%）	经营现金流净额	股东权益	销售净利率（%）	ROE（%）
1997	34.5166		2.1025		3.3262	6.0225	6.09	34.91
1998	42.9814	24.52	2.1508	2.30	5.7028	9.5814	5.00	22.45
1999	51.6564	20.18	2.2916	6.55	3.4963	10.5724	4.44	21.68
2000	61.7772	19.59	2.4962	8.93	8.6299	16.1293	4.04	15.48
2001	65.8797	6.64	2.6128	4.67	-0.3733	17.1092	3.97	15.27
2002	70.2969	6.70	2.9722	13.76	7.3590	20.0688	4.23	14.81
2003	100.4238	42.86	3.4282	15.34	1.3909	21.7267	3.41	15.78
2004	138.3262	37.74	4.2078	22.74	1.3570	24.4130	3.04	17.24
2005	199.6271	44.32	5.5476	31.84	8.1346	27.9588	2.78	19.84
2006	263.3427	31.92	6.9174	24.69	17.3297	33.1396	2.63	20.87
2007	380.4131	44.46	12.6976	83.56	27.9279	56.2761	3.34	22.56
2008	421.9972	10.93	19.6652	54.87	3.6854	73.4132	4.66	26.79
2009	426.3729	1.04	29.1345	48.15	94.4960	99.6990	6.83	29.22
2010	604.3163	41.73	42.7572	46.76	6.1600	133.0255	7.08	32.14
2011	831.5547	37.60	52.3694	22.48	33.5616	176.0687	6.30	29.74
2012	993.1620	19.43	73.7967	40.92	184.0875	266.3782	7.43	27.70
2013	1186.2795	19.44	108.7007	47.30	129.6984	344.8989	9.16	31.52
2014	1377.5036	16.12	141.5517	30.22	189.3917	441.5265	10.28	32.06

注：公司 1996 年 11 月 18 日上市，截至 2015 年 7 月 31 日，公司总股本 60.16 亿股。2014 年每股收益 2.35 元，每股净资产 7.34 元。

格力电器1997年主营业务收入为34.5166亿元，到2014年为1377.5036亿元，17年复合年增长率24.22%；净利润从1997年的2.1025亿元增加到2014年141.5517亿元，年复合增长率28.1%。经营性现金流净额历史上有波动，但近年来越来越好，销售净利润率也是这样的趋势，尤其是从2008年金融危机开始，数据逐年走高，正好证明了"危机"才是试金石的说法，也是从那个时期开始，空调行业的集中度逐步开始提高。上市以来，公司的营业收入和净利润还从没有下降过，整整17年每年都增长，在中国资本市场可以说是独步天下了。而且随着规模的日益庞大，净利润增长的速度反而还加快了，并领先于营业收入的增长速度，很好地体现了规模经济的作用。ROE 30%左右，这与资产周转率和权益乘数高有关，反映了企业优秀的运营能力。

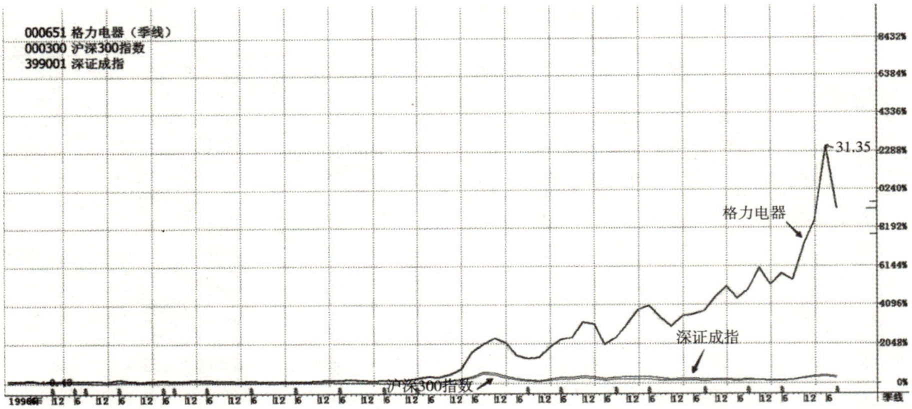

图3－12　格力电器股价走势图（季线）

再来看看公司股票的市场表现。1996年11月18日格力电器股票登陆深交所，当天开盘17.50元，收盘价格50元，到2015年8月7日后复权收盘价格为3374.43元，总收益率6648.86%，翻了66倍，年复合收益率24.82%。同期上证指数从1996年的1004.69点上升到2015年8月7日的3744.2点，总收益率272.67%，复合年收益率7.17%。

如何？是否有一种"生子当如孙仲谋"的感慨——投资就该投格力啊！当然最好是17年前就开始。我听说过万科股东刘元生先生的故事，真不知道有几位从上市第一天一直持有至今的股东，向你们致敬！

详解格力电器

一、公司简介

成立于1991年的珠海格力电器股份有限公司，是一家集研发、生产、销售、服务于一体的国际化家电企业，以“掌握核心科技”为经营理念，以“打造百年企业”为发展目标，凭借卓越的产品品质、领先的技术研发、独特的营销模式引领中国制造，旗下拥有格力、TOSOT、晶弘三大品牌，包括格力家用空调、中央空调、空气能热水器、TOSOT生活电器、晶弘冰箱等几大品类家电产品。

二、公司竞争优势

与时俱进的战略目标：公司对制造业发展趋势一直把握准确。一方面，构建智能家电生态系统，发展智能家居。另一方面，建设垂直产业链，塑造多个世界品牌。

技术创新：公司在四年内三次荣获国家级“科学技术奖励”，拥有12项“国际领先”的自主创新成果。

管理创新：可靠的质量保障体系及卓越的产品品质。格力电器建立了严格的企业质量技术标准，并且远高于行业标准和国家标准，有效保证了产品的高可靠性。格力自主开发的项目管理信息平台GPMS成功上线，实现了更为有效的群项目管理。

文化创新：格力在长久的发展过程中逐渐形成了独具特色的“全员创新”企业文化。

营销创新：不断创新变化、与时俱进的销售模式是格力持续保持高速增长的法宝之一。

三、公司战略规划

第一，以空调为主业。巩固家用空调市场，继续扩大市场份额；拓展国外市场，国外市场将逐步走向以自主品牌为主导的市场；依托家用空调基础延伸拓展商用空调领域，快速提高市场占有率。

第二，以技术为导向的多元化发展方向。在稳固家用空调市场的同时进军智能化，把生活电器品类作为一个整体，加大与大品牌地产商的合作力度，将格力空调、空气能热水器、净水机、TOSOT 生活电器等全系产品进行商务配套。

第三，在主线不变的前提下，加大上游核心产业拓展。将电机、模具、电工产品及自动化设备机械制造打造成格力的特色产业。

四、可能面对的风险

宏观经济波动及政策调控带来的风险：经济发展从高速发展转为中高速发展，家电市场的需求可能出现疲软；家电补贴政策的退出及新政尚未明确，将对公司产品的生产销售带来新的挑战。

行业竞争及营销变革带来的风险：在互联网经济及新的商业模式的冲击下，国内外家电企业的竞争日益加剧，智能家电发展日新月异，各种新技术、新材料不断涌现，加之家电行业的不规范甚至恶性竞争，对公司的经营业绩和财务状况可能带来挑战。

大宗原材料价格及出口汇率波动带来的风险：格力对铜材、钢材、铝材等大宗原材料的需求较大，若原材料价格出现较大波动，产品的售价难以同步消化成本波动影响，进而对公司的经营业绩可能产生影响；此外，公司产品远销世界各地，若汇率出现大幅波动，公司将面临汇兑损失风险。

第四章 公司分析基本框架

在第一章讲述股权投资盈利的十大逻辑时，第一条就是企业能盈利。企业如果能持续盈利，而且业绩能稳健增长，甚至能获得超额投资回报，这就是我们通常所说的企业具备竞争优势，那就是我们应该投资的标的，当然是在合理的价格基础上。本章试图揭示企业竞争优势的来源，是哪些因素决定了企业能获得超额回报。

第一节 评估企业所在产业的竞争环境

五力模型分析框架

战略大师迈克尔·波特的五力模型是非常简洁、有效的分析产业和竞争环境的工具。在一个产业里，企业受到五种力量的竞争压力：①产业中现有企业的竞争；②潜在进入者；③替代品；④供应商的议价能力；⑤客户的议价能力。

产业中现有企业的竞争

产业中现有企业的竞争强度由以下因素决定。

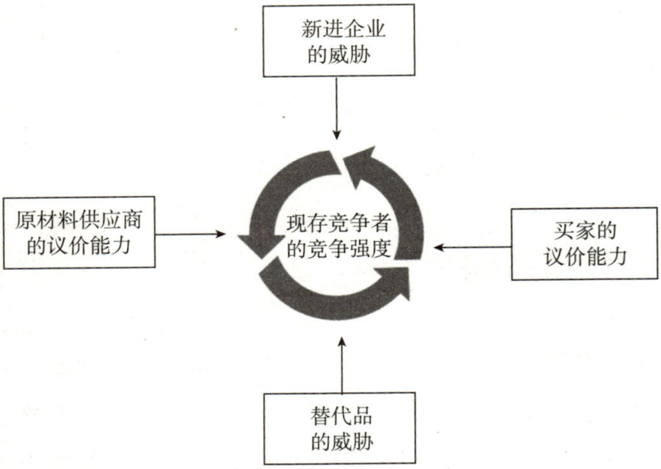

产业结构:五种力量

图 4－1　五力模型分析框架

需求增长

当需求增长缓慢或者下降时，竞争强度增加，僧多粥少；反之需求强劲增长的话，行业内的参与者都会分到一杯羹。因此，投资者要选择有成长性的行业，如果是成长行业内的龙头企业，就更加有利了。

转换成本

当客户的转换成本很低时，竞争就很激烈，反之转换成本高时，竞争强度就低。现实的一个例子就是券商的佣金大战，因为 2015 年个人证券账户开户可以多达 20 个，而且换一家券商，转换成本不高，只是换一个交易系统，学习成本不高，因此券商的竞争强度很高。相反的一个例子是银行的企业客户，因为企业账户涉及网银系统、印鉴、基本账户、提现金、网上发工资等，需要办理很多手续，才能转换一家银行。笔者的公司在交通银行开户，2015 年交通银行升级了网银系统，确实界面漂亮了，但根本没有考虑客户的感受，速度奇慢，而且之前存档的付款资料也全没有了，几次想换家银行，但总是下不了决心，可见银行的转换成本还挺高，他们的日子也很好过。

差异性

产品或者服务没有差异性，就跟大宗商品一样，那就只好拼价格了，竞争当然激烈了，这点从超市、百货商场、家电卖场和电商就可以获知。如当当网和亚马逊卖同样的书，有何区别呢，只能拼价格了。

参与者数量

行业中参与者众多，并且实力都差不多，那完了，肯定是拼得你死我活。在你的城市里，餐馆、药店众多，规模都不大吧？如果相反，就会好很多，如调味品行业，能数得出的全国品牌也就五六家，而且排名第一的规模超过第二到第五的总和，竞争当然非常温和了。空调行业也只剩主要的 3 家了，它们的财务报表都很好。

退出成本

如果退出成本非常高的话，竞争就很激烈，这点从逻辑上就可以验证，因为无法退出，就只好在这个行业中耗着。如煤炭企业，因为已经提前支付了采矿权的成本，政府也不可能退钱，就只好继续挖矿；钢铁企业的高炉等设备都是专用设备，无法用于其他产业，退出成本非常高昂。

潜在进入者

当一个行业非常繁荣时，难免会吸引新的进入者。影响潜在进入者进入该行业的因素有以下五点：

进入壁垒

当进入壁垒比较低时，如果行业有很好的前景及利润率，新的竞争者将会蜂拥而入，因为资本是逐利的。高进入壁垒包括：需要巨额资本投入；需要大规模生产、具有规模经济性；需要企业积累经验，具有专有知识、专业人才等。典型的如英特尔和微软，因为集成电路和操作系统具有高进入壁垒的特性，在个人电脑行业只有这两家保持着高利润率。而主机厂、显示屏厂、硬盘等其他电脑部件的生产企业，因为进入壁垒太低，竞争者众多，只能勉强活着。

行业内现有企业阻止新进入者的能力和意愿

如果行业中现有的企业没有很强的意愿，或者没有能力阻止新进入者，竞争压力就会比较大。

行业增长太快也不见得是好事

当行业增长非常快，可以容纳新的进入者时，就增加了竞争强度，故而有时行业发展太快，也不见得是好事。在线旅游就是个很好的例子，以前只有携程，后来有了去哪儿，再有途牛、艺龙、驴妈妈，最后大家都亏损，经济型酒店也是这种格局。

行政保护

当有政府行政保护时，行业进入者就会少，如区域性的垃圾焚烧发电、免税行业的中国国旅。

行业风险

当行业总体有风险和不确定性因素较多时，进入者会比较少。如医药行业，新药开发的周期长、投入大、政策不确定性高，阻止了很多新进入者。

替代品：性能和价格

如果替代品随时可得而且价格有吸引力，行业的竞争压力会较大。以前机场的餐食、咖啡等都是少数几家在垄断经营，价格不是一般的贵，但麦当劳、肯德基进入后，他们就只好降价了。以前看新闻只能通过报纸、电视和广播，现在互联网基本可以替代，时效性还强得多。

替代品有更好的性能时，竞争压力就会更大，如当电视节目没有什么吸引力时，视频网站却有更好的选择，并且可以随时观看，观众当然选择视频网站，电视台收视率就下降，广告收入就缩水。

还有就是客户的转换成本很低时，竞争压力也会变大。

供应商的议价能力

供应商优势的来源

当一家企业的供应商非常强势，有独特的优势时，企业的日子会比较难过——价格没得谈，还得先付款。

当供应商提供的原料或者服务处于短缺状况时，供应商就会比较有优势，典型的例子就是长虹电视当年囤积彩色显像管。那是在短缺经济时代，显像管靠引进的生产线生产，无法满足当时彩电厂的需求。当时的彩管厂那叫一个牛啊！可能好多80后、90后的投资者都没有听说过这件事。

当供应商的产品或服务有很大的差异化时，主动权就在供应商那里了，如企业用的财务软件，一旦你采用了用友的系统，就被绑定了。

更换供应商的成本

如果企业要更换供应商时，需要支付很大的转换成本，就比较被动。这些成本包括：重新考察供应商的质量体系，学习新的技术，接受新的培训等。第二章关于雪迪龙的例子中，如果一家工程商原来使用的是雪迪龙的监测设备，要更换供应商的话，就会面临很高的转换成本。再如企业使用的信息安全系统，如果要更换供应商，那可不是短期内能解决的问题。

如果原料集中在几家垄断的供应商手中，那企业就有苦日子了，如钢铁厂的例子。

如果供应商供给的原料或服务在企业的采购成本中占比较小，供应商就处于比较主动的地位。因为企业会觉得讨价还价太不划算，费时费力，对企业的成本影响也不大。

客户的议价能力

供求状况

如果行业整体处于供过于求的状况，那客户的议价能力就很强。如上文提到 20 世纪 90 年代中期，彩电是非常紧俏的商品，彩电厂根本就不愁销售。再如，苹果每推出新一代 iPhone 都要引发抢购潮，消费者彻夜排队，那是供不应求的状况，客户就没有议价能力。

产品和服务是否具备差异性

如果行业的产品或者服务是标准化的，没有任何的差异性，客户就有很强的议价权，这一点很好理解。如航空公司提供旅行服务，每家公司的产品基本没有太大的差异，客户可以任意选择航班，主要的依据就是价格。而有的行业产品差异性非常大，如家庭轿车，有的突出安全性，如沃尔沃；有的突出省油，如日系车；有的强调技术领先，如奔驰；有的把时尚作为卖点，如宝马。

转换成本

客户如果转换到竞争对手的产品，不需要支付太大的代价，客户就有很强的议价能力，反之就没有议价权。假如你使用的电脑操作系统 Windows 很顺手，与其他人的信息传递也很通畅，你就不会轻易下决心去更换苹果的系统，因为需要花费大量的时间成本去学习掌握新的操作系统。

客户的数量

如果在行业中，客户的数量很少而且购买力极强，客户就相当主动。例如出口业务，如果有哪家出口企业被沃尔玛选中作为供应商，那个自豪劲儿无以言表，也说明沃尔玛对中国数量众多的出口企业占尽优势，“价格屠夫”的标签也被贴在了沃尔玛的身上。

客户的专业能力

如果客户对卖家产品的质量、价格和成本了如指掌，也会具备很强的议价能力。还有就是如果客户具备后向一体化的能力，也就是说产业链延伸到原料供应，客户就相当强势。

另外，如果客户可以推迟购买，就会有优势，反之，就只能由卖家说了算。每年的春节期间，三亚酒店的价格就开始飙升，你总不能过了春节再去吧，因为假期时间是固定的。

客户对价格的敏感度

还有客户对价格的敏感度也是很重要的因素，对价格越在意，质量越可以忽视，就越有议价权；反之，如果客户对价格不敏感，对质量很在意，尤其是入口的食品，那么客户就不具备议价能力。查理·芒格曾经举过一个口香糖的例子：“如果来到一个偏远的地方，看到箭牌口香糖和格洛莰口香糖并排放在一起。之前人们知道箭牌口香糖是让人放心的产品，对格洛莰口香糖却一无所知。如果一个标价 40 美分，一个 30 美分，我会为了节省 10 美分而把一无所知的品牌塞进嘴里吗?”

以上分析了产业中五种竞争力量对企业的竞争态势的影响，投资者可以把五种力量分别划分为强、中等和弱三种情况，然后综合评估对企业盈利能力的影响。

第二节　评估企业的宏观环境：小环境与大环境

每个企业除了在所处的产业中竞争外，都在一个大的宏观环境中运营，主要影响因素有政治、经济状况、社会文化、技术、法律法规以及自然环境。研究一家企业是否有良好的发展前景，必须将其放在一个大的宏观格局中考察。

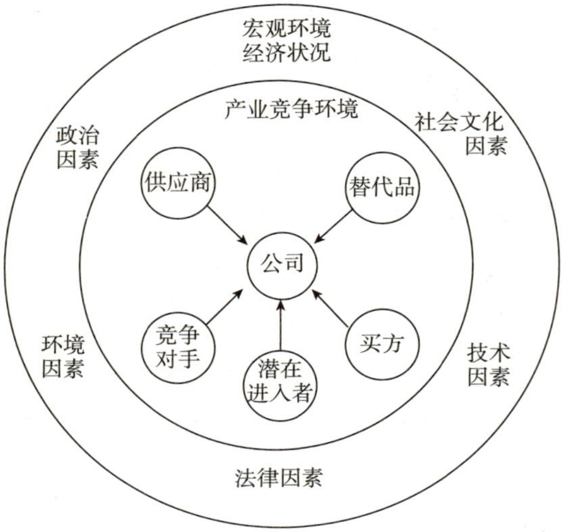

图 4－2　企业所处的宏观环境模型

政治因素

高档白酒、高端餐饮、奢侈品等企业曾经在市场中给广大投资者带来很好的回报，但中央八项规定以来，这些企业受到很大影响。

而对高新技术企业进行税收减免对科技企业来说就是利好。“一带一路”战略以及有些紧张的周边局势，对中国的高端制造业出口、军工行业的发展都是有利的因素。

经济状况

通常是指 GDP 总量、人均国民收入、利率、汇率、通胀率、失业率、经济增长率、大宗商品的价格等，对有些行业和企业会有影响。如利率走高，对负债率高企的企业会非常不利，但利率开始下行时，他们会率先受益。人民币汇率贬值时对出口企业有利，但汇率升值时，对进口企业就构成利好。石油价格大幅下降，对航空公司就非常有利。另外，按照国际经验，人均国民收入超过某个水平时，有些行业就会启动并有大的发展机会。如当一个国家和地区人均 GDP 超过 5000 美元的时候，休闲消费就会进入快速增长的时期。

社会文化因素

包括社会价值观、态度、生活方式、人口结构等，对企业的经营都会有影响。现在人们越来越追求健康的生活方式，健身、休闲、体育等产业就有大的机会。人口老龄化对医药、大健康、养老等产业无疑都是积极的因素。

技术因素

有些行业技术迭代非常快，如彩电行业，从 CRT、液晶、等离子、LED 到曲面，企业需要不断投入新设备，研发新工艺，培训工人，从而利润变得非常微薄。而白电行业，如空调、冰箱、洗衣机，技术更新就没有那么快，行业内的企业日子也好过很多。而有些行业如食品、饮料行业，一个产品的寿命可以长达几年，甚至几十年。目前互联网技术对各行各业都或多或少有些冲击，投资者要留意这方面的动向。如移动支付技术的成熟，通过手机购物的比例也日益提高。

自然环境

这已经成为影响很多行业和企业的重要因素。环境保护行业，如水处理、空气治理、固废处理等企业面临大的发展机会，另外有些高污染行业则面临关门的风险。有些行业由于治污标准的提高，行业内所剩的企业不多了，它们的竞争就会面临一个比较宽松的环境，如农药、纺织印染行业。还有，新能源行业，如风电、水电、核电就会有大的机会，而对传统的能源企业，如煤炭、火力发电企业就是不利因素。

法律法规

中国正逐步走向法治国家，有些法律法规会对企业经营有直接的影响，如最低工资的逐步提高，“五险一金”的强制执行，对劳动密集型企业是不利的因素；另外，如反垄断法等，对企业的并购会有实质性影响。

投资者在选择投资标的时，必须认真分析以上这些因素。企业必须在比较宽松、有利的宏观外部环境中，才能有好的发展前景。

第三节　评估市场空间及可能影响产业变化的变革因素

充分理解产业内的五种竞争力量如何影响企业的盈利能力是关键的分析步骤，同时也要明白这五种竞争力量不是一成不变的。

有些外部因素的变化，会对某个行业的竞争格局带来颠覆性影响，可以称其为“变革因素”。举个大家都非常熟悉的例子：电商的兴起对传统零售行业的冲击。互联网技术的成熟，网上支付手段的实现，社会诚信体系的建立，道路交通基础设施的完备带来的物流的发展，以及大批70后、80后甚至90后逐步成为消费主力，在这些因素的综合影响下，行业逐步发生了巨大的变化。

可能对产业有重大影响的变革因素大致有以下四项：

产业的长期增长率

长期增长率变化，将会对产业内的供应方和购买方、进入和退出，以及竞争的强弱产生影响——需求的增长或者下降是影响行业竞争强度的一个关键因素。例如，随着中国人口结构的变化，人口老龄化趋势明显，劳动力供给就会下降，这会带来机器人产业需求的增加，养老产业的蓬勃发展等，当然，与进入、退出的壁垒也有很大关系。有些行业即使有不错的增长前景，但若进入壁垒太低，大批新企业涌入，盈利能力也会整体下降。产业的增长率也决定了行业的空间，我们研究公司时，需要考虑企业成长的天花板在何处。

全球化

全球化进程的加快，使得竞争从地区性转变为全球性。我们的同胞有段时期热衷于到日本买马桶盖，就是个生动的例子。另外，好莱坞的大片在国内攻城略地，国内影视公司不仅要考虑与国内的同行竞争，还要考虑外来的强敌。还有迪士尼在上海即将开业，对国内的旅游行业都会有深刻的影响。

技术进步

互联网技术，尤其是移动互联网技术的发展，使得有些传统行业备受压力，典型的就是报纸、广播、电视等媒体行业。现在大部分人成为了“低头”一族，每天看手机资讯都来不及，哪还有时间听广播、看报纸。另外，出租车行业也面临移动互联网技术的冲击，传统的出租车靠外形辨识，路人挥手招车，而“专车”没有合法的外衣，靠什么？靠手机 APP。

技术的进步和生产技术的革新，也会对产业造成很大的影响。如电池的安全性改善和容量的扩大，使得纯电动汽车成为可能；细胞免疫治疗技术、基因测序技术的发展，对医药行业将会产生深远的影响。

政策法规与社会观念

政策、法规的变化将会对产业的竞争格局直接产生重大影响。中国政府正在积极倡导大众创业，万众创新，以及经济转型等，这些政策将对产能过剩行业、高污染行业、新兴行业产生重大的影响。

另外还有社会观念、生活方式等的变化，也会影响很多行业。如现在人们对健康的重视，就会减少快餐和碳酸饮料的消费，而体育、旅游就会迎来发展机会；人们日益追求个性化，大规模定制行业就会充满生机。

第四节　评估企业内部资源、能力和竞争优势

企业是否优秀，从财务数据就可以看出

本节我们将目光从企业的外部转回企业的内部，来评估企业是否真正具有竞争优势——能够长期获得超额回报的能力。真正优秀的企业不需要太长的时间来证明自己，财务指标就能体现一切；反过来，如果你接触一家企业，觉得其财务数据常年保持得很优秀，就应该花点时间来探究一下——是因为它处在一个好行业中，还是因为自身比较努力，或天赋异禀。若三者皆具备，那就是你应该重点关注的对象，一旦价格合理就不要犹豫。

资源和能力

企业在市场中竞争，需要具备哪些资源和能力呢？资源，即企业拥有的生产要素和有竞争力的资产，如品牌、研发团队等；能力，即企业执行各项任务时的效率、效果等的总和。

企业的资源分为有形资产和无形资产，有形资产如土地、厂房、生产设备、物流中心、商店、分销中心，以及某些自然资源的产权（矿产等）。

无形资产主要是人力资源和智力资本，包括员工的教育背景、经验、知识和全体员工的整体素质等，管理团队的领导能力，关键岗位的核心人才，以及企业创新传统等。无形资产还包括公司的品牌、形象、客户的忠诚度，以及企业在质量、服务、可靠性等方面的口碑等。其他无形资产还包括与供应商、客户、经销网络的战略联盟等合作关系。最后就是企业的文化和激励机制，是否能营造出一种积极向上的氛围，员工与企业是否能

共命运，以及是否诚挚地以客户为导向，薪酬机制是否能鼓励员工自觉地为企业多做贡献。

企业的能力主要体现在执行力，学习能力，面临行业变迁时的应对能力，以及创新的勇气和举措。国内有两家地产企业，万科和万达，分别在住宅地产和商业地产子行业做到了全国第一，甚至世界第一。但中国目前的现实是房地产行业已经度过了黄金时代，进入了白银时代，好日子一去不复返，这就需要行业内的企业以全新的心态，把业务做得更专业、更精细，还需要做好业务转型的准备。

资源和能力的独特性、不可复制性和稀缺性

投资者在评估企业的内部资源和能力后，就要做出判断，即企业是否具备可持续的竞争优势，也就是考核企业的资源和能力是否有独特性、不可复制性、是否稀缺，以及不易受到攻击等。

假如一家企业的优势在于有先进的生产设备，能够提高生产效率、降低成本，但其他企业也能从市场上购买到这种设备，那么，这就不是可持续的竞争优势。如索菲亚的柔性制造系统是从德国进口的，行业内的企业同样可以从德国、瑞士或者意大利进口。**凡是能从市场上购买到的资源，都不可能成为持续的竞争优势。**

恒瑞医药的研发体系，那是花费多年的努力，引进多名世界顶级的科学家，每年投入巨额的研发资金，才形成的一种资源和能力，这是很难复制的，这需要有前瞻性，需要长年累月的坚持，需要战略上做重大的部署，甚至可能要牺牲短期的利益，才逐步形成的一种稀缺的资源和能力。

爱尔眼科通过并购基金，合伙人计划，设立爱尔眼科学院、爱尔眼视光学院，从源头上掌握了行业竞争的核心要素——眼科医生，这样的竞争优势就很难受到竞争对手的侵蚀。宋城演艺则通过全国重要旅游目的地的布局，牢牢把握住了行业今后大发展的机遇。

第五节　评估企业的经营战略

战略的重要性

在任何一个历史阶段，总会有一些明星企业在短时间内取得令人瞩目的业绩，得到社会的赞誉，但却是昙花一现，如秦池、健力宝、爱多、小霸王、三株、太阳神等。而能够持续立足于行业领导者地位，稳定增长并长期为股东带来丰厚回报的企业，如万科、格力、腾讯、恒瑞等，则相当稀少。这些优秀企业都有一个共同特点：都能够制定正确的战略并有效执行。

投资者研究一家企业时，一定要对企业的经营战略多加关注，因为这是决定企业能否长期生存并为投资者带来优异回报的根本因素。

那么什么是战略呢？战略就是企业的一整套如何比竞争对手做得更好并能获得超额利润的行动计划的总和。包括如何吸引、留住、愉悦顾客，如何与同行企业竞争，如何定位自己，当市场条件和经济形势变化时如何更好地去应对，如何利用好各种机会促使业务增长，如何达到企业的经营目标。好的战略并不仅局限于短期的业绩增长，而是着眼于企业长期能取得持续的竞争优势。

战略的路径

战略有很多不同的路径，有些企业选择低成本的方式，在与竞争对手相同的售价时利润更多，或者以很低的令对手亏损的价格出售，自己还能保持盈利，典型的如沃尔玛、美国西南航空公司；或者把产品的质量、性能、外形做得更好以吸引顾客，而对手无法达到这样的水平，如保时捷的SUV卡宴；或者以丰富的产品线面对多元化的顾客群体，如诺基亚曾经的“总有一款适合你”的手机；或者产品线很窄，但做到极致，如苹果

iPhone；有的企业深耕区域市场，有的不光走向全国还走向了世界。战略就是要与竞争对手有所不同，要做对手没有做的事情，最好是**对手做不到的事情**。同时战略不光是做什么，还**包括不做什么**。

战略核心的要素就是管理团队在市场中采取各种行动，通过比竞争对手做得更好从而取得竞争优势。主要是通过两种路径，一种是在客户支付相同成本时，能让客户获得卓越的价值；另一种是让客户获得相同的价值时，能够支付更低的成本。卓越的价值意味着物美价廉，物超所值，或者通过价格、性能、质量、服务以及其他吸引人的属性为客户提供最好的价值。为客户提供卓越的价值或者以更有效率的方式为客户提供价值，总是要求企业创造价值链的活动与竞争对手有所不同。

使企业具备持续竞争优势的战略

总成本领先战略：成为产业中的低成本供应商，国外的典型例子有沃尔玛和西南航空，国内的案例以福耀玻璃、娃哈哈、格兰仕为典型。

差异化战略：如为客户提供高质量的产品、更多的产品选择、更有吸引力的款式、优质的售后服务等。这方面的案例不胜枚举。

最优成本供应商战略：基本思路是满足或者超过购买者在质量、服务、特色、性能属性上的期望，而同时低于他们在价格上的期望，从而为客户创造超值的价值。这是以上两种战略的融合，产生的基础是大规模个性化定制成为可能，兼顾了客户个性化的诉求与低成本期望。比较典型的成功例子是戴尔电脑、雷克萨斯汽车，以及索菲亚的定制家具。

聚焦战略：经营的重点放在一个特定的目标市场上，为特定的地区或特定的客户提供特殊的产品或服务。这方面的例子非常多，如泰格医药专注于临床研究，爱尔眼科专注于眼科医院等。

本章的内容比较偏重理论，略微枯燥，下面我们就理论联系实际，一起来看两家企业吧。

第六节　爱尔眼科案例研究

用全景表分析企业过往的经营状况

稳健均衡投资体系的核心就是选择优秀的公司，基本逻辑就是首先选择过往经营历史优异的企业，并探究其经营出色的内在原因，同时还要分析该企业今后是否还能够继续优秀，最终确定是否买入、跟踪或者放弃。

一家企业过往经营历史优秀有很多原因，或者是整个行业比较景气，或者是经营团队诚实能干，或者是暂时竞争对手不多，或者是行业进入门槛很高，这都需要深入分析。另外，还需要分析企业的竞争优势是否能够持续，今后行业的发展空间有多大，企业的战略是否得当，等等。

判断企业目前的经营状况是否优秀，我们有简约但不简单的“全景表”利器，分析企业历年的主要财务数据就可以得出答案。

表 4－1　爱尔眼科（300015）全景表　　单位：亿元

年份	营业收入	同比增长（%）	净利润	同比增长（%）	经营现金流净额	股东权益	销售净利率（%）	ROE（%）
2006	1.9119		0.1459		0.3690	1.0282	7.63	14.19
2007	3.1490	64.71	0.3898	167.14	0.9219	1.7531	12.38	22.23
2008	4.3912	39.45	0.6137	57.43	1.2117	2.3658	13.97	25.94
2009	6.0645	38.11	0.9249	50.72	1.6914	12.0847	15.25	7.65
2010	8.6488	42.61	1.2031	30.08	2.3997	12.7700	13.91	9.42
2011	13.1062	51.54	1.7193	42.90	2.5711	13.6759	13.12	12.57
2012	16.4013	25.14	1.8255	6.18	3.0182	14.9903	11.13	12.18
2013	19.8497	21.02	2.2350	22.43	4.1265	16.6603	11.26	13.41
2014	24.0205	21.01	3.0919	38.34	4.5368	20.2450	12.87	15.27

注：公司 2009 年 10 月 30 日上市，截至 2015 年 7 月 31 日，公司总股本 9.82 亿股。2014 年每股收益 0.315 元，每股净资产 2.06 元。

爱尔眼科主营业务收入从 2006 年到 2014 年，8 年复合增长率为

37.21%；净利润8年复合增长率为46.48%。净利润除了2012年由于“封刀门”影响录得个位数增长外，其余年份都是20%以上增长。经营性现金流净额每年都大于净利润，盈利质量非常扎实可靠。销售净利润率12%左右，不是太高，但这其中是有原因的——合并报表数据是包括了所有开业的医院，其中有部分是开业不到3年而处于亏损的医院，而医院是需要盈利周期的。

结合年报深入分析盈利前景

查阅公司2014年年报第35、第36页，武汉爱尔眼科医院，2014年营收2.90479亿元，净利润0.63544亿元，销售净利润率21.88%；沈阳爱尔眼科医院，2014年营收2.07895亿元，净利润0.33191亿元，销售净利润率15.96%；长沙爱尔眼科医院，2014年营收1.77046亿元，净利润0.55960亿元，销售净利润率31.60%；衡阳爱尔眼科医院，2014年营收0.76381亿元，净利润0.19526亿元，销售净利润率25.56%。可知一般成熟医院的销售净利润率在20%左右。

ROE数据也大致是相同的情况。2009年上市后，公司整体数据逐年走高，成熟医院的ROE数据为：武汉爱尔58.45%，沈阳爱尔51.78%，长沙爱尔51.18%，衡阳爱尔61.68%。净资产收益率能超过50%，那是非常惊人的数据。尤其衡阳爱尔是一家地级市医院，这也许是因为随着开业年份的增加，就诊人数的增长，在现有净资产的基础上，业务量扩大，边际成本下降，利润率和净资产收益率也随之增长，但需要进一步研究分析，才能得到验证。

根据这张“全景表”结合年报数据，我们基本可以得出结论：爱尔眼科是一家经营业绩非常优秀的企业，其长期增长应该是可期待的，即使不考虑外延并购、新开医院的因素，只是现有的医院，只要3年内开业的都能如期达到盈亏平衡点，公司整体的财务数据，如净利润总额、销售净利润率和ROE都会上一个台阶。

我们按照本章前面几节内容的顺序，来分析爱尔眼科为何过往的经营历史很优秀，以及今后是否还能继续保持竞争优势。

详解爱尔眼科

一、爱尔眼科所在产业的竞争环境

（一）眼科医院目前的竞争态势

在医疗行业，公立医院具有天然的优势。这种优势源于两方面：一是政府的支持，二是患者长期以来形成的一种意识和路径依赖。但是，公立医院同样面临种种困境，以药养医、过度医疗、医患矛盾尖锐，等等。传统医疗体制的弊端已经十分突出，亟待改革，这也给爱尔眼科提供了发展的空间。

医生这个行业被人们诟病最多的就是“红包”——灰色收入。对此，医生的内心也很痛苦。从名义收入角度，即使是专家级的主任医师，与医院的后勤行政人员相比，也就是多50%左右，根本无法体现出专业性的价值。在这方面，爱尔眼科则提供了很好的环境和条件。因为是民营企业、市场化机制运行，在公立医院泛滥的“红包”在爱尔却没有生存土壤。高专业水准的医生，在爱尔眼科的收入肯定大大超过公立医院。2013年，爱尔与中南大学合作成立“中南大学爱尔眼科学院”，2014年，与湖北科技学院合作设立“湖北科技学院爱尔眼视光学院”。设立两所学院，培养人才当然是主要目的，还有一个目的就是吸引专家级医生的加盟。通过学院，解决了医生在学术以及职称上的晋升问题。

综上可知，相对于公立医院，爱尔眼科有较强的竞争力。接下来再分析与其他民营眼科医院的竞争格局。

2009年10月30日，爱尔眼科成为中国第一家IPO上市的医疗机构，6年过去了，至今还是唯一的一家。

可以说，选择眼科，创业团队的眼光很独到。专业眼科医院最适合企业化经营，并易于全国扩张，相对而言不需要太依赖医生的经验。其实，民营口腔连锁医院在中国的历史应该比眼科还要早，但就是因为进入门槛太低，很难在全国范围占领市场；而眼科对设备的要求比较高，前期投入非常大，而且患者对选择眼科医院非常谨慎，使得爱尔有可能建立行业壁垒。

爱尔眼科作为全国性医疗机构，目前还没有真正的全国性竞争对手，但存在区域性的竞争对手，主要为各连锁医院所在地的眼科医疗机构。从医疗机构的实力来看，北京同仁医院、广州中山大学中山眼科中心以及上海复旦大学附属眼耳鼻喉科医院等少数几家公立医院，在临床和科研方面具有较强的竞争实力。在地区范围内，我国每个省会城市都有一到两家综合性医院的眼科或眼科专科医院在当地具有一定的影响。

因此爱尔眼科的主要竞争对手是中心城市和省会城市的公立医院，爱尔眼科在北上广几乎没有什么优势。2014 年年报披露的上海爱尔眼科医院，主营业务收入 0.81073 亿元，净利润 0.078976 亿元，净利润率 9.74%；北京爱尔英智眼科医院营收 0.81011 亿元，净利润 0.08 亿元，净利润率 9.88%；广州爱尔眼科医院营收 0.58443 亿元，净利润 0.10540 亿元，净利润率 18.03%。

北上广的爱尔眼科医院，无论是营收规模还是净利润、净利润率都远不如武汉、沈阳、长沙等省会爱尔眼科医院。甚至有些地级市的爱尔眼科医院经营数据都令北上广爱尔眼科汗颜。衡阳爱尔眼科医院，2014 年营收 0.76381 亿元，净利润 0.19526 亿元，销售净利润率 25.56%；株洲三三一爱尔眼科医院，2014 年营收 0.58299 亿元，净利润 0.14672 亿元，净利润率 25.16%。

好在北上广仅仅只有三个城市，从医疗的角度，人口基数是决定业务发展的决定因素，三个城市的总人口在全国范围来看，是很小的比例。到了省会城市这一级，爱尔眼科医院就相当有竞争力了，从公司年报的财务数据就可以得出这个结论。从逻辑上也可以推断，大部分省会城市都没有专业的眼科医院，只是综合性的大医院中设有眼科，而综合性医院中，眼科的地位并不高，眼科医生一般情况下是唱不了主角的，医院的资源也不会向眼科倾斜。

另一方面，学科只有越专业，配备的设备才会更齐全，门诊就诊量才会越多，医生的水平也会越来越高，患者的口碑效应就会逐步显现，最终体现出规模效应。这也是爱尔眼科在各个省会城市设立专业眼科医院从而极具竞争力的原因。同时，爱尔眼科在2015年开始实施“省会医院合伙人计划”，公司基于“加快发展，做多做强”的方针，根据14家省会级医院基础还比较薄弱的实际情况，整合集团整体优势，采取综合性措施，支持这些医院超常规快速发展，并配套以激励机制的创新，进一步推出了“省会医院合伙人计划”，以充分激发核心骨干创业激情，加快医院成长步伐。假以时日，爱尔在大部分省会城市占据市场第一份额是可期待的。

再到地级市，甚至县级市，爱尔眼科可以说是没有对手了，这也是中国目前医疗状况的现实，资源都往中心城市聚集，反过来也给爱尔的扩张提供了非常好的机遇，而公司的战略中心恰恰也是在往这个方向转移。2015年中报，公司的表述为：“公司继续坚持双轮驱动对外扩张的发展模式，公司、产业并购基金分别通过新建或并购方式**加快以地级医院为重点**的网点布局，加大医院网络的辐射区域，延伸公司医疗网点的基层触角，进一步下沉医疗渠道，为基层患者输送优质眼科医疗服务。”

（二）潜在进入者

任何潜在进入者都需要面对比当初爱尔更严酷的竞争环境，不仅是公立医院。更可怕的是，已经矗立在眼前的全国最大的眼科连锁医院集团，截止到2015年7月，已经有80多家连锁医院在运营。中心城市和省会城市也许还有一些市场空间，但大部分的地级市，以及县级市，市场也就只能容纳一家眼科医院，而爱尔的布局是到2017年实现200家地级以上医院，先发优势和品牌优势，是绝不能轻易忽略的因素。除非潜在进入者打算亏损5年以上，拼命抢占市场，但医疗服务还不同于普通商品，价格便宜，患者还不一定买账，而且哪里去找那么多优秀医生呢?

（三）替代品

目前还想不出来有什么有效的替代品可以替代医疗服务。眼睛干涩、疼痛，可以去药店买点眼药水解决，但要是眼睛真出了问题，如青光眼、白内障，不去眼科医院去哪里呢?

（四）供应商的议价能力

爱尔的供应商主要是医疗设备供应商，眼科用药、医用耗材，房屋租赁等。我们查阅财务报表，2014年应付账款2.79亿元，2013年应付账款2.35亿元，说明什么?说明供应商没有议价能力。而且爱尔还有撒手锏，2015年度股东大会上，董事长表示在寻求上游的并购标的。只要企业有能力进行纵向一体化，进行产业链整合，供应商就基本没有任何的议价能力了。

（五）客户的议价能力

由于眼科患者以个体消费为主，且一般采用现金、银行刷卡和医保消费的方式支付费用，没有议价能力。

综合以上五种竞争力量，可以得出爱尔眼科在产业内处于非常有利的竞争地位的结论。

二、评估爱尔眼科的宏观环境

（一）政策层面

新一届政府施政以来，国家不断加大社会办医支持力度，从2013年9月到2015年3月，从中央层面陆续出台了十几项扶持政策，社会办医外部环境不断优化，民营医院迎来了发展的黄金时期。

（二）经济层面

随着人均收入的提高，在满足了基本的物质生活需求后，人们对健康的关注程度日益提高。目前中国白内障手术比例只有国外的1/4，渗透率非常低。

（三）社会文化层面

社会文化因素方面，随着生活方式的改变，用眼过度已经成为普遍现象，眼睛的工作强度大大超过其所能承载的负荷。在任意一个高中课堂里，不近视的同学绝对是稀有动物。尤其是智能手机的普及，给人们带来便利的同时，眼睛健康也逐渐成为社会普遍关注的问题。

（四）技术层面

飞秒激光技术逐步替代准分子激光技术，医学配镜逐步蚕食商业配镜市场，这些都是对爱尔眼科比较有利的因素。尤其医学配镜的业务，在爱尔的三大业务板块中，比重逐步在提高。

综上，爱尔眼科所处的宏观环境比较有利于企业今后的长期持续发展。

三、评估市场空间及可能影响产业变化的变革因素

（一）人口老龄化加用眼过度

产业的长期增长率变化：人口老龄化趋势、过度用眼这两个因素，决定了眼科医院市场的长期增长趋势。

（二）白内障手术渗透率提升

白内障是我国老年人低视力及盲的主要原因，在60岁以上的低视力及盲的患者中，由白内障所致者大致占据50%。在20世纪90年代末期，视力低于0.3的白内障病人约有500万人。随着我国人口平均寿命延长和社会老龄化，每年新增白内障人数50万左右。目前尚无特效防治的药物，主要治疗方法仍为白内障摘除手术。目前国家对白内障手术的投入正逐步加大，在国内大部分地区白内障手术都被纳入医保范围。随着白内障手术的宣传普及

以及医保的推进，白内障手术将得到大幅扩容。

（三）全球化

医疗服务是本地化的，全球化进程对其影响甚微。爱尔在向海外扩张方面也有一些新的举措。2015 年公司中报披露了海外并购方面的计划：“搭建海外投资平台，共享全球眼科智慧。”为充分开发、利用和整合全球医疗资源，公司适时启动国际化发展进程，将出资 2 亿元在香港设立全资子公司，作为从事海外医疗服务产业的投资平台。

（四）移动医疗的先天优势

互联网技术，尤其是移动医疗和精准医疗将会是对眼科医院市场产生重大变革的因素。在互联网 + 的浪潮中，医疗企业的互联网化是一个必然过程。通过远程会诊、培训，可以提升基层医疗机构的医疗水平，缩短新建医院的盈利期；通过积累医疗数据，可以开展医学研究，提升公司的科研能力。公司依托医院和医生资源开展互联网医疗具有先天优势，在移动医疗领域，公司最大的优势在于终端占有率——遍布国内各省的约 80 家医院，每年超过 200 万的门诊人次，过 20 万的手术量。

2015 年中报，公司披露了在移动医疗方面的规划。2015 年度股东大会上，陈邦董事长就表示，公司已经在积极筹划，下半年就将推出移动医疗方面的业务，而且只有像爱尔这样的有实体连锁医院的企业才会成功。

四、评估爱尔眼科内部资源、能力和竞争优势

（一）品牌形象不断提升

良好的品牌形象是医疗机构的生命线。作为首家上市医院，爱尔眼科的专业、专科、专注的品牌形象已深入人心。

爱尔眼科是中国第一家医院“驰名商标”，实现了医疗行业零的突破。同时拥有“深交所信息披露考核 A 级”“中国上市公司最受尊敬董事长”“上市公司投资者关系金盾奖”等众多奖项，

代表着社会对爱尔眼科医疗技术及规范运作的肯定。

（二）分级连锁加快拓展

作为国内眼科行业的新锐龙头，爱尔眼科利用上市的发展平台，形成了延绵宽阔、不断强化、不受侵蚀的“护城河”，连锁网络的规模效益和聚合效应日益强化。

通过吸纳国际先进的医疗管理模式和经验，并结合我国医疗体制改革的国情，爱尔眼科创造性地建立起“分级连锁”的商业模式，开创了中国医疗行业的先河。通过“一线城市—省会城市—地级城市”不同的功能定位，既实现了资源的最佳利用，也形成了连锁网络的整体优势，使得公司抓住了新医改带来的医疗市场空间扩容的机遇，也开辟出细分市场的广阔“蓝海”，牢牢把握了行业发展的话语权。

在此基础上，公司未来还将眼科医院开发到县域基层，通过不断渗透基层医疗市场，深化分级模式，利用远程会诊、异地转诊、专家会诊、多中心研究，让老百姓在家门口就能享受到高品质的眼科医疗服务，实现“全国连锁、服务全国”的目标。

为抓住行业大发展的机遇，2014 年，公司联合著名专业投资机构发起设立了中国首只眼科医疗产业并购基金——深圳前海东方爱尔医疗产业并购基金，作为公司的项目培育平台，在项目达到一定盈利能力后，由公司通过发行股票或现金收购，使得公司在有效防控风险的前提下放大了投资扩张能力，储备更多的并购标的，在医疗同行中唯一具备“体内 + 体外”双轮驱动增长的能力。

（三）激励机制弯道超车

始终保持核心医生、管理骨干的积极性和创造性，是爱尔眼科持续发展的关键所在。公司上市之后，将激励机制与资本市场充分结合，进一步拉开了与竞争者之间的差距，实现了“短期、中期、长期”的完美结合。

公司于2014年创新性地首次提出中国医疗行业的“合伙人计划”，以进一步实现员工的长期激励。2015年上半年，公司进一步推出“省会医院合伙人计划”，将进一步凝聚各方力量，整合爱尔集团优势，全力推动省会医院在技术、业务等方面跨上新的台阶，更好地发挥其对地级市医院的引擎带动作用。

（四）发展后劲更为充足

人才是爱尔眼科的立院之本，公司不仅动态开展大量的继续教育和技术培训，同时不遗余力地推进医疗、教学、科研的一体化建设，为实现可持续发展奠定坚实的基础。随着公司上市后综合实力的日趋雄厚，公司得以不断加大力度完善人才培训、教育体系，为“百年爱尔”的远行之路做好准备。

两个学院的相继成立，实现了公司人才培养的梯队化、完整化，为公司今后加速发展提供有力的人才支撑，同时为中国眼科行业发展和人才培养做出积极贡献。

五、评估爱尔眼科的经营战略

（一）连锁加眼全科

爱尔眼科显然采用的是聚焦战略，只专注于眼科医院的运营，但又在两个维度上加以扩展，即全国连锁扩张和眼科全科经营。

（二）人才是关键点

爱尔眼科竞争战略最核心的部分就是紧紧抓住人才这个关键点，设立两个学院，成立并购基金，推行合伙人计划，再加上纵向一体化和移动医疗，确保其在全国快速连锁扩张，使公司技术水平、服务体系进入国际先进行列，目标是成为中国眼科行业的新标杆。

六、风险提示

在案例结束之际，也要提示公司的经营风险。最大的风险来自于医疗风险，而且眼睛是人体非常重要的器官，一旦发生医疗事故，对患者个人和家庭将造成重大的不可挽回的损失。

管理风险，连锁经营有利于公司发挥资源充分共享、模式快速复制、规模迅速扩大的优势，但随着连锁医疗服务网络不断扩大，公司在管理方面将面临较大挑战。

爱尔眼科在资本市场上的表现

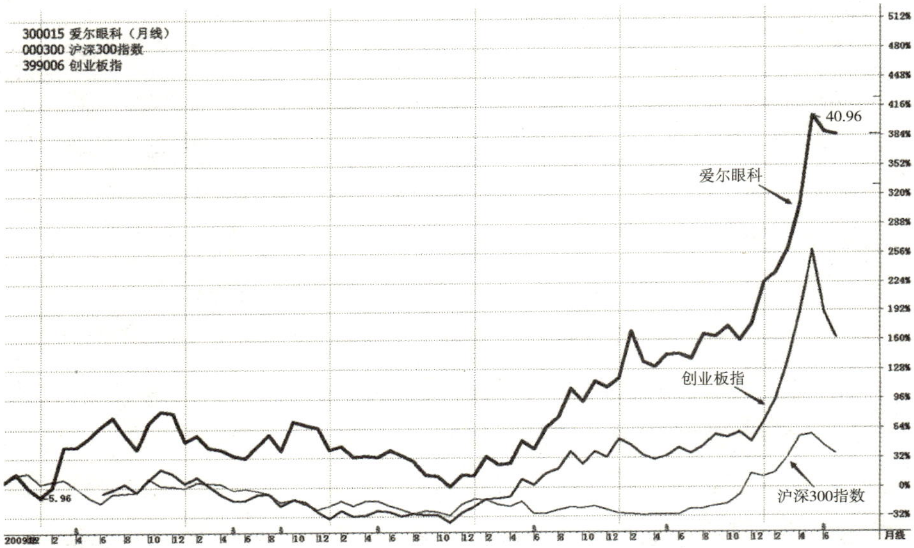

图 4－3　爱尔眼科股价走势图（月线）

2009 年 10 月 30 日上市首日收盘价格 51.90 元（后复权价），到 2015 年 8 月 5 日收盘价格 246.37 元，上涨 374.7%，6 年复合年收益率 29.64%；同期上证指数 23.32% 总收益率，6 年复合收益率 3.56%。创业板指数 2010 年 6 月 1 日才开始启用，当日收盘点位 973.23 点，到 2015 年 8 月 5 日为 2502.04 点，上涨 157.09%；爱尔眼科 2010 年 6 月 1 日收盘价格 73.35 元（后复权价），到 2015 年 8 月 5 日，上涨 235.88%。

也正因为市场普遍看好，公司的估值就一直没有便宜过。公司上市以来，也就是 2012 年底，是个相对较好的买入时期，一则创业板整体非常低迷，二则受“封刀门”的影响，公司股价出现过阶段性的低点。2012 年

12 月 4 日，公司最低价格 6.20 元（前复权价格），对应于 2012 年的 PE 33.35 倍，PB 4.06 倍。投资这类公司，投资者需要非常耐心地等待机会，或者市场整体出现系统性下跌，或者遭遇市场阶段性冷落，或者再发生“黑天鹅”事件，对公司经营造成短期影响的时候。总而言之，这是值得长期关注的公司。

第七节　万达商业案例研究

万达集团概况

万达商业，2014 年 12 月 23 日在香港上市的国内公司。万达商业是大连万达集团旗下从事商业地产投资及运营的唯一业务平台。万达集团于 1988 年成立，是中国最早成立的房地产开发商之一，初始投资大连市西岗区北京街旧城改造，在全国首创城市旧区改造模式。1993 年万达走出大连，在广州注册公司后，开始在全国范围开发房地产项目，成为全国首家跨区域发展的房企。

2000 年是万达战略转变最重要的一年，在当年万达内部的“遵义会议”上，万达决定把不动产作为企业的支柱产业来发展。主要原因是看好不动产的长期持续现金流。万达集团 2003 年开始投资影院，截至 2014 年 6 月万达院线已亚洲排名第一。2013 年，启动集团航母级产品万达文化旅游城的建设，向文化旅游产业进军。2012 年万达收购全美第二大院线 AMC，并在美国、英国、西班牙、澳大利亚等国家开发物业酒店业务，开始跨国发展。下一步集团将聚焦于四项主要业务：商业、金融、文化旅游和电商。

截至 2014 年，万达集团资产 5341 亿元，年收入 2424.8 亿元。已在全国开业 113 座万达广场，73 家酒店（其中 68 家五星级酒店），6600 块电影银幕，99 家百货店。万达集团 2020 年目标，企业资产 1 万亿元，收入 6000 亿元，净利润 600 亿元，成为世界一流跨国企业。

万达商业的主营业务

万达商业（3699. HK）成立于2002年9月，2009年12月整体变更为股份有限公司，上市公司的资产包括投资物业、酒店、销售物业、0169. HK（万达酒店发展），以及与腾讯、百度合资成立的O2O平台的35%股权。核心产品是以“万达广场”命名的万达城市综合体。

主营业务主要包括以大型购物中心为主体的商业中心投资与运营；五星级及超五星级酒店的开发与运营；商业运营及物业管理；写字楼、公寓和住宅的开发销售在内的四大核心业务板块。公司四大业务板块之间相互支持、相互提升，形成了一个有机业务整体。这种以商业中心为核心、充分发掘业务板块之间联动效应的城市综合体开发与运营管理，构成了公司的核心业务发展模式。作为率先实现全国布局的大型商业地产投资及运营商，公司在中国商业地产行业内居于绝对领先地位，是中国商业地产的领军企业。

按照本章前几节的分析方法，我们来逐项梳理万达商业的具体情况，以便判断该公司是否具备持续竞争优势。

详解万达商业

一、万达商业所在产业的竞争环境

（一）商业地产领域中现有企业的竞争情况

万达商业目前是国内最大的商业地产公司，2014年全球排名第二，2015年将超越美国西蒙集团升至全球第一；截至2015年7月，已在全国开业113座万达广场、73家酒店，持有物业面积2157万平方米；建设中的万达广场70个，酒店69个，物业面积1747万平方米。

万达商业合计持有的物业面积3904万平方米，而行业内其他公司都没有超过600万平方米，因此从规模上来比较，全国范围内万达商业无疑是绝对领先。

（二）潜在进入者

商业地产核心的要素就是城市中的地段，而通常城市的中心地段要么已被开发完毕，要么价格非常昂贵，要么地方政府对开发运营商非常挑剔，总之进入门槛不是一般的高。仅仅有钱还不够，还需要有运营的经验，要有足够的合作商户，这些条件不是短期内就可以具备的。

（三）替代品

商业地产的替代品就是电子商务。还记得王健林先生和马云的赌局吗？不管结果如何，电商对实体商业的冲击已是不争的事实，但我们还需要理性分析。2014 年电商占全国消费品零售总额的比例是 10.35%，最终是否能达到 50% 还存在争议。实体零售还是有存在的必要性。消费可以分为拎袋消费和体验式消费，前者指买了商品拎了就走，确实受电商影响大；但体验式消费，如看电影、餐饮、理发、健身、美容、游乐等是无法通过电商实现的。即使可以拎袋消费的商品，有很多也需要通过实体店体验，这正是万达商业下一步准备发力的 O2O 领域。

公司将 O2O 发展上升到支柱产业的地位，若和腾讯、百度合作的 O2O 平台顺利推进，不但可缓解来自于电商的负面冲击，而且能够使旗下多业态超预期地发展。O2O 可将万达集团内部的商业地产 + 文化旅游 + 酒店 + 院线 + 娱乐等业态整合，使得目前已年超过 12 亿人次的万达广场客流量，转化为万达旗下多业态的忠实黏性客户，有可能使多业务超出市场预期的增长率。

同时，购物、消费还具备社交的功能，一众好友，或者一家人周末、节日逛逛商场也是一种休闲的方式，电商无法替代。万达商业非常了解电子商务的优劣所在，因此万达广场的商业业态也是以体验式消费为主。

（四）供应商的议价能力

万达的主要供应商是政府以及建设单位。建筑企业可能是中国最苦的行业之一了，进入门槛低，行业产能过剩，因此普遍没有议价能力。政府是唯一的土地供应商，而且非常强势。绝大部分的地产开发商再有实力，也无法在土地购买上节约成本，只有万达是例外。万达几乎所有的项目都是邀请开发，也就是各地方政府邀请万达前去开发城市综合体，并提供优惠政策。

（五）客户的议价能力

万达商业模式的核心就是租金收入，目标是要将其提升到营业收入的2/3以上。这种模式成败的核心有两个问题：物业能租出去吗？租金能收到吗？目前万达有113座万达广场，出租率98%。万达签约的核心商家有5000多家，万达每到一地开发新的广场，不需要招商，而是选商，也就是商家排队想进还未必有机会，因此，万达有充分的定价权。

万达广场有很大一部分租户来自于集团内部的企业，如万达百货、万达院线、大歌星KTV、宝贝王等。这其实是一把“双刃剑”。万达这样做的初衷是资源共享，发挥协同效应，但一旦某块业务下滑，也将会影响到出租率，如2015年7月下旬万达百货有撤柜的消息传出，大歌星KTV也在洽谈转让。

综合以上五种竞争力量，可以得出万达商业在产业内处于比较有利的竞争地位的结论。

二、万达商业面临的宏观环境

（一）政治政策因素

国家把新型城镇化作为下一阶段中国经济发展的重点，而万达商业主业就是开发城市综合体，恰恰契合了国家的政策。万达商业下一步的策略是加速进入三四线城市，可以预见，其将得到各地方政府的进一步支持。

（二）经济状况

随着人们收入的提高，对消费的需求会进一步增强，而且中国经济增长的三驾马车——投资、消费、出口，出口受外需低迷的制约，投资也不是长期可靠的方式，今后的方向必然是要靠消费拉动。因此，经济发展现状也非常有利于万达的发展。

（三）社会文化因素

现在人们更重视健康，更注重休闲。万达广场给城市居民提供了非常好的社交、健身、娱乐、购物、餐饮环境，契合了他们的需求。

（四）技术因素

互联网技术、电子商务对传统商业模式确实造成不小的影响，但万达商业在积极应对，成立了电子商务公司，拓展O2O业务。万达广场每年超过12亿人次的客流量，依托集团运用大数据等技术，能够更好地为顾客和商家提供数据服务，提供金融服务等，增加客户的黏性。万达商业有效地运用了信息技术，创新研发出一套慧云商业管理系统，2013年试运行，2014年正式在全国万达广场推行。慧云把万达广场的消防管理、机电管理、节能管理、运营管理等16个子系统集成到一个智能平台上，一台电脑显示屏就可以掌控全局。万达也是中国拥有管理软件国家专利和知识产权最多的企业之一。

综合以上，从大的宏观环境评估，对万达商业今后的发展也是有利因素居多。

三、评估市场空间及可能影响商业地产行业的变革因素

商业地产行业主要受两个因素的影响：电商和行业的长期增长率。行业增长率的主要决定因素是社会消费品零售总额的增长率。下表是2004—2014年全国名义消费品零售总额和名义GDP总额的数据。对比增长率，我们看到在2008年以前GDP的增长率快于零售总额的增长率，说明那个时期经济是靠投资和外需拉动为主。2008年以后基本上名义零售总额的增长率要快于名义

GDP的增长率，占比也是逐年在扩大，2014年达到了42.72%，说明整个国家正在转向消费拉动的模式，因此消费长期增长是可期的。

需要说明的一点是，这张表格的数据是按照每年国家统计局公布的当年的数据编制而成，没有按照基期调整，因此GDP与社会消费品零售总额的增长率是名义增长率，与我们通常所了解的每年国家统计局公布的实际GDP增长率有较大的差异，但不影响两者之间的对比关系，如增长率关系，零售总额占GDP比例的关系。按照调整后的实际GDP与实际零售总额计算的增长率对比关系以及占比，计算结果是一致的。

2004—2014年社会消费品零售总额名义GDP数据

单位：亿元

年份	零售总额	增长率（%）	GDP	增长率（%）	零售总额占GDP比例（%）
2004	59501.0		160714.4		37.02
2005	68352.6	14.88	185895.8	15.67	36.77
2006	79145.2	15.79	217656.6	17.09	36.36
2007	93571.6	18.23	268019.4	23.14	34.91
2008	114830.1	22.72	316751.7	18.18	36.25
2009	132678.4	15.54	345629.2	9.12	38.39
2010	156998.4	18.33	408903.0	18.31	38.40
2011	183918.6	17.15	484123.5	18.40	37.99
2012	210307.0	14.35	534123.0	10.33	39.37
2013	242842.8	15.47	588018.8	10.09	41.30
2014	271896.1	11.96	636462.7	8.24	42.72

注：消费品零售总额的复合增速为16.41%，同期GDP的复合增速为14.76%。以上数据未经通胀调整。

资料来源：国家统计局。

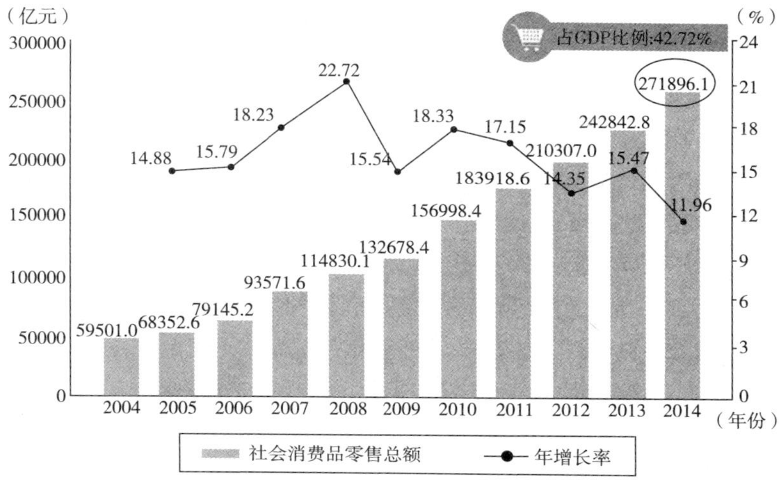

社会消费品零售总额与增长率

资料来源：国家统计局。

互联网技术的发展、电商的兴起，对传统商业确实有不可忽视的影响，但也需要通过数据来分析，才会有比较全面的认识。与上一张表格相同，下表的数据均是未经基期调整的数据，不影响增长率对比关系和占比关系。

2006—2014 年社会消费品零售总额、电商零售总额数据

单位：亿元

年份	零售总额	增长率（%）	电商零售总额	增长率（%）	电商总额占零售总额的比例（%）
2006	79145.2		258.0		0.33
2007	93571.6	18.23	542.0	110.08	0.58
2008	114830.1	22.72	1208.0	122.88	1.05
2009	132678.4	15.54	2500.0	106.95	1.88
2010	156998.4	18.33	5231.0	109.24	3.33
2011	183918.6	17.15	7566.0	44.64	4.11
2012	210307.0	14.35	12594.0	66.46	5.99
2013	242842.8	15.47	18477.0	46.71	7.61
2014	271896.1	11.96	28145.0	52.32	10.35

注：消费品零售总额的复合增速为 16.68%，同期电商的复合增速为 79.77%。

资料来源：国家统计局，中国互联网信息中心。

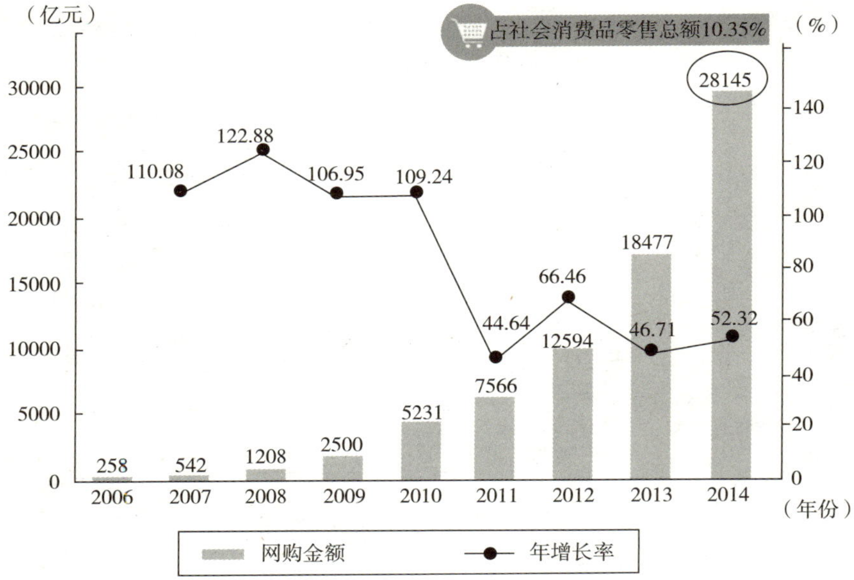

电商零售总额与增长率

资料来源：中国互联网信息中心。

从以上图表可以看出，电商的增速确实惊人，8年的复合增速79.77%，但近几年的增速已明显开始下降。另外，电商行业也有其严重的缺陷，行业内盈利企业不多，缺乏造血功能，反过来会影响电商对顾客的服务质量，另外网购在侵权、造假、税收等方面也存在着致命的短板。从2011年始，电商的增速开始下降，网购高速发展到2014年，占社会消费品零售总额的比例为10.35%。最终会达到多少比例呢？让我们来参考美国市场的数据。

2014年美国的互联网用户约为2.4亿，渗透率高达74.9%，其中已经有约3/4的互联网用户属于网购人群，网购渗透率达到71.6%。2013年，eMarketer预计美国电子商务销售额将达到0.2590万亿美元（约为1.6万亿元人民币），相比2012年的0.2255万亿美元增长14.8%。尽管电子商务的前景依然十分光明，但是

2012 年美国的线上交易占社会消费品零售总额的比例仅为 6%。

考虑行业的长期增长率以及电商的影响，万达商业在商业地产领域还是可以有所作为的。按照公司的规划，到 2025 年将在全国运营 1000 座万达广场，复合增速将达到 25% 左右。当然，要达到这个目标还是有一定难度的。

四、万达商业的内部资源、能力和竞争优势

（一）土地资源、商业资源是核心

万达商业具有很多核心资源，一是优质的土地资源，包括已经在运营的综合体和土地储备，二是商业资源。有大批合作多年的商家愿意跟着万达进行全国扩张，尤其在三四线城市，有些开发商不是没有能力建设商业中心，只是建成后没有商家入驻。此外，品牌也是万达的一项较为核心资源。“万达广场就是城市中心”“万达，让生活更美好”等已经深入人心，凭借多年的经营，万达广场已成为城市的地标，成为市民日常生活的首选。

（二）超强执行力是万达的特色

万达商业具备超强的执行力，这与创始人王健林先生军人出身有一定的关系。已经开业的 100 多座万达广场，全部是按照两年前的预定日期准时开业。对商业地产行业稍有点了解的投资者都明白，这是非常难以做到的，因为牵涉很多政府部门的审批、规划、验收、消防、安监、卫生等，这需要有非常周密的计划及严格的考核制度。

模块化管理使得万达流水线般的开发运营处于有条不紊、高速运转的状态。万达在拿地时商业管理运营部门同步介入，从设计阶段就开始参与。是先将项目做好了布局再施工，不同于别的企业先施工再招商。万达要求拿地后 12 个月开始预售，24 个月购物中心投入运营，36 个月交付销售物业，同时酒店开张。

（三）充分运用信息技术

万达办公自动化系统使用情况：①2014 年第一季度，逾 85

万个事项经由办公自动化进行审批，通过手机或其他移动平台处理逾180万项审批，大幅度提高经营效率。②2012年万达已开始使用网络招标程序选择供货商，直接采购材料及设备，已有逾5500家供货商使用网络平台。③制度化经营事宜中，使用信息技术系统完成的占比达88%。

五、评估万达商业的经营战略

（一）最优成本供应商

全面分析万达商业的业务特性后，笔者认为其采用的是成为最优成本供应商战略。但是，笔者尚未和万达商业管理层探讨过，公司也许并不认同。

之所以这么认定，理由是万达商业获取的土地资源价格比较低，近3年土地成本约1000～1100元/平方米，而建设周期短，运营效率高，使得总成本约12800元/平方米，这在行业内是非常低的成本，而且还没考虑比同行平均提前一年收租的收益。另外，万达广场给顾客确实提供了非常好的购物、娱乐、休闲的场所，应该说万达商业对商业的理解，对消费者心理的研究，是远超同行，给消费者非常好的体验。

（二）轻资产模式

万达商业最新的战略举措就是要实行轻资产运营模式。今后投资建设万达广场，全部资金由外部提供，万达负责选址、设计、建造、招商和管理，使用万达广场品牌和万达全球独创的商业信息化管理“慧云”系统。所产生的租金收益万达与投资方按一定比例分成。由于万达广场有品牌，很多机构、个人都主动找万达要求投资。万达要在五年之内做到足够大，彻底排斥掉竞争对手，可以说万达正在挖更宽更深的护城河。

2016年万达商业计划开业50个万达广场，其中超过20个是轻资产。2017年以后，万达将保持每年至少开业50个万达广场的速度，其中40个以上是轻资产。采用轻资产模式的优势是可以加快万达广场的建设，进一步扩大竞争优势，迅速下沉渠道，发展中小城市，产生边际效益。

（三）战略联盟

2015 年 5 月，万达和万科联手合作，万达将彻底退出住宅开发，已有的土地储备中住宅项目将全部由万科开发经营，今后还将联手招拍挂。这是双赢的合作，也是双方一次重大的战略联盟。在 2015 年万科的股东年会上，总裁郁亮回答投资者提出的疑问时，很简洁地回答道：“不用招标就有土地，这不是好事吗?”而万达也将转身为一家商业投资服务企业，彻底去地产化，也规避了房地产下行的风险。

六、风险提示

对万达商业的案例研究接近尾声，以上的观点肯定有不准确之处，资料和信息的收集也不够完备，只是给读者朋友提供一个研究企业的模式和方法。另外，也必须提示万达商业在今后的经营中会面临的一些风险因素。最大的风险因素就是管理层的专注力。王健林先生是一位非常有个性、有能力、有理想的优秀企业家，有着非常大的格局，而万达商业仅仅是万达集团旗下的一家从事商业地产开发运营的企业，王健林先生持有将近 51% 的股份，但并没有在万达商业担任任何的职务，甚至都没有担任董事职务。而万达集团今后的重点方向是文化、旅游、体育、金融、电子商务等，管理者的专注力是一种最稀缺的资源，作为万达商业的创始人和控股股东，当王健林先生考虑集团整盘棋的时候，万达商业在集团内将处于一个什么样的位置，将担当什么样的角色，这都是未知因素。

另外，万达集团旗下除了万达商业在香港上市，还有万达院线已经在深交所上市，未来计划再上市两家，这些子公司之间都有关联交易，而由于所处的行业不同，上市地点不同，估值差异也较大，这将会增加万达商业未来市值增长的不确定性。其他的一些风险因素上文也有提到，如万达百货、大歌星KTV等；还有高档酒店经营难度大，业绩一般；有些商业重镇如深圳没有万达广场，公司总部所在地的北京也仅有两家万达广场，这固然与地价高、缺少大块土地供应有关，但也反映了一线城市竞争的激烈程度，这些都是万达商业今后会面临的一些风险因素，投资者需要留意观察。

第五章　历久弥坚

历经市场风雨的洗礼，能够持续保持竞争优势，持续获得超额投资回报，从而为投资者带来丰厚回报的企业，往往就是我们要寻找的好公司。本章选入的企业通常都有将近20年的经营历史，上市也有10年之久。所选企业中海天味业是个特例，其上市时间比较短，但其经营历史足够长，在细分市场中占据了垄断地位，因此也将其归入本章。

第一节　品牌取胜

深受消费者喜爱的强势品牌，往往是企业最好的护城河之一。笔者认为，恒瑞医药、贵州茅台、云南白药、伊利股份、海天味业、上海家化是A股市场中典型的以品牌取胜的企业。其中恒瑞医药在前文已经举例说明，此处不再赘述。

贵州茅台

表5－1　贵州茅台（600519）全景表　　单位：亿元

年份	营业收入	同比增长（%）	净利润	同比增长（%）	经营现金流净额	股东权益	销售净利率（%）	ROE（%）
1999	8.9086		2.1569		3.8139	2.8536	24.21	75.58

续表

年份	营业收入	同比增长（%）	净利润	同比增长（%）	经营现金流净额	股东权益	销售净利率（%）	ROE（%）
2000	11.1400	25.05	2.4956	15.70	4.4128	4.4242	22.40	56.41
2001	16.1805	45.25	3.2829	31.55	0.4228	25.3092	20.29	12.97
2002	18.3490	13.40	3.7680	14.78	4.3458	28.5285	20.54	13.21
2003	24.0102	30.85	5.8675	55.72	9.4171	34.3914	24.44	17.06
2004	30.0979	25.35	8.2055	39.85	9.7578	41.6915	27.26	19.68
2005	39.4544	31.09	11.5774	41.09	16.9507	52.1762	29.34	22.19
2006	49.0338	24.28	15.4481	33.43	21.1294	60.6342	31.51	25.48
2007	72.3743	47.60	28.3083	83.25	17.4330	82.3411	39.11	34.38
2008	82.4169	13.88	37.9948	34.22	52.4749	112.4457	46.10	33.79
2009	96.7000	17.33	43.1245	13.50	42.2394	144.6598	44.60	29.81
2010	116.3328	20.30	50.5119	17.13	62.0148	183.9877	43.42	27.45
2011	184.0236	58.19	87.6315	73.49	101.4856	249.9118	47.62	35.06
2012	264.5534	43.76	133.0808	51.86	119.2131	341.4965	50.30	38.97
2013	309.2180	16.88	151.3664	13.74	126.5502	426.2222	48.95	35.51
2014	315.7393	2.11	153.4980	1.41	126.3252	534.3040	48.62	28.73

注：公司2001年8月27日上市，截至2015年7月31日，公司总股本12.56亿股。2014年每股收益12.22元，每股净资产42.54元。

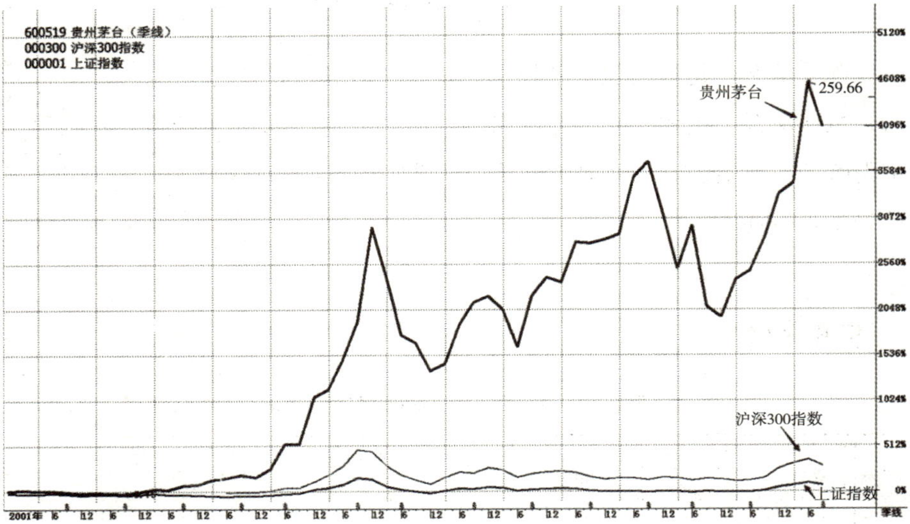

图5－1　贵州茅台股价走势图（季线）

贵州茅台的前身是成立于1951年的贵州茅台酒厂。2001年8月，贵州茅台股票在上交所挂牌上市。公司总部位于贵州省北部风光旖旎的赤水河畔茅台镇，是全国唯一集国家一级企业、特大型企业、国家优秀企业（金马奖）、全国质量效益型先进企业于一身的白酒生产企业。

公司拥有著名的品牌、卓越的品质、悠久的文化、独特的环境、特殊的工艺五大优势。作为白酒行业龙头，茅台在酱香型行业具有绝对垄断地位，公司已连续多年实现跨越式发展，具有较强的抗风险能力。

云南白药

表5-2 云南白药（000538）全景表 单位：亿元

年份	营业收入	比上年增长（%）	净利润	比上年增长（%）	经营现金流净额	股东权益	销售净利率（%）	ROE（%）
1999	2.4123		0.3350		0.4281	3.7538	13.89	8.92
2000	7.9530	229.68	0.4840	44.47	1.0611	3.7834	6.09	12.79
2001	9.0030	13.20	0.7514	55.24	0.8052	4.1751	8.35	18.00
2002	11.0094	22.29	0.9369	24.69	1.1540	5.2321	8.51	17.91
2003	13.4483	22.15	1.1375	21.42	1.7012	5.8437	8.46	19.47
2004	18.3231	36.25	1.7135	50.63	1.6935	6.7243	9.35	25.48
2005	24.4840	33.62	2.3044	34.49	2.8628	8.2237	9.41	28.02
2006	32.0437	30.88	2.5288	9.74	2.9216	10.5081	7.89	24.07
2007	42.6327	33.05	3.3021	30.58	0.7102	14.2358	7.75	23.20
2008	57.2320	34.24	4.6542	40.95	8.0690	31.3724	8.13	14.84
2009	71.7178	25.31	6.0372	29.71	4.6055	35.8107	8.42	16.86
2010	100.7544	40.49	9.2617	53.41	4.3208	44.1367	9.19	20.98
2011	114.3358	13.48	12.1190	30.85	-4.4501	56.3323	10.60	21.51
2012	138.1524	20.83	15.8285	30.61	7.8938	71.1000	11.46	22.26
2013	158.1479	14.47	23.2145	46.66	3.4164	90.2879	14.68	25.71
2014	188.1437	18.97	25.0608	7.95	15.8686	111.8507	13.32	22.41

注：公司1993年12月15日上市，截至2015年7月31日，公司总股本10.41亿元。2014年每股收益2.41元，每股净资产10.74元。

云南白药集团股份有限公司前身为成立于1971年6月的云南白药厂。公

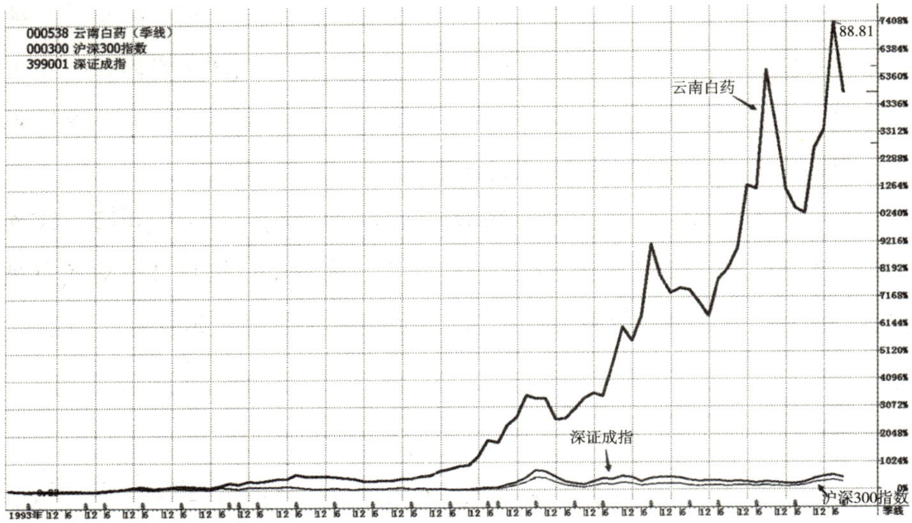

图 5-2　云南白药股价走势图（季线）

司目前已形成涵盖医药工业、健康产业和医药商业等多个业态、全产业链的制度流程体系，基本实现生产经营和管理领域全溯及、管控节点全覆盖。公司经营涉及化学原料药、化学药制剂、中成药、中药材、生物制品、保健食品、化妆品及饮料的研制、生产及销售；公司产品以云南白药系列和田七系列为主，共 10 种剂型 70 余个产品，销往海内外。“云南白药”商标于 2002 年 2 月被国家工商行政管理总局商标局评为“中国驰名商标”。云南白药始终专注于药品生产和健康服务事业，形成了其特有的核心竞争优势。

伊利股份

表 5-3　伊利股份（600887）全景表　　单位：亿元

年份	营业收入	比上年增长（%）	净利润	比上年增长（%）	经营现金流净额	股东权益	销售净利率（%）	ROE（%）
1999	11.5080		0.8927		1.5221	7.2301	7.76	12.35
2000	15.9042	38.20	0.8929	0.02	0.9075	7.6580	5.61	11.66

续表

年份	营业收入	比上年增长（%）	净利润	比上年增长（%）	经营现金流净额	股东权益	销售净利率（%）	ROE（%）
2001	27.0198	69.89	1.1968	34.03	3.0670	8.3347	4.43	14.36
2002	40.1009	48.41	1.4195	18.61	4.2118	17.8176	3.54	7.97
2003	62.9933	57.09	1.9959	40.61	5.0995	19.5106	3.17	10.23
2004	87.3499	38.67	2.3913	19.81	12.6180	20.6745	2.74	11.57
2005	121.9615	39.62	3.1184	30.41	6.7000	22.8960	2.56	13.62
2006	165.7969	35.94	3.2515	4.27	4.9538	29.7048	1.96	10.95
2007	193.5969	16.77	-0.2060	-106.34	7.7813	42.1289	-0.11	-0.49
2008	216.5859	11.87	-16.8745	-8091.89	1.8258	27.8926	-7.79	-60.50
2009	243.2355	12.30	6.4766	138.38	20.2883	34.4296	2.66	18.81
2010	296.6499	21.96	7.7720	20.00	14.7457	42.1852	2.62	18.42
2011	374.5137	26.25	18.0922	132.79	36.7038	60.2385	4.83	30.03
2012	419.9069	12.12	17.1721	-5.09	24.0854	73.3490	4.09	23.41
2013	477.7887	13.78	31.8724	85.61	54.7475	161.2510	6.67	19.77
2014	544.3643	13.93	41.4428	30.03	24.3649	186.3392	7.61	22.24

注：公司1996年3月12日上市，截至2015年7月31日，公司总股本61.29亿股。2014年每股收益0.676元，每股净资产3.04元。

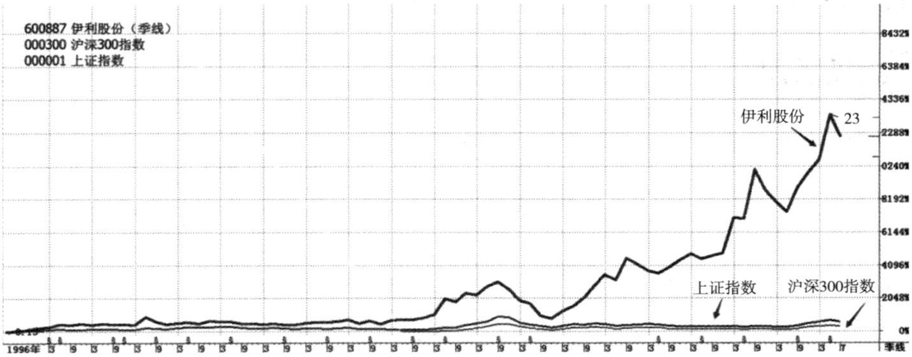

图5-3 伊利股份股价走势图（季线）

内蒙古伊利实业集团股份有限公司是目前中国规模最大、产品线最全的乳制品企业，也是国内唯一一家同时符合奥运会及世博会标准、先后为奥运会及世博会提供乳制品的企业。伊利集团由液态奶、冷饮、奶粉、酸奶和原奶五大事业部组成，所属企业近百个，旗下拥有金典有机奶、营养舒化奶、QQ星儿童成长奶、安慕希等1000多个产品品种。

在荷兰合作银行最新发布的《2014全球乳业20强》报告中，伊利集团名列全球乳业10强，并成为目前唯一一家进入全球10强的亚洲乳品企业。

海天味业

表5-4 海天味业（603288）全景表　　单位：亿元

年份	营业收入	比上年增长（%）	净利润	比上年增长（%）	经营现金流净额	股东权益	销售净利率（%）	ROE（%）
2010	55.1551		6.6027		10.5180	25.2926	11.97	26.11
2011	60.9056	10.43	9.5568	44.74	11.7198	30.8557	15.69	30.97
2012	70.6959	16.07	12.0757	26.36	21.7114	36.5893	17.08	33.00
2013	84.0159	18.84	16.0642	33.03	19.3019	39.1444	19.12	41.04
2014	98.1719	16.85	20.9028	30.12	27.3933	74.8791	21.29	27.92

注：公司2014年2月11日上市，截至2015年7月31日，公司总股本27.06亿股。2014年每股收益0.77元，每股净资产2.77元。

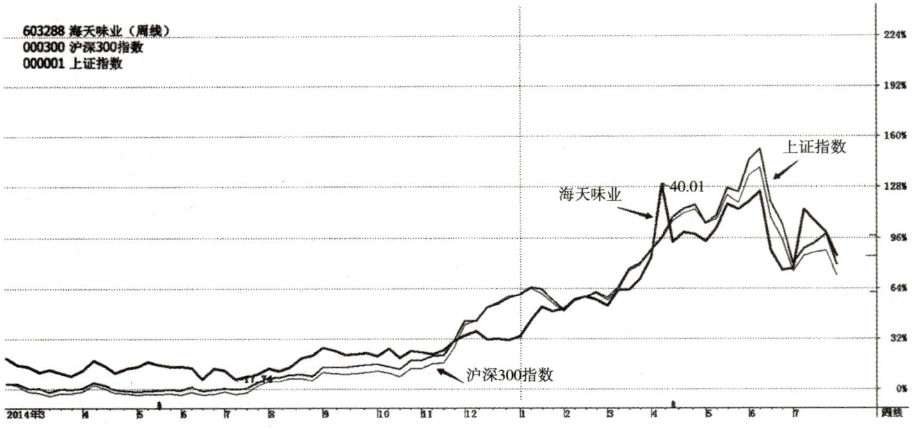

图5-4 海天味业股价走势图（周线）

海天味业是中国最大的专业调味品生产企业，溯源于清乾隆年间的佛山酱园，至今已有300年的历史，产品涵盖了酱油、蚝油、醋、调味酱、鸡精、味精、油类、小调味品等八大系列200多个规格和品种，是中国第一个现代高科技与传统酿造工艺完美结合的典范，标志着中国调味业向集团化、产业化经营迈出了关键的一步。是行业中唯一一家集“中国驰名商标”“中国名牌产品”等国家级重要认证于一身的企业。随着募投项目产能逐步释放、酱油一期改造、江苏异地厂的开工建设，海天将构建出超过200万吨的调味品生产能力。海天酱油、海天蚝油等产销量已经连续多年稳居全国第一，调味酱的规模也是遥遥领先。

上海家化

表5－5　上海家化（600315）全景表　　单位：亿元

年份	营业收入	比上年增长（%）	净利润	比上年增长（%）	经营现金流净额	股东权益	销售净利率（%）	ROE（%）
1999	10.7496		0.3551		0.9946	2.6399	3.30	13.45
2000	11.8722	10.44	0.4750	33.76	1.5004	2.8677	4.00	16.56
2001	13.0585	9.99	0.7298	53.64	0.6672	10.7035	5.59	6.82
2002	13.6388	4.44	0.7536	3.27	0.1981	11.4573	5.53	6.58
2003	14.8638	8.98	0.8107	7.57	1.0928	11.8705	5.45	6.83
2004	16.6896	12.28	0.4732	－41.63	0.7169	11.9501	2.84	3.96
2005	20.6790	23.90	0.3810	－19.49	0.0270	11.5217	1.84	3.31
2006	22.7404	9.97	0.6050	58.78	4.1172	7.4738	2.66	8.09
2007	22.6080	－0.58	1.3257	119.15	2.2190	8.5340	5.86	15.53
2008	24.9350	10.29	1.8504	39.58	3.2958	10.9625	7.42	16.88
2009	26.9712	8.17	2.3329	26.07	4.5185	13.1974	8.65	17.68
2010	30.9396	14.71	2.7563	18.15	3.2864	14.9670	8.91	18.42
2011	30.9321	－0.02	3.4495	25.15	3.4710	16.9825	11.15	20.31
2012	39.9890	29.28	5.7565	66.88	8.3291	22.4036	14.40	25.69
2013	44.6850	11.74	8.0015	39.00	10.2877	30.7626	17.91	26.01
2014	53.3466	19.38	8.9792	12.22	11.2957	38.0490	16.83	23.60

注：公司2001年3月15日上市，截至2015年7月31日，公司总股本6.72亿股。2014年每股收益1.34元，每股净资产5.66元。

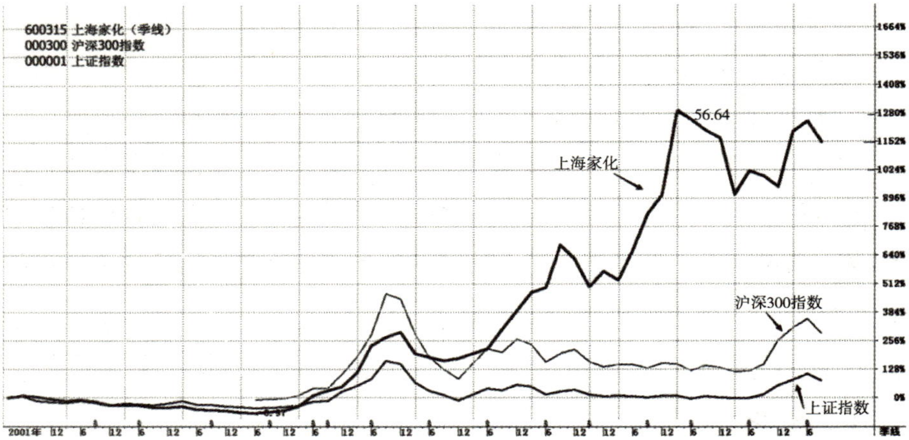

图 5－5　上海家化股价走势图（季线）

上海家化是中国历史最悠久的日化企业之一，前身是成立于 1898 年的香港广生行，历经百年发展，于 2001 年在上海股票交易所上市。上海家化高度重视自主品牌建设，旗下拥有“佰草集”“六神”“美加净”等诸多中国著名品牌。面对国内市场的激烈竞争，上海家化通过采取差异化的品牌经营战略取得了不俗的成果，在众多细分市场建立了领导地位，其旗下佰草集品牌已经成功地打入了法国等欧洲发达国家的主流市场，开创中国化妆品之先河。

第二节　大浪淘沙

经历过市场的残酷竞争，最终脱颖而出的企业，必定在经营管理上有独到之处，也是值得投资者关注的企业。笔者认为这样的企业有格力电器、美的集团、万科等。格力电器前文已详细解读。

美的集团

表 5-6　美的集团（000333）全景表　　单位：亿元

年份	营业收入	同比增长（%）	净利润	同比增长（%）	经营现金流净额	股东权益	销售净利率（%）	ROE（%）
1999	57.8999		2.7771		0.6333	18.1787	4.80	15.28
2000	88.0524	52.08	2.8431	2.38	3.7104	19.3382	3.23	14.70
2001	105.2530	19.53	2.5109	-11.68	8.1604	20.9129	2.39	12.01
2002	108.6716	3.25	1.5457	-38.44	18.9348	22.4441	1.42	6.89
2003	137.6138	26.63	1.6791	8.63	16.4551	23.7831	1.22	7.06
2004	192.0088	39.53	3.2658	94.50	12.7707	26.6905	1.70	12.24
2005	223.5590	16.43	4.1119	25.91	18.1873	31.0297	1.84	13.25
2006	211.7051	-5.30	5.3615	30.39	10.4322	35.2382	2.53	15.22
2007	332.9655	57.28	11.9347	122.60	16.3353	44.7984	3.58	26.64
2008	453.1346	36.09	10.2530	-14.09	37.5284	47.4902	2.26	21.59
2009	472.7824	4.34	18.4774	80.21	20.5646	89.0642	3.91	20.75
2010	745.5888	57.70	31.2709	69.24	54.4572	123.3633	4.19	25.35
2011	931.0805	24.88	36.9879	18.28	29.5891	199.9812	3.97	18.50
2012	1025.9811	10.19	32.5929	-11.88	80.8957	143.1353	3.18	22.77
2013	1209.7500	17.91	53.1746	63.15	100.5420	328.4743	4.40	16.19
2014	1416.6818	17.11	105.0222	97.50	247.8851	394.7050	7.41	26.61

注：集团2013年9月18日整体上市，截至2015年7月31日，公司总股本42.90亿股。2014年每股收益2.45元，每股净资产9.2元。

美的集团是一家以家电制造业为主的大型综合性企业集团，于2013年9月18日在深交所上市，旗下拥有小天鹅（SZ000418）、威灵控股（HK00382）两家子上市公司。1968年美的创业，1980年正式进入家电业，1981年注册美的品牌。目前美的集团员工人数10.8万人，旗下拥有美的、小天鹅、威灵、华凌、安得、美芝等十余个品牌，有数十种家电产品远销200多个国家和地区。2014年“中国最有价值品牌”评比中，美的品牌价

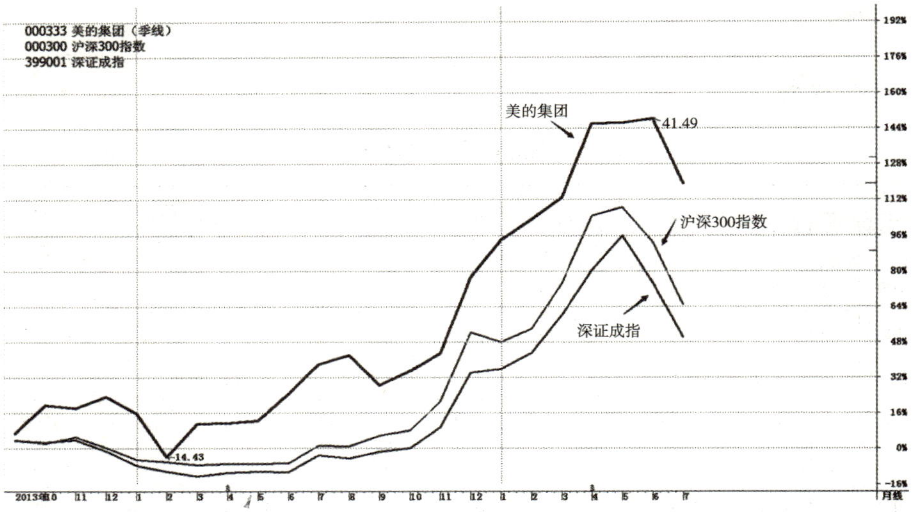

图 5－6　美的集团股价走势图（季线）

值达到 683. 15 亿元，名列全国最有价值品牌第 5 位。

从 2015 年开始，美的提出未来发展规划的“333 战略”：美的要用 3 年左右时间做好产品、夯实基础、巩固发展、进一步提升经营质量；用 3 年左右时间从中国家电行业三强中脱颖而出，成为行业领导者；用 3 年左右时间在世界家电行业中占有一席之地，实现全球经营。

万科

表 5－7　万科 A（000002）全景表　单位：亿元

年份	营业收入	同比增长（%）	净利润	同比增长（%）	经营现金流净额	股东权益	销售净利率（%）	ROE（%）
1999	28. 7280		2. 1422		0. 4361	20. 6486	7. 46	10. 37
2000	37. 8367	31. 71	2. 9665	38. 48	0. 8836	28. 7344	7. 84	10. 32
2001	45. 5506	20. 39	3. 7375	25. 99	－12. 0455	31. 2409	8. 21	11. 96
2002	45. 7436	0. 42	3. 8242	2. 32	1. 2621	35. 0696	8. 36	10. 90
2003	63. 8006	39. 47	5. 4227	41. 80	－14. 8145	37. 0136	8. 50	14. 65
2004	76. 6723	20. 17	8. 7801	61. 91	10. 4859	62. 0220	11. 45	14. 16

续表

年份	营业收入	同比增长（%）	净利润	同比增长（%）	经营现金流净额	股东权益	销售净利率（%）	ROE（%）
2005	106.1420	38.44	13.6469	55.43	8.4344	83.7341	12.86	16.30
2006	179.1833	68.81	22.9788	68.38	30.2412	149.2855	12.82	15.39
2007	355.2661	98.27	48.4424	110.81	104.3772	292.7865	13.64	16.55
2008	409.9178	15.38	40.3317	-16.74	0.3415	318.9193	9.84	12.65
2009	488.8101	19.25	53.2974	32.15	92.5335	373.7589	10.90	14.26
2010	507.1385	3.75	72.8313	36.65	22.3726	442.3268	14.36	16.47
2011	717.8275	41.54	96.2488	32.15	33.8942	529.6780	13.41	18.17
2012	1031.1625	43.65	125.5118	30.40	37.2596	638.2555	12.17	19.66
2013	1354.1879	31.33	151.1855	20.46	19.2387	768.9598	11.16	19.66
2014	1463.8800	8.10	157.4545	4.15	417.2482	881.6457	10.76	17.86

注：公司1991年1月29日上市，截至2015年7月31日，公司总股本110.48亿股。2014年每股收益1.43元，每股净资产7.99元。

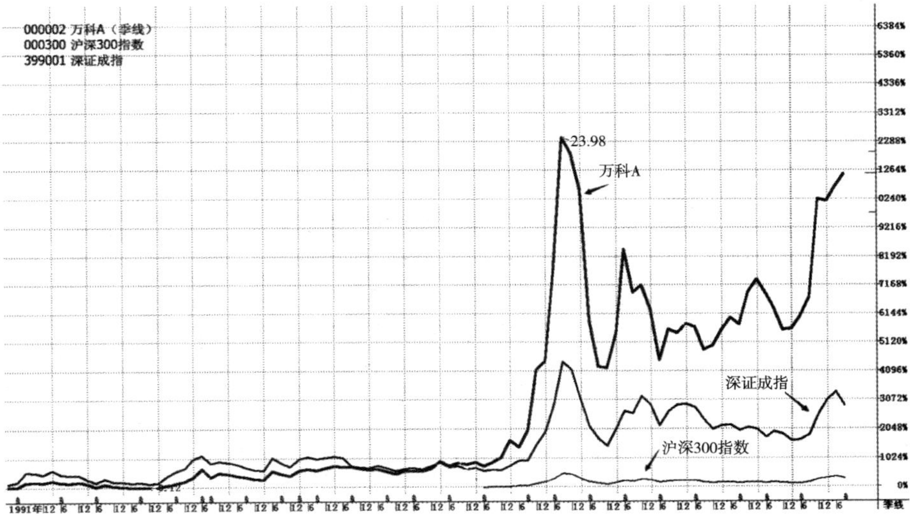

图5-7 万科A股价走势图（季线）

万科1988年进入房地产行业，经过近30年的发展，成为国内领先的房地产公司，目前主营业务包括房地产开发和物业服务。公司聚焦城市圈带的发展战略，截至2014年底，公司进入中国大陆65个城市，分布在以珠三角为核心的广深区域、以长三角为核心的上海区域、以环渤海为核心的北京区域，以及由中西部中心城市组成的成都区域。此外，公司自2013年起开始尝试海外投资，目前已经进入中国香港、新加坡、旧金山、纽约等4个海外城市，参与6个房地产开发项目。

2014年公司实现销售面积1806.4万平米，销售金额2151.3亿元，销售规模居全球同行业领先地位。2015年开始，公司以“勇敢探路，坚定转型”为主题，在做好传统业务的基础上，围绕城市配套服务商，加快业务创新，推动组织架构变革。

第三节　先祖恩泽

在中国资本市场上，超过百年历史的企业寥若晨星。中药企业可谓是祖宗留给我们最好的遗产之一了，这其中的代表企业有同仁堂、片仔癀、东阿阿胶等三家企业。

同仁堂

表5-8　同仁堂（600085）全景表　　单位：亿元

年份	营业收入	比上年增长（%）	净利润	比上年增长（%）	经营现金流净额	股东权益	销售净利率（%）	ROE（%）
1999	8.3527		1.3204		1.7410	7.2553	15.81	18.20
2000	10.2439	22.64	1.4053	6.43	1.6784	9.1423	13.72	15.37
2001	16.1167	57.33	1.9875	41.43	2.5061	12.4353	12.33	15.98
2002	19.9185	23.59	2.4988	25.72	2.5054	14.9377	12.55	16.73
2003	21.6909	8.90	2.3953	-4.14	2.8994	16.3566	11.04	14.64
2004	24.4525	12.73	2.8678	19.73	4.1582	21.4122	11.73	13.39
2005	26.4752	8.27	3.0181	5.24	1.9154	23.5320	11.40	12.83
2006	23.8581	-9.89	1.6837	-44.21	3.9076	24.1644	7.06	6.97
2007	27.0401	13.34	2.3475	39.42	1.2063	26.4514	8.68	8.87

续表

年份	营业收入	比上年增长（%）	净利润	比上年增长（%）	经营现金流净额	股东权益	销售净利率（%）	ROE（%）
2008	29.7789	10.13	2.6103	11.19	4.2419	28.6384	8.77	9.11
2009	41.3221	38.76	2.8129	7.76	7.1792	30.4320	6.81	9.24
2010	49.4274	19.61	3.4044	21.03	5.6551	32.4759	6.89	10.48
2011	61.2361	23.89	4.3811	28.69	5.4642	34.7991	7.15	12.59
2012	75.1676	22.75	5.7006	30.12	8.7343	39.7963	7.58	14.32
2013	87.1465	15.94	6.5601	15.08	6.7640	50.1797	7.53	13.07
2014	96.8587	11.14	7.6367	16.41	6.9601	55.1896	7.88	13.84

注：公司 1997 年 6 月 25 日上市，截至 2015 年 7 月 31 日，公司总股本 13.71 亿股。2014 年每股收益 0.58 元，每股净资产 4.21 元。

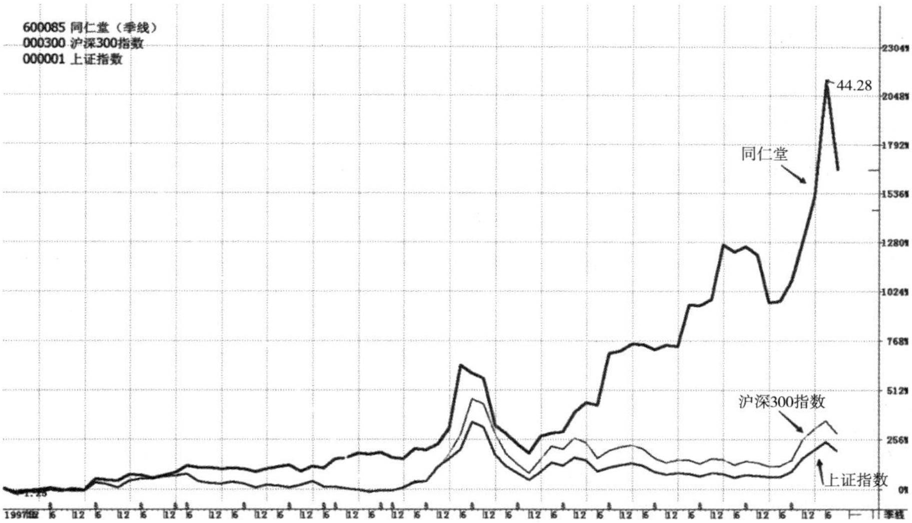

图 5-8　同仁堂股价走势图（季线）

北京同仁堂是中药行业著名的老字号，创建于清康熙八年（1669 年）。自雍正元年（1723 年）同仁堂正式供奉清皇宫御药房用药，历经八代皇帝，长达 188 年，造就了同仁堂人在制药过程中兢兢业业、精益求精的严谨精神，其产品以“配方独特、选料上乘、工艺精湛、疗效显著”而享誉海内外。

同仁堂的著名商标和优秀品牌已成为同仁堂集团不断发展的特有优势。目前，同仁堂已经形成了在集团整体框架下发展的现代制药工业、零售医药商业和医疗服务三大板块，配套形成了十大公司、两大基地、两个院、两个中心的“1032 工程”。

片仔癀

表 5－9 片仔癀（600436）全景表 单位：亿元

年份	营业收入	比上年增长（%）	净利润	比上年增长（%）	经营现金流净额	股东权益	销售净利率（%）	ROE（%）
2001	1.9389		0.5216		0.6621	1.9351	26.90	26.96
2002	2.1203	9.36	0.5884	12.81	1.0472	2.0486	27.75	28.72
2003	2.1359	0.74	0.6048	2.78	0.3236	5.4287	28.31	11.14
2004	2.5349	18.68	0.4177	－30.93	0.9867	5.2835	16.48	7.91
2005	4.2756	68.67	0.8244	97.36	0.6906	5.8594	19.28	14.07
2006	5.3050	24.08	0.8006	－2.89	0.4859	6.0840	15.09	13.16
2007	5.9307	11.79	0.9519	18.89	0.6004	7.2311	16.05	13.16
2008	6.4974	9.56	1.4087	47.99	0.1257	7.2617	21.68	19.40
2009	6.9475	6.93	1.2966	－7.95	1.2952	8.2463	18.66	15.72
2010	8.6731	24.84	1.9413	49.72	2.0541	10.4951	22.38	18.50
2011	10.2157	17.78	2.5487	31.29	2.3295	11.5131	24.95	22.14
2012	11.7115	14.64	3.4853	36.75	1.6240	13.6919	29.76	25.46
2013	13.9587	19.19	4.2977	23.31	2.7434	23.7670	30.79	18.08
2014	14.5387	4.16	4.3883	2.11	2.6450	29.0844	30.18	15.09

注：公司 2003 年 6 月 16 日上市，截至 2015 年 7 月 31 日，公司总股本 4.02 亿股。2014 年每股收益 1.09 元，每股净资产 7.23 元。

漳州片仔癀药业股份有限公司为国有控股上市企业，名列 2012 年最具投资价值医药上市公司十强榜单，是国家大型二档企业，中华老字号企业，居全国中成药行业 50 强前列。“片仔癀”商标被评为“中国驰名商标”。

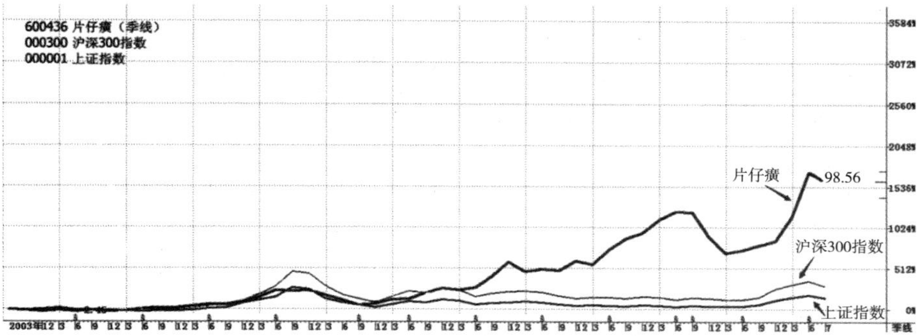

图 5-9　片仔癀股价走势图（季线）

漳州片仔癀药业股份有限公司独家生产的国家一级中药保护品种、中国名贵中成药——片仔癀以独特的消炎、解毒、镇痛等显著疗效及保健功能著称，特别是在治疗肝炎、解毒保肝、促进手术刀口愈合、镇痛、消除无名肿毒等领域有独特功效，深受广大消费者的信赖。

东阿阿胶

表 5-10　东阿阿胶（000423）全景表　单位：亿元

年份	营业收入	比上年增长（%）	净利润	比上年增长（%）	经营现金流净额	股东权益	销售净利率（%）	ROE（%）
1999	2. 8026		0. 3048		-0. 1519	3. 6261	10. 88	8. 41
2000	4. 0536	44. 64	0. 8368	174. 56	1. 7597	7. 1170	20. 64	11. 76
2001	4. 5202	11. 51	1. 0967	31. 05	0. 4489	7. 6687	24. 26	14. 30
2002	5. 6992	26. 08	0. 8681	-20. 84	0. 9785	7. 8556	15. 23	11. 05
2003	7. 4772	31. 20	0. 9682	11. 53	1. 0217	8. 8238	12. 95	10. 97
2004	8. 8135	17. 87	1. 3139	35. 72	1. 3719	10. 0051	14. 91	13. 13
2005	9. 4054	6. 72	1. 1262	-14. 29	0. 6741	10. 2948	11. 97	10. 94
2006	10. 7598	14. 40	1. 4874	32. 08	3. 1233	10. 9844	13. 82	13. 54
2007	13. 8136	28. 38	2. 0580	38. 36	2. 4033	12. 2251	14. 90	16. 83
2008	17. 0556	23. 47	2. 8668	39. 30	2. 9610	14. 4983	16. 81	19. 77
2009	20. 9012	22. 55	3. 9150	36. 56	8. 1197	24. 6786	18. 73	15. 86

续表

年份	营业收入	比上年增长（%）	净利润	比上年增长（%）	经营现金流净额	股东权益	销售净利率（%）	ROE（%）
2010	24.6378	17.88	5.8222	48.72	6.3577	28.1737	23.63	20.67
2011	27.5885	11.98	8.5617	47.05	7.0973	34.2381	31.03	25.01
2012	30.5607	10.77	10.4022	21.50	8.5804	42.4656	34.04	24.50
2013	40.1630	31.42	12.0288	15.64	8.7909	50.0239	29.95	24.05
2014	40.0901	-0.18	13.6555	13.52	6.5711	59.2245	34.06	23.06

注：公司1996年7月29日上市，截至2015年7月31日，公司总股本6.54亿股。2014年每股收益2.09元，每股净资产9.06元。

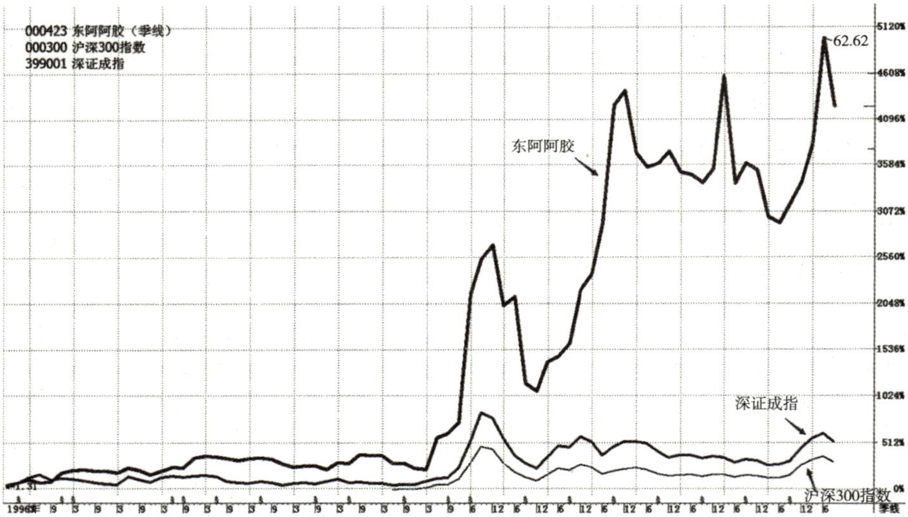

图5-10　东阿阿胶股价走势图（季线）

东阿阿胶股份有限公司隶属央企华润集团，前身为山东东阿阿胶厂，1952年建厂，1993年由国有企业改组为股份制企业。公司系国家高新技术企业、国家级创新型企业、国家胶类中药工程技术研究中心、国家胶类中药标准制定者、国家综合性新药研发技术大平台产业化示范企业、国家级非物质文化遗产东阿阿胶制作技艺代表性传承人企业。

“东阿”牌阿胶是全国阿胶厂家中唯一三次荣膺“国家金质奖”和唯一获得传统药“长城”国际金奖的企业。其他奖项也不胜枚举，品牌价值106.05亿元。

第三节　沙漠之花

沙漠之花，面临恶劣的生存环境，但却顽强地绽放自己的光彩。这类企业没有傲人的身世、响亮的品牌，在很不起眼的甚至是夕阳行业中，取得了令人羡慕的业绩，给投资者的回报绝不输于市场上的明星公司，而且更重要的是，他们的估值还很合理。笔者认为，这类企业的代表有扬农化工、浙江龙盛、福耀玻璃、海螺水泥等，其中浙江龙盛在前文已经分析过，此处不再赘述。

扬农化工

表 5－11　扬农化工（600486）全景表　　单位：亿元

年份	营业收入	比上年增长（%）	净利润	比上年增长（%）	经营现金流净额	股东权益	销售净利率（%）	ROE（%）
2000	2.4530		0.2391		0.5530	1.0459	9.75	22.86
2001	2.6442	7.79	0.2368	－0.98	0.5184	1.0849	8.95	21.82
2002	3.0098	13.83	0.2425	2.42	0.3323	3.4920	8.06	6.94
2003	3.7310	23.96	0.2722	12.24	0.7156	3.5642	7.30	7.64
2004	5.4983	47.37	0.3371	23.84	0.3953	3.7038	6.13	9.10
2005	8.0074	45.63	0.4419	31.09	1.7455	3.9407	5.52	11.21
2006	10.7590	34.36	0.4842	9.58	1.7977	4.4289	4.50	10.93
2007	14.1589	31.60	1.0062	107.80	1.8128	7.7372	7.11	13.00
2008	21.0305	48.53	1.9297	91.77	5.7004	9.5522	9.18	20.20
2009	15.4405	－26.58	1.5760	－18.33	2.5511	15.4476	10.21	10.20
2010	15.6692	1.48	1.3406	－14.94	3.7692	16.6162	8.56	8.07
2011	18.4281	17.61	1.5371	14.66	3.6538	17.8985	8.34	8.59
2012	22.1866	20.40	1.9406	26.26	4.4518	19.6037	8.75	9.90
2013	30.0458	35.42	3.7758	94.57	7.1223	22.8948	12.57	16.49
2014	28.2049	－6.13	4.5468	20.42	5.5355	27.1788	16.12	16.73

注：2002 年 4 月 25 日上市，截至 2015 年 7 月 31 日，公司总股本 3.10 亿股。2014 年每股收益 1.467 元，每股净资产 8.76 元。

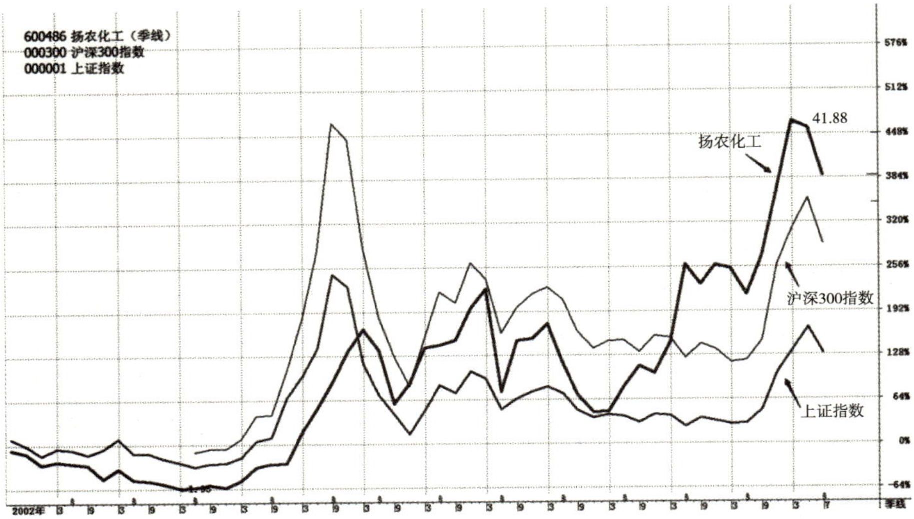

图 5-11　扬农化工股价走势图（季线）

江苏扬农化工股份有限公司是国内规模最大的新型仿生农药生产基地，于 2002 年 4 月上市。产品包括三大系列 60 多个品种，现已形成以菊酯为特色、农药为主导、氯碱为基础的产品精细化、多元化格局。

公司是国内仿生农药行业规模最大的企业，拟除虫菊酯农药的产量和营业收入名列全国同类农药行业第一，被中国农药工业协会评为“中国农药百强企业”，2014 年中国农药出口前 10 强。公司坚持以研发为先导，坚持仿创结合的技术创新战略，先后攻克多项菊酯关键技术，自行研发新产品 60 个。目前公司已取得专利授权 60 项，国外专利 4 项，另申请国内发明专利 132 项，PCT 申请 6 项。公司产品广泛采用国际先进标准，产品质量普遍受到客户的好评。公司的“墨菊”牌拟除虫菊酯农药连续多年获“江苏省名牌产品”称号，被授予“最具市场竞争力品牌”。“墨菊”“优士”商标均为“中国驰名商标”。

福耀玻璃

表 5－12　福耀玻璃（600660）全景表　　单位：亿元

年份	营业收入	比上年增长（%）	净利润	比上年增长（%）	经营现金流净额	股东权益	销售净利率（%）	ROE（%）
2000	7.5381		1.2661		2.2537	4.6009	16.80	27.52
2001	9.3829	24.47	1.5215	20.17	2.0561	6.1208	16.22	24.86
2002	11.2439	19.83	1.8429	21.12	3.8470	7.4151	16.39	24.85
2003	17.3348	54.17	3.2097	74.17	3.3436	15.5543	18.52	20.64
2004	23.4523	35.29	3.9456	22.93	6.0260	18.0873	16.82	21.81
2005	29.3600	25.19	3.9215	−0.61	7.1704	22.8981	13.36	17.13
2006	39.3462	34.01	6.1396	56.56	11.7427	29.1451	15.60	21.07
2007	51.6572	31.29	9.1721	49.39	13.7194	35.2649	17.76	26.01
2008	57.1697	10.67	2.4673	−73.10	15.9159	32.7019	4.32	7.54
2009	60.8072	6.36	11.1697	352.72	19.5073	43.8610	18.37	25.47
2010	85.0804	39.92	17.8776	60.05	21.1508	58.4215	21.01	30.60
2011	96.8941	13.89	15.1261	−15.39	14.6200	62.3167	15.61	24.27
2012	102.4739	5.76	15.2477	0.80	25.0957	69.7171	14.88	21.87
2013	115.0121	12.24	19.1755	25.76	28.3838	78.4264	16.67	24.45
2014	129.2818	12.41	22.1975	15.76	31.5400	87.9830	17.17	25.23

注：公司 1993 年 6 月 10 日上市，截至 2015 年 7 月 31 日，公司总股本 25.09 亿股。2014 年每股收益 0.88 元，每股净资产 3.50 元。

福耀玻璃 1987 年在福州注册成立，是一家专业生产汽车安全玻璃和工业技术玻璃的中外合资企业，也是名副其实的大型跨国工业集团。1993 年，福耀集团股票在上海证券交易所挂牌，成为中国同行业首家上市公司。

福耀玻璃是国内最具规模、技术水平最高、出口量最大的汽车玻璃生产供应商，产品“FY”商标是中国汽车玻璃行业第一个“中国驰名商标”，自 2004 年起连续两届被授予“中国名牌产品”称号；福耀玻璃股票为上证红利指数样本股，于 2009 年被上海证券交易所授予“年度董事会

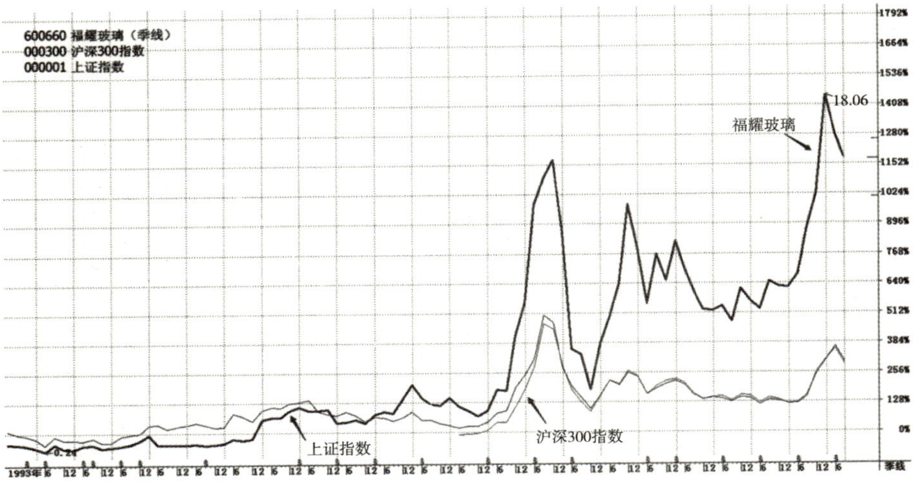

图 5－12　福耀玻璃股价走势图（季线）

奖”，并于 2011 年起，连续三年获“央视财经 50 指数”年度最佳成长性上市公司。随着人民生活水平不断提高，汽车步入寻常百姓家，福耀玻璃将有更大的成长空间。

海螺水泥

表 5－13　海螺水泥（600585）全景表　　单位：亿元

年份	营业收入	同比增长（%）	净利润	同比增长（%）	经营现金流净额	股东权益	销售净利率（%）	ROE（%）
2000	12. 3774		1. 1377		4. 5509	20. 3168	9. 19	5. 60
2001	20. 5835	66. 30	2. 0273	78. 19	7. 2402	22. 5970	9. 85	8. 97
2002	29. 9978	45. 74	2. 6376	30. 11	9. 0814	32. 7984	8. 79	8. 04
2003	56. 9503	89. 85	7. 3957	180. 40	24. 9025	45. 8373	12. 99	16. 13
2004	83. 8495	47. 23	10. 0883	36. 41	14. 2962	54. 6728	12. 03	18. 45
2005	133. 8568	59. 64	5. 5096	－45. 39	23. 5852	60. 6932	4. 12	9. 08
2006	160. 9606	20. 25	15. 1874	175. 65	30. 5273	73. 7015	9. 44	20. 61
2007	187. 7610	16. 65	24. 9422	64. 23	26. 6881	110. 7961	13. 28	22. 51
2008	242. 2827	29. 04	26. 0701	4. 52	26. 0701	247. 9666	10. 76	10. 51

续表

年份	营业收入	同比增长（%）	净利润	同比增长（%）	经营现金流净额	股东权益	销售净利率（%）	ROE（%）
2009	249.9801	3.18	35.4437	35.96	70.2935	287.5964	14.18	12.32
2010	345.0828	38.04	61.7140	74.12	60.1031	350.0328	17.88	17.63
2011	486.5381	40.99	115.8983	87.80	104.9181	448.3951	23.82	25.85
2012	457.6620	-5.94	63.0759	-45.58	115.0864	489.0121	13.78	12.90
2013	552.6168	20.75	93.8016	48.71	151.9855	561.1803	16.97	16.72
2014	607.5850	9.95	109.9302	17.19	176.5449	662.1661	18.09	16.60

注：公司2002年2月7日上市，截至2015年7月31日，公司总股本52.99亿股。2014年每股收益2.07元，每股净资产12.50元。

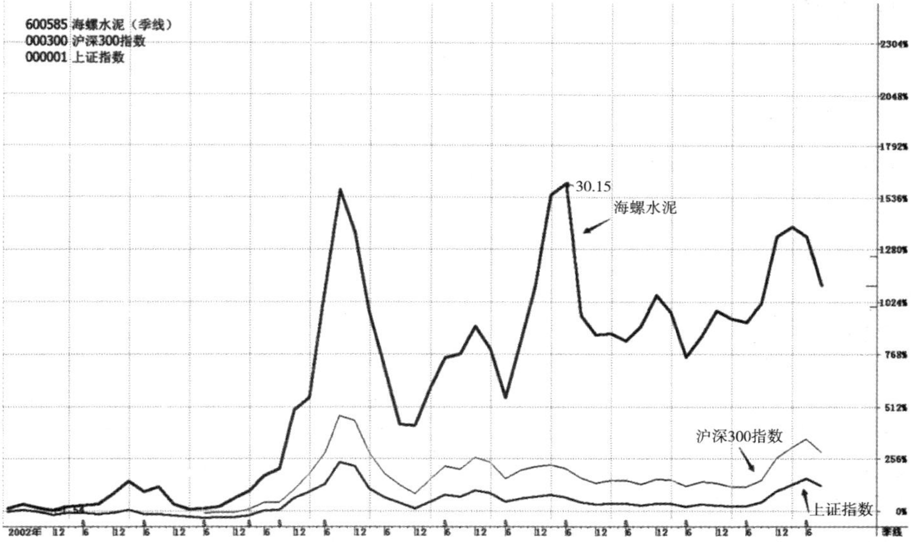

图5-13　海螺水泥股价走势图（季线）

安徽海螺水泥股份有限公司成立于1997年9月1日。1997年10月21日在香港挂牌上市，开创了中国水泥行业境外上市之先河。公司主要从事水泥及商品熟料的生产和销售，是世界上最大的单一品牌供应商。海螺水泥产品质量卓越，享誉全国，并远销海外；下属100多家子公司，分布在省内基地和12个区域，横跨华东、华南和西部18个省、市、自治区，形成了集团化管理和国际化、区域化运作的经营管理新格局，成就了“世界水泥看中国，中国水泥看海螺”的美誉。

第五节　百业之母：金融业

金融行业，尤其是银行股，令多少投资者爱恨交加。银行盈利能力超强，可谓躺着赚钱，估值却很低，股价就是不怎么上涨。但是，另一方面，企业增速明显下降、坏账隐忧、利率市场化等也是行业发展面临的不利因素。但无论如何，作为百业之母，这是投资者不能轻易忽略的品种，笔者选取了中国平安、招商银行、民生银行、北京银行四家企业简要进行分析。

中国平安

表 5－14　中国平安（601318）全景表　　单位：亿元

年份	营业收入	同比增长（%）	净利润	同比增长（%）	经营现金流净额	股东权益	销售净利率（%）	ROE（%）
2005	757.0600		33.1800		344.9200	324.4200	4.38	10.23
2006	1079.1900	42.55	73.4200	121.28	457.4500	452.6000	6.80	16.22
2007	1652.6300	53.14	150.8600	105.48	318.6000	1072.3400	9.13	14.07
2008	1085.1600	－34.34	14.1800	－90.60	588.7100	645.4200	1.31	2.20
2009	1478.3500	36.23	138.8300	879.06	933.0100	849.7000	9.39	16.34
2010	1894.3900	28.14	179.3800	29.21	1392.5500	1120.3000	9.47	16.01
2011	2489.1500	31.40	194.7500	8.57	753.4800	1308.6700	7.82	14.88
2012	2993.7200	20.27	200.5000	2.95	2808.9700	1596.1700	6.70	12.56
2013	3626.3100	21.13	281.5400	40.42	2279.1600	1827.0900	7.76	15.41
2014	4628.8200	27.65	392.7900	39.51	1702.6000	2895.6400	8.49	13.56

注：公司 2007 年 3 月 1 日上市，截至 2015 年 7 月 31 日，公司总股本 182.80 亿股。2014 年每股收益 2.15 元，每股净资产 15.84 元。

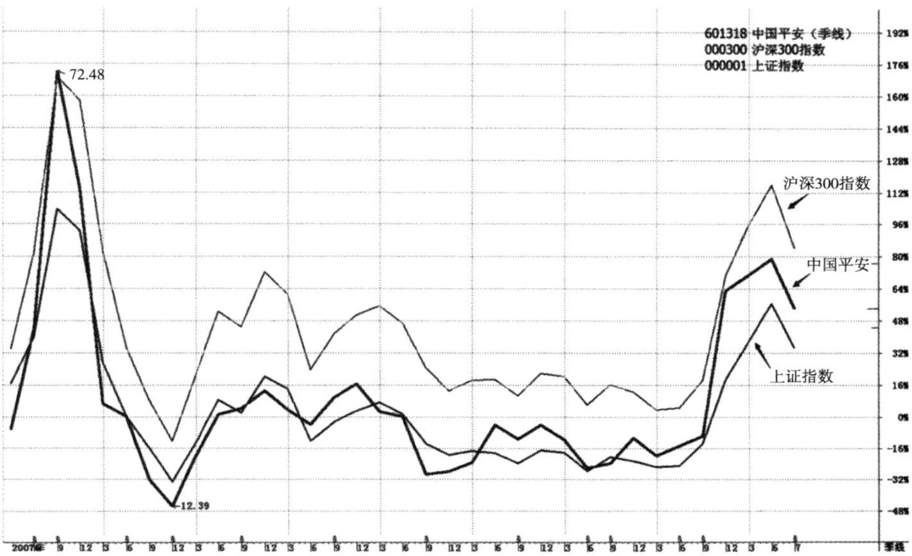

图 5－14　中国平安股价走势图（季线）

中国平安保险（集团）股份有限公司于 1988 年诞生于深圳蛇口，是中国第一家股份制保险企业，至今已发展成为融保险、银行、投资三大主营业务为一体、核心金融与互联网金融业务并行发展的个人金融生活服务集团之一。

公司抓住个人金融发展机遇，率先制定成为“国际领先的个人金融生活服务提供商”的战略目标；布阵“平安战车”经营管理模式，确保战略落地实施。自 1988 年公司成立以来，创新已成为平安发展的动力和源泉。平安始终走在行业前列，提前布局，积极推进多个领域的改革创新。秉承“科技引领金融”的发展理念，运用现代科技的巨大力量，为打造最佳的客户体验奠定坚实基础。平安也是金融牌照最齐全、业务范围最广泛的综合金融模式。

招商银行

表 5－15 招商银行（600036）全景表 单位：亿元

年份	营业收入	同比增长（%）	净利润	同比增长（%）	经营现金流净额	股东权益	销售净利率（%）	ROE（%）
2000	86.0725		7.1137		75.3209	35.3680	8.26	20.11
2001	104.7387	21.69	13.7531	93.33	217.1323	49.1210	13.13	28.00
2002	117.9614	12.62	17.3427	26.10	339.9627	167.1664	14.70	10.37
2003	162.4633	37.73	22.2991	28.58	274.5973	182.6144	13.73	12.21
2004	224.9500	38.46	31.4400	40.99	65.7044	208.8100	13.98	15.06
2005	191.4100	－14.91	37.4900	19.24	347.3200	259.9800	19.59	14.42
2006	247.7100	29.41	67.9400	81.22	711.5000	551.6000	27.43	12.32
2007	409.5800	65.35	152.4300	124.36	1179.8200	679.8400	37.22	22.42
2008	553.0800	35.04	210.7700	38.27	526.6900	795.1500	38.11	26.51
2009	514.4600	－6.98	182.3500	－13.48	430.9600	927.8300	35.44	19.65
2010	713.7700	38.74	257.6900	41.32	88.8900	1340.0600	36.10	19.23
2011	961.5700	34.72	361.2900	40.20	1012.9600	1649.9700	37.57	21.90
2012	1133.6700	17.90	452.6800	25.30	2497.1300	2003.2800	39.93	22.60
2013	1326.0400	16.97	517.4300	14.30	1191.5300	2654.6500	39.02	19.49
2014	1658.6300	25.08	559.1100	8.06	2721.7300	3144.0400	33.71	17.78

注：公司 2002 年 4 月 9 日上市，截至 2015 年 7 月 31 日，公司总股本 252.20 亿股。2014 年每股收益 2.22 元，每股净资产 12.47 元。

招商银行于 1987 年在中国改革开放的最前沿——深圳经济特区成立，是中国境内第一家完全由企业法人持股的股份制商业银行，也是国家从体制外推动银行业改革的第一家试点银行。成立 28 年来，招商银行伴随着中国经济的快速增长，在广大客户和社会各界的支持下，从当初只有 1 亿元资本金、1 家营业网点、30 余名员工的小银行，发展成为资本净额超过 3600 亿元、资产总额超过 4.7 万亿元、全国设有超过 1200 家网点、员工超过 7 万人的全国性股份制商业银行，并跻身全球前 100 家大银行之列。

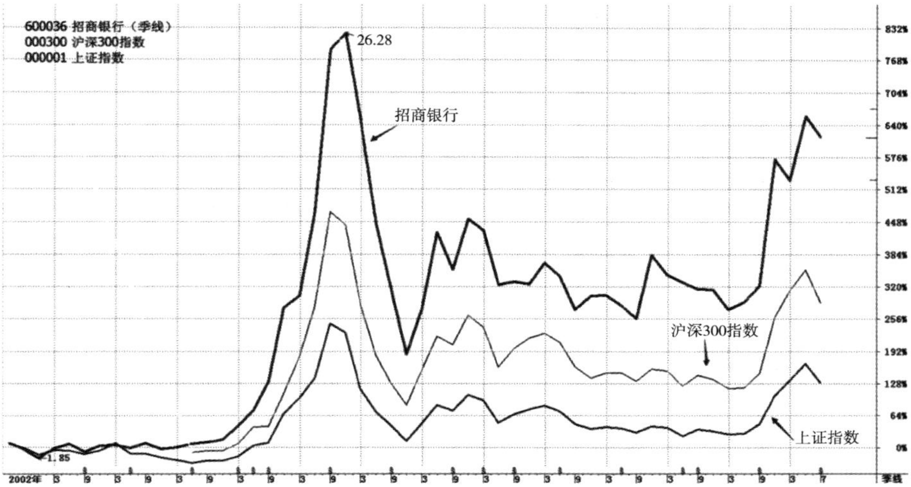

图 5－15　招商银行股价走势图（季线）

招行已成为一家拥有商业银行、金融租赁、基金管理、人寿保险、境外投行等金融牌照的银行集团。凭借持续的金融创新、优质的客户服务、稳健的经营风格和良好的经营业绩，招行现已发展成为中国境内最具品牌影响力的商业银行之一。

民生银行

表 5－16　民生银行（600016）全景表　　单位：亿元

年份	营业收入	同比增长（%）	净利润	同比增长（%）	经营现金流净额	股东权益	销售净利率（%）	ROE（%）
2000	27.1011		2.3862		17.8961	51.2725	8.80	4.65
2001	51.1983	88.92	6.4652	170.95	156.4661	60.0381	12.63	10.77
2002	72.1368	40.90	8.7182	34.85	353.7978	63.6299	12.09	13.70
2003	120.3711	66.87	13.9125	59.58	251.6794	96.5020	11.56	14.42
2004	162.4001	34.92	20.3840	46.52	－150.9837	129.0716	12.55	15.79
2005	128.3948	－20.94	27.3792	34.32	115.9039	154.6588	21.32	17.70
2006	174.5200	35.92	37.5800	37.26	410.9000	193.1000	21.53	19.46

续表

年份	营业收入	同比增长（%）	净利润	同比增长（%）	经营现金流净额	股东权益	销售净利率（%）	ROE（%）
2007	253.0100	44.97	63.3500	68.57	-140.2900	501.8700	25.04	12.62
2008	350.1700	38.40	78.8500	24.47	558.0200	538.8000	22.52	14.63
2009	420.6000	20.11	121.0400	53.51	569.1700	880.3400	28.78	13.75
2010	547.6800	30.21	175.8100	45.25	374.2200	1041.0800	32.10	16.89
2011	823.6800	50.39	279.2000	58.81	1009.2600	1295.9700	33.90	21.54
2012	1031.1100	25.18	375.6300	34.54	-198.8900	1630.7700	36.43	23.03
2013	1158.8600	12.39	422.7800	12.55	-352.3800	1977.1200	36.48	21.38
2014	1354.6900	16.90	445.4600	5.36	2291.6300	2401.4200	32.88	18.55

注：公司2000年12月19日上市，截至2015年7月31日，公司总股本364.85亿股。2014年每股收益1.22元，每股净资产6.58元。

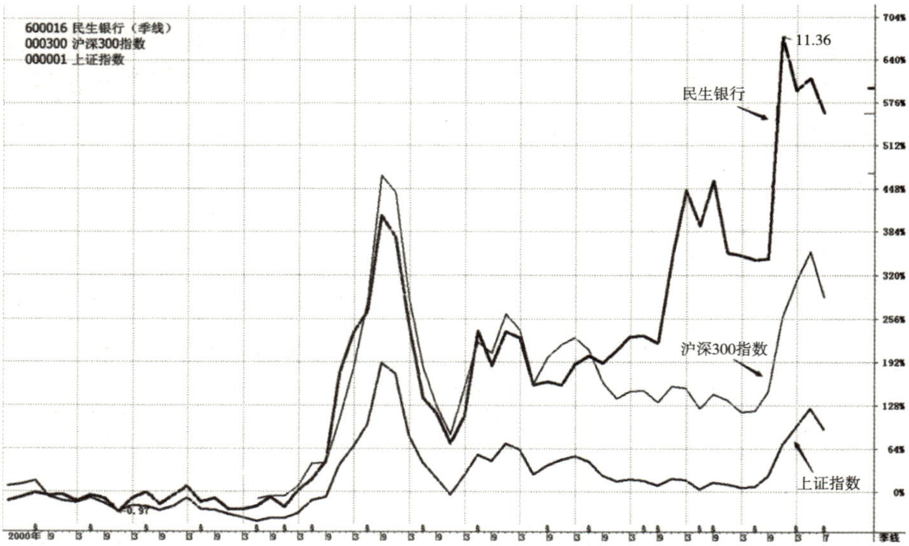

图5-16 民生银行股价走势图（季线）

中国民生银行于1996年1月12日在北京正式成立，是中国首家主要由非公有制企业入股的全国性股份制商业银行。多种经济成分在中国金融业的涉足和实现规范的现代企业制度，使中国民生银行有别于国有银行和其他商业银行，而为国内外经济界、金融界所关注。作为中国银行业改革的试验田，民生银行锐意改革、积极进取，业务不断拓展，规模不断扩大，效益逐年递增，保持了快速健康的发展势头，为推动中国银行业的改革创新做出了积极贡献。

站在新的历史起点，中国民生银行确定了“做民营企业的银行、小微企业的银行、高端客户的银行”的市场定位，积极推动管理架构和组织体系的调整、业务结构的调整和科技平台的建设，努力实现二次腾飞，打造成特色银行和效益银行，为客户和投资者创造更大的价值和回报。

北京银行

表 5－17　北京银行（601169）全景表　　单位：亿元

年份	营业收入	同比增长（%）	净利润	同比增长（%）	经营现金流净额	股东权益	销售净利率（%）	ROE（%）
2005	42.5072		16.8560		56.4478	78.4168	39.65	21.50
2006	58.2764	37.10	21.4041	26.98	205.0805	98.4029	36.73	21.75
2007	76.4186	31.13	33.4820	56.43	191.8634	266.6795	43.81	12.56
2008	123.0406	61.01	54.1717	61.79	1.4270	337.9421	44.03	16.03
2009	118.9411	－3.33	56.3386	4.00	349.9061	375.5942	47.37	15.00
2010	156.3523	31.45	68.0303	20.75	338.4324	425.4598	43.51	15.99
2011	207.2773	32.57	89.4670	31.51	695.5568	503.8334	43.16	17.76
2012	278.1686	34.20	116.7481	30.49	－43.6573	716.1679	41.97	16.30
2013	306.6515	10.24	134.5931	15.29	208.4220	781.1401	43.89	17.23
2014	368.7800	20.26	156.2300	16.08	1244.8700	959.0300	42.36	16.29

注：公司 2007 年 9 月 19 日上市，截至 2015 年 7 月 31 日，公司总股本 126.72 亿股。2014 年每股收益 1.23 元，每股净资产 7.57 元。

北京银行成立于 1996 年，是一家中外资本融合的新型股份制银行。成立以来，北京银行依托中国经济腾飞崛起的大好形势，先后实现引资、上市、跨区域、综合化等战略突破。目前，已在北京、天津、上海等 10 余个

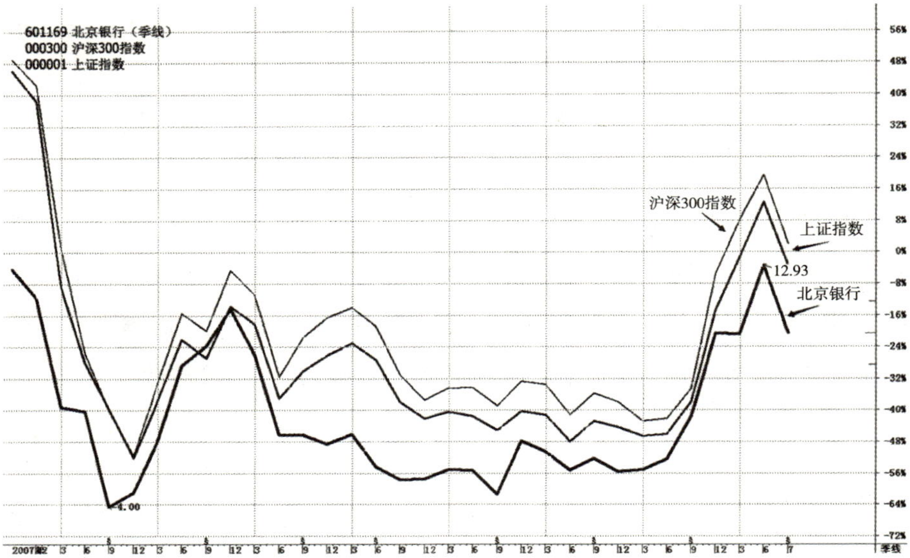

图 5－17　北京银行股价走势图（季线）

中心城市设立近 400 家分支机构，发起设立北京延庆、浙江文成及吉林农安北银村镇银行，成立中国香港和荷兰阿姆斯特丹代表处，发起设立国内首家消费金融公司——北银消费金融公司，首批试点合资设立中荷人寿保险公司，设立中加基金管理公司、北银金融租赁公司，开辟和探索了中小银行创新发展的经典模式。

第六章　成长新星

社会总是在不断进步，总是有新的需求产生，催生新的产业。道琼斯成分股的变迁就很好地刻画了美国社会的变迁路径以及产业不断升级的景象。成分股从最初的以铁路股为主，逐步演进到钢铁、汽车、能源、化工、制造、通信、金融，再到目前的消费、医药和科技。中国也是相同的情况，社会发展就是要靠新的产业来引领，20 年前的家电、地产就是当初的成长新星。因此，投资者除了要关注经过考验、历久弥坚的好公司，还要关注具备成长潜力、处在时代前沿的新产业。这一章我们就把目光投向未来的成长新星，包括医药医疗、休闲娱乐、家居、高科技等行业。

第一节　医药医疗

随着人口老龄化、人们生活水平提高，以及对生活质量要求的不断提升，医药医疗成为处在时代前沿的行业，发展潜力巨大。下面笔者就谈谈其中的代表性企业——爱尔眼科、信立泰、鱼跃医疗、汤臣倍健、泰格医药，其中爱尔眼科在前文已经分析，不再赘述。

信立泰

表 6-1　信立泰（002294）全景表　　单位：亿元

年份	营业收入	比上年增长（%）	净利润	比上年增长（%）	经营现金流净额	股东权益	销售净利率（%）	ROE（%）
2006	2.0314		0.3424		0.1200	1.0648	16.85	32.16
2007	3.4943	72.01	0.7314	113.61	0.5275	1.4596	20.93	50.11
2008	5.2717	50.86	1.1694	59.89	0.7789	2.6290	22.18	44.48
2009	8.4960	61.16	2.1575	84.49	1.3428	16.2144	25.39	13.31
2010	12.9777	52.75	3.5531	64.69	1.8665	18.6325	27.38	19.07
2011	14.7488	13.65	4.0525	14.05	2.7232	21.3230	27.48	19.01
2012	18.2888	24.00	6.3517	56.73	5.2121	26.0398	34.73	24.39
2013	23.2748	27.26	8.3042	30.74	6.6852	31.2933	35.68	26.54
2014	28.8264	23.85	10.4230	25.52	9.8225	37.7954	36.16	27.58

注：公司 2009 年 9 月 10 日上市，截至 2015 年 7 月 31 日，公司总股本 10.46 亿股。2014 年每股收益 1.00 元，每股净资产 3.61 元。

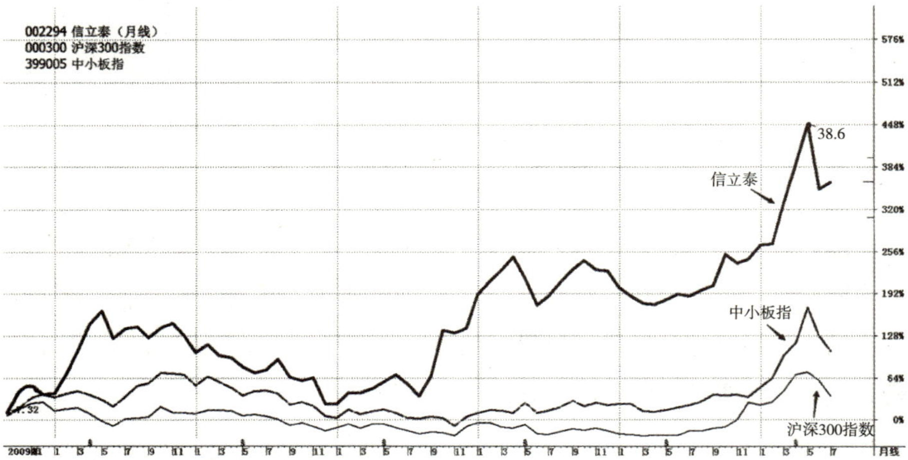

图 6-1　信立泰股价走势图（月线）

深圳信立泰药业股份有限公司成立于1998年，2009年在深圳证券交易所上市。公司作为国内心脑血管领域自主创新龙头企业和国家火炬计划重点高新技术企业，主要从事高端处方药、介入医疗器械等生物医药产品的研发、生产、销售，产品发展的主要领域包括心血管、抗感染、肿瘤以及糖尿病。在心血管方面，现有产品包括：拥有自主知识产权的国家1.1类抗高血压新药阿利沙坦酯、抗血小板凝集的拳头产品泰嘉以及泰加宁、信达怡、介入医疗器械等。在抗血小板凝集、抗高血压、微创介入等细分市场和治疗领域形成自上而下、优势协同的产品梯队。

鱼跃医疗

表6-2 鱼跃医疗（002223）全景表 单位：亿元

年份	营业收入	比上年增长（%）	净利润	比上年增长（%）	经营现金流净额	股东权益	销售净利率（%）	ROE（%）
2005	2.1253		0.5877		0.3430	1.4367	27.65	40.91
2006	2.3199	9.16	0.3155	-46.32	-0.1657	1.4430	13.60	21.86
2007	2.8948	24.78	0.3787	20.04	0.2253	1.3742	13.08	27.56
2008	4.0137	38.65	0.6183	63.27	0.6060	4.0591	15.41	15.23
2009	5.3788	34.01	1.0054	62.61	0.9649	4.7555	18.69	21.14
2010	8.8390	64.33	1.6088	60.01	0.6566	8.7188	18.20	18.45
2011	11.7052	32.43	2.2641	40.73	0.9697	10.9830	19.34	20.61
2012	13.1221	12.11	2.4410	7.81	1.7142	13.0150	18.60	18.76
2013	14.2432	8.54	2.5805	5.72	1.2445	15.0640	18.12	17.13
2014	16.8180	18.08	2.9700	15.09	2.0578	17.5024	17.66	16.97

注：公司2008年5月16日上市，截至2015年7月31日，公司总股本5.85亿股。2014年每股收益0.51元，每股净资产2.99元。

江苏鱼跃医疗设备股份有限公司，前身是1998年成立的江苏鱼跃医疗设备有限公司，2007年由有限公司整体变更设立为股份公司，地处江苏省丹阳市云阳工业园。公司是国内最大的康复护理、医用供氧及医用临床系

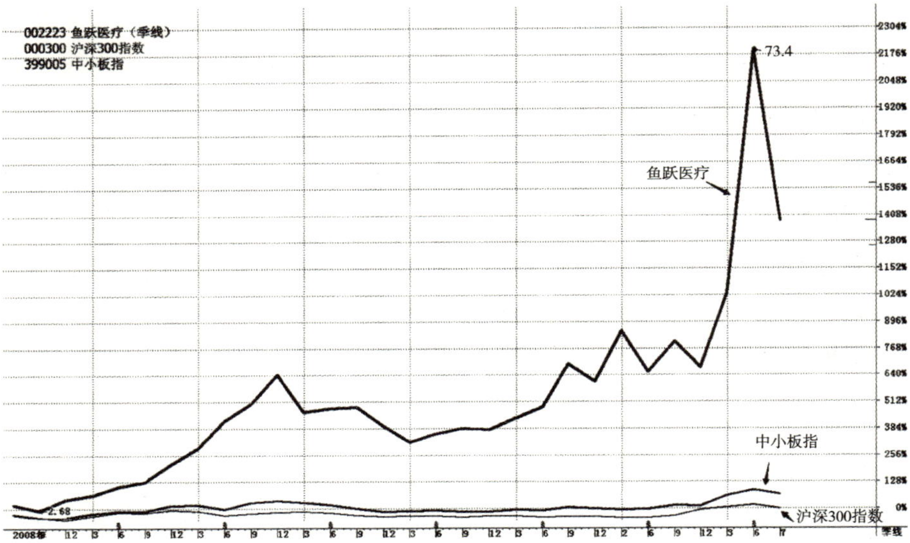

图6－2　鱼跃医疗股价走势图（季线）

列医疗器械的专业生产企业。生产的产品共计50多个品种，近400余种规格，是国内同行业生产企业中产品品种最丰富的企业之一。目前公司前六大产品中，制氧机、雾化器、血压计、听诊器、超轻微氧气阀五个产品的市场占有率达到国内第一，其中制氧机产品更是达到了全球销量第一的水平。轮椅车、电子血压计的市场占有率国内第二。

公司发展战略定位：以制氧呼吸、基础手术器械（含开放和微创）、家庭护理、医用高值耗材为板块，聚焦高品质、高毛利、高附加值的产品，同时不断加大投入，提高自主创新能力，优化产品结构，加强品牌建设，健全营销体系，加大人才储备，形成完整竞争链，并深入推进互联网医疗的探索。

汤臣倍健

表6－3　汤臣倍健（300146）全景表　　单位：亿元

年份	营业收入	比上年增长（%）	净利润	比上年增长（%）	经营现金流净额	股东权益	销售净利率（%）	ROE（%）
2007	0.6685		0.1213		0.1280	0.2221	18.14	54.61
2008	1.4186	112.20	0.2671	120.23	0.2536	0.4227	18.83	63.17
2009	2.0529	44.72	0.5217	95.36	0.4188	1.0700	25.41	48.76
2010	3.4608	68.58	0.9211	76.54	0.5461	16.2437	26.61	5.67
2011	6.5796	90.12	1.8644	102.42	1.7399	17.5612	28.34	10.62
2012	10.6669	62.12	2.8035	50.38	1.1122	19.2712	26.28	14.55
2013	14.8224	38.96	4.2169	50.41	6.2651	22.3278	28.45	18.89
2014	17.0498	15.03	5.0259	19.19	5.6064	24.4770	29.48	20.53

注：公司2010年12月15日上市，截至2015年7月31日，公司总股本7.28亿股。2014年每股收益0.69元，每股净资产3.36元。

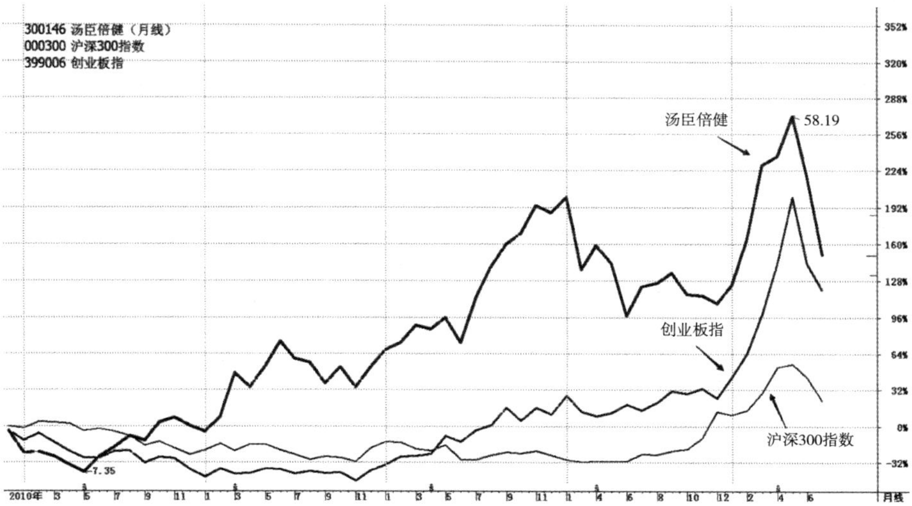

图6－3　汤臣倍健股价走势图（月线）

汤臣倍健创立于1995年10月，2002年系统地将膳食补充剂引入中国非直销领域，并迅速成长为中国膳食补充剂领导品牌和标杆企业，也是中国保健行业第一家 AAA 信用等级企业。汤臣倍健建立了全面、科学的膳食补充体系，包括蛋白质、维生素、矿物质、天然动植物提取物及其他功能性膳食补充食品。除了极具差异化的产品力，汤臣倍健还拥有行业领先的经销商资源和零售网络。

公司在健康管理方面的布局相继落地，无论是与平安健康互联网开启战略合作、设立相互人寿保险，还是投资极简时代、大姨吗等移动 APP，公司均是以数据获取为导向，通过细分领域的专业公司的用户身体健康数据，为定制化产品做储备。公司未来的发展方向是一手抓产品、一手抓服务。服务提升则是需要更贴近消费者，获取消费者最有价值的数据信息，而目前公司的销售模式获取的碎片化零售数据是无法达到目标的，因此这些专业机构的用户数据获取，即是公司健康管理平台的重要布局。

泰格医药

表 6－4　泰格医药（300347）全景表　　单位：亿元

年份	营业收入	同比增长（%）	净利润	同比增长（%）	经营现金流净额	股东权益	销售净利率（%）	ROE（%）
2009	0.6279		0.0780		0.2195	0.4237	12.42	18.41
2010	1.2284	95.64	0.3171	306.47	0.2659	0.9337	25.81	33.96
2011	1.9326	57.32	0.4779	50.72	0.3869	1.4116	24.73	33.86
2012	2.5432	31.59	0.6775	41.76	0.1498	6.9006	26.64	9.82
2013	3.3652	32.32	0.9406	38.83	0.7710	7.4398	27.95	12.64
2014	6.2456	85.60	1.2550	33.43	0.4366	8.6354	20.09	14.53

注：公司 2012 年 8 月 17 日上市，截至 2015 年 7 月 31 日，公司总股本 4.31 亿股。2014 年每股收益 0.29 元，每股净资产 2.00 元。

杭州泰格医药科技股份有限公司是一家专注于为医药产品研发提供临床试验全过程专业服务的合同研究组织（CRO）。致力于为客户降低研发风险、节约研发经费，推进产品市场化进程。公司总部位于杭州，下设 25

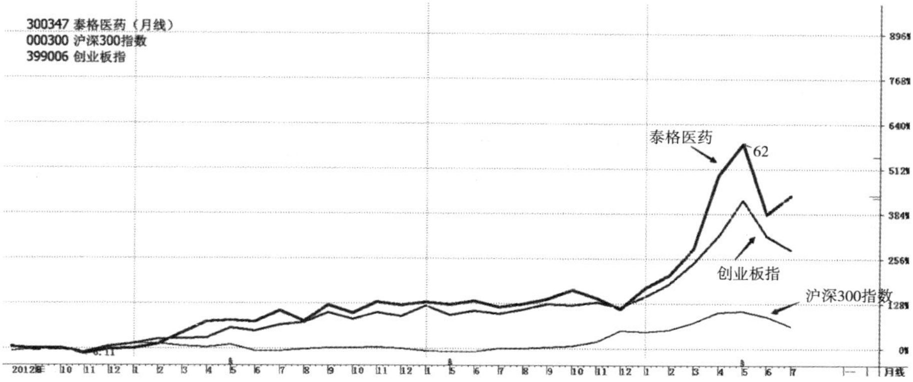

图6－4　泰格医药股价走势图（月线）

家子公司，在中国、加拿大、美国、韩国、日本、澳大利亚、马来西亚、新加坡等国家和地区设有服务网点，拥有1500多人的国际化专业团队，为全球300多家客户成功提供了400余项临床试验服务。泰格医药更因参与50余种国内创新药临床试验而被誉为“创新型CRO”。

依据国内外医药研发外包的发展现状及未来发展趋势，结合多年的经营经验，公司制定了总体发展战略：公司将借助国家大力发展健康服务业新政的东风，抓住国内研发大潮到来的机遇，加强在临床试验相关领域的专业服务能力，拓展亚太区乃至全球市场，完善和延伸产业链，建成全球最具影响力的CRO公司之一，打造“Tigermed”全球品牌。

第二节　休闲娱乐

伴随着经济的发展、人们收入水平的提高，对休闲娱乐的需求也开始提升，并给相关企业带来新的发展机遇。笔者较为关注的此类企业有宋城演艺、中国国旅、探路者、华谊兄弟、华策影视等，其中宋城演艺前文已经分析，此处不再赘述。

中国国旅

表 6－5　中国国旅（601888）全景表　　单位：亿元

年份	营业收入	比上年增长（%）	净利润	比上年增长（%）	经营现金流净额	股东权益	销售净利率（%）	ROE（%）
2006	48.5476		1.4179		2.5407	3.7832	2.92	37.48
2007	59.6672	22.90	2.1744	53.35	6.2836	5.0525	3.64	43.04
2008	58.1864	－2.48	2.2123	1.74	1.8931	8.9340	3.80	24.76
2009	60.6584	4.25	3.1287	41.42	1.6188	37.0611	5.16	8.44
2010	96.0928	58.42	4.0969	30.95	4.5512	41.0434	4.26	9.98
2011	126.9469	32.11	6.8490	67.18	5.5195	46.7995	5.40	14.63
2012	161.3392	27.09	10.0564	46.83	12.7257	56.0046	6.23	17.96
2013	174.4819	8.15	12.9460	28.73	14.7022	90.6514	7.42	14.28
2014	199.3594	14.26	14.7028	13.57	14.9584	100.9769	7.38	14.56

注：公司 2009 年 10 月 15 日上市，截至 2015 年 7 月 31 日，公司总股本 9.76 亿股。2014 年每股收益 1.51 元，每股净资产 10.34 元。

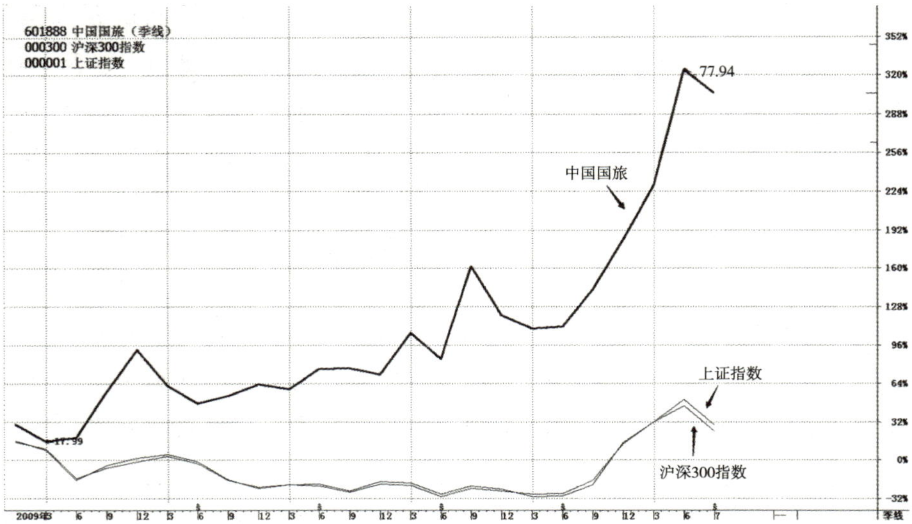

图 6－5　中国国旅股价走势图（季线）

中国国旅股份有限公司是经国务院和国资委批准，由中国国旅集团有限公司和华侨城集团公司共同发起设立。中国国旅是集旅游服务及旅游商品相关项目的投资与管理，旅游服务配套设施的开发、改造与经营，旅游产业研究与咨询服务为一体的大型股份制企业。中国国旅下属中国国际旅行社总社有限公司、中国免税品（集团）有限责任公司及国旅（北京）投资发展有限公司三大子公司，分别负责公司的旅行社业务、旅游零售业务、旅游综合项目投资开发业务。

公司以“旅游 + 免税”双核驱动，充分发挥公司在采购零售渠道、客源网络和品牌等方面的优势，以国际化、平台化、多元化为方向，以企业改革、业务创新、资源整合和管理提升为突破口，推动公司在旅游产业链的布局，打造在全球范围内配置资源、具有国际竞争能力的旅游综合运营商。

探路者

表 6－6　探路者（300005）全景表　　单位：亿元

年份	营业收入	比上年增长（%）	净利润	比上年增长（%）	经营现金流净额	股东权益	销售净利率（%）	ROE（%）
2006	0.7265		0.0315		0.0641	0.2038	4.33	15.44
2007	1.1917	64.03	0.1096	248.24	0.0215	0.3074	9.20	35.65
2008	2.1202	77.91	0.2547	132.37	0.3233	0.9126	12.01	27.91
2009	2.9355	38.46	0.4403	72.92	0.4868	4.5689	15.00	9.64
2010	4.3406	47.86	0.5390	22.39	0.8408	4.9873	12.42	10.81
2011	7.5370	73.64	1.0715	98.81	1.2946	6.0598	14.22	17.68
2012	11.0553	46.68	1.6870	57.44	2.2468	8.0102	15.26	21.06
2013	14.4535	30.74	2.4880	47.48	2.1827	10.3490	17.21	24.04
2014	17.1524	18.67	2.9429	18.28	2.9091	12.4791	17.16	23.58

注：公司 2009 年 10 月 30 日上市，截至 2015 年 7 月 31 日，公司总股本 5.14 亿股。2014 年每股收益 0.57 元，每股净资产 2.43 元。

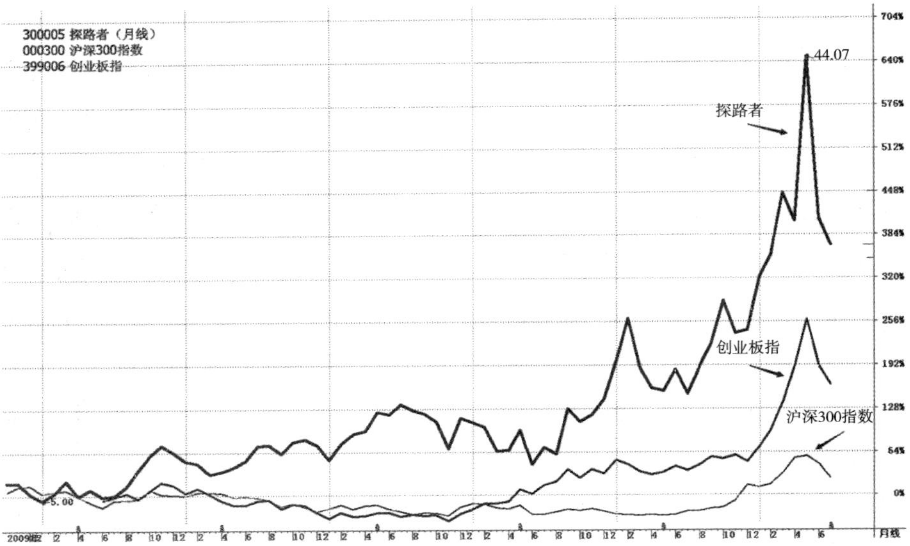

图 6-6　探路者股价走势图（月线）

北京探路者户外用品股份有限公司创立于 1999 年，公司通过自主知识产权的品牌塑造与推广、产品研发设计、营销网络建设与优化、供应链整合与管理，在全国建立连锁零售网络及电子商务销售系统，向广大消费者提供安全舒适的户外运动装备。在中国户外运动蓬勃兴起的大背景下，探路者公司发展迅速，2007 年，探路者品牌被认定为“中国驰名商标”，并成为“北京 2008 年奥运会特许生产商”。2009 年 10 月 30 日，公司作为首批 28 家企业之一成功登陆创业板。成功上市为公司持续、健康、快速发展奠定了坚实的基础。

探路者的快速成长根源于自主品牌的梦想。公司以“打造卓越品牌，分享户外阳光生活”为使命，广泛采用新材料、新技术、新工艺，产品覆盖户外生活各个领域，既能满足极限爱好者高山探险的需求，更面向大众倡导积极、健康的户外休闲生活方式。公司持续打造“质量、创新、服务”三个核心竞争力，管理体系日臻完善。公司已建成国内户外行业规模最大、创新能力最强的研发中心。

华谊兄弟

表 6－7　华谊兄弟（300027）全景表　　单位：亿元

年份	营业收入	比上年增长（%）	净利润	比上年增长（%）	经营现金流净额	股东权益	销售净利率（%）	ROE（%）
2006	1. 2435		0. 2356		－0. 3439	0. 4696	18. 95	50. 18
2007	2. 3478	88. 81	0. 5824	147. 17	－0. 4491	1. 5520	24. 81	37. 53
2008	4. 0935	74. 35	0. 6806	16. 86	－0. 6112	2. 4801	16. 63	27. 44
2009	6. 0414	47. 59	0. 8455	24. 22	0. 5214	14. 8080	14. 00	5. 71
2010	10. 7171	77. 40	1. 4921	76. 47	0. 9136	15. 5209	13. 92	9. 61
2011	8. 9238	－16. 73	2. 0290	35. 99	－2. 3126	16. 8729	22. 74	12. 03
2012	13. 8640	55. 36	5. 2657	159. 52	－2. 4896	21. 0227	37. 98	25. 05
2013	20. 1396	45. 27	5. 9017	12. 08	5. 1129	39. 2502	29. 30	15. 04
2014	23. 8902	18. 62	8. 9666	51. 93	－0. 2103	50. 3742	37. 53	17. 80

注：公司 2009 年 10 月 30 日上市，截至 2015 年 7 月 31 日，公司总股本 12. 43 亿股。2014 年每股收益 0. 72 元，每股净资产 4. 05 元。

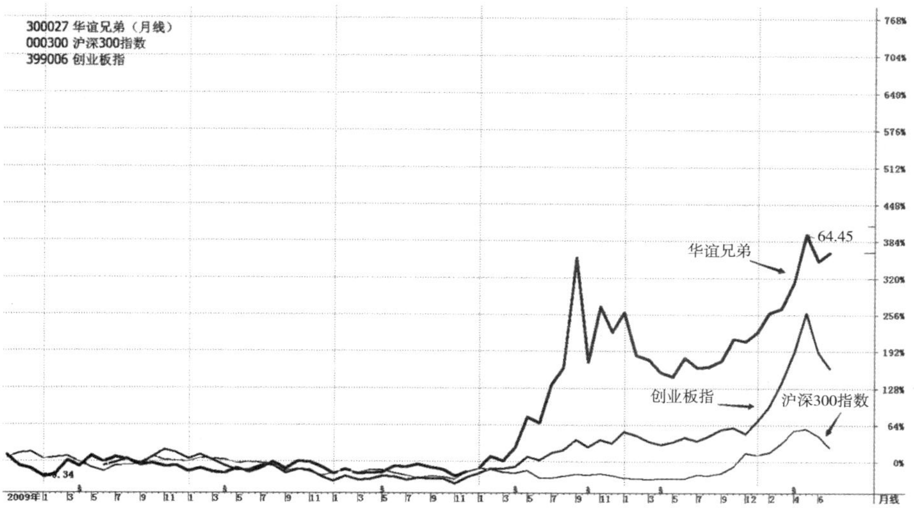

图 6－7　华谊兄弟股价走势图（月线）

华谊兄弟传媒股份有限公司主要从事电影、电视剧的制作、发行及衍生业务，艺人经纪及相关服务业务。公司推出的影视作品贴近实际、贴近生活、贴近群众，《集结号》《士兵突击》等作品在实现市场价值的同时，还得到了中宣部、国家广电总局的高度评价。

公司的经营战略将进一步完善以影视为主的原创 IP 驱动全娱乐的产业链，充分发挥影视娱乐、品牌授权及实景娱乐、互联网娱乐三大业务板块之间的协同效应，以资本运作为支撑，加快向多层次、跨平台、跨地区方向的扩张。公司将全力构建综合性娱乐媒体集团的全新形象和综合实力，努力实现成为“中国首屈一指的影视娱乐传媒集团”的总体发展目标。

华策影视

表 6－8　华策影视（300133）全景表　　单位：亿元

年份	营业收入	比上年增长（%）	净利润	比上年增长（%）	经营现金流净额	股东权益	销售净利率（%）	ROE（%）
2007	0.5559		0.2356		－0.0374	0.5270	42.39	44.72
2008	1.0468	88.32	0.3827	62.43	－0.0501	0.9006	36.56	42.50
2009	1.6597	58.55	0.5552	45.05	0.1147	1.8147	33.45	30.59
2010	2.8184	69.81	0.9618	73.24	0.2779	11.8782	34.13	8.10
2011	4.0307	43.01	1.5399	60.11	－0.4934	12.7437	38.20	12.08
2012	7.2091	78.86	2.1504	39.65	－0.3360	14.8234	29.83	14.51
2013	9.2047	27.68	2.5826	20.10	－0.5978	17.5972	28.06	14.68
2014	19.1607	108.16	3.9006	51.03	2.0443	33.5330	20.36	11.63

注：公司 2010 年 10 月 26 日上市，截至 2015 年 7 月 31 日，公司总股本 9.79 亿股。2014 年每股收益 0.40 元，每股净资产 3.43 元。

浙江华策影视股份有限公司成立于 2005 年 10 月，2010 年 10 月上市，年产精品电视剧上千集，精品电影 3～5 部，是一家以影视剧制作、

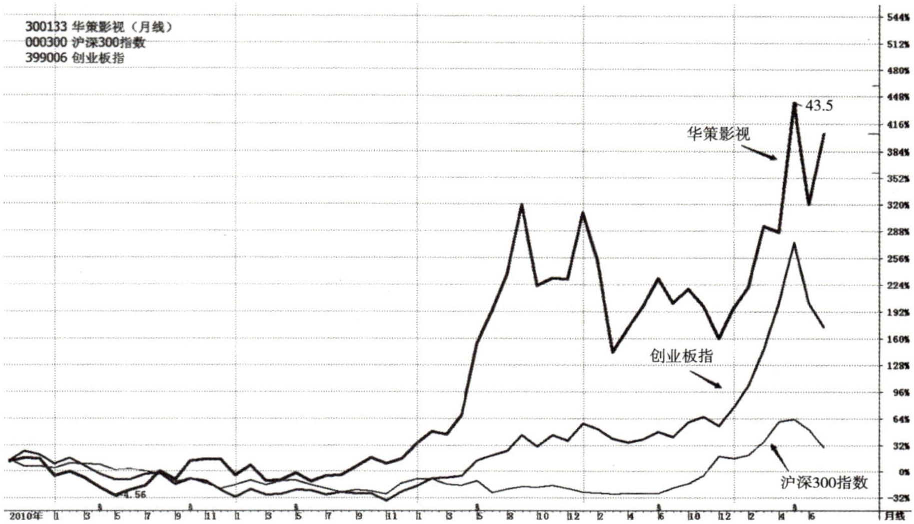

图 6－8　华策影视股价走势图（月线）

发行为核心，影视基地建设、影城院线、新媒体、广告开发、产业投资等多元化发展格局的全产业链型影视企业。旗下拥有 20 多家子公司，创作规模、产业布局、公司市值、营收税利、品牌影响力均居全国影视企业领先地位。

第三节　美好家居

吃、穿、住、行是人类生活永恒不变的主题，而涉及这些主题的行业也是不断产生新秀，其中不少公司逐步成为“历久弥坚”的好企业，给投资者带来惊喜不断。下面笔者就重点谈谈在“住”的领域，结合时代的发展与用户的新需求，产生的那些值得关注的行业新秀。

世联行

表 6－9　世联行（002285）全景表　　单位：亿元

年份	营业收入	比上年增长（%）	净利润	比上年增长（%）	经营现金流净额	股东权益	销售净利率（%）	ROE（%）
2006	3.4433		0.7205		0.7880	1.0481	20.92	68.74
2007	5.2273	51.81	0.8068	11.98	1.2913	1.5669	15.43	51.49
2008	5.1124	－2.20	0.6637	－17.74	0.7198	2.3377	12.98	28.39
2009	7.3829	44.41	1.5083	127.27	2.6217	9.8927	20.43	15.25
2010	12.7200	72.29	2.4177	60.29	3.0634	11.9264	19.01	20.27
2011	16.5635	30.22	1.5732	－34.93	0.0102	13.7232	9.50	11.46
2012	18.7803	13.38	2.1129	34.31	2.2534	14.8674	11.25	14.21
2013	25.6303	36.47	3.1829	50.64	4.6327	17.0886	12.42	18.63
2014	33.0817	29.07	3.9434	23.90	－9.2186	20.2615	11.92	19.46

注：公司 2009 年 8 月 28 日上市，截至 2015 年 7 月 31 日，公司总股本 14.46 亿股。2014 年每股收益 0.27 元，每股净资产 1.40 元。

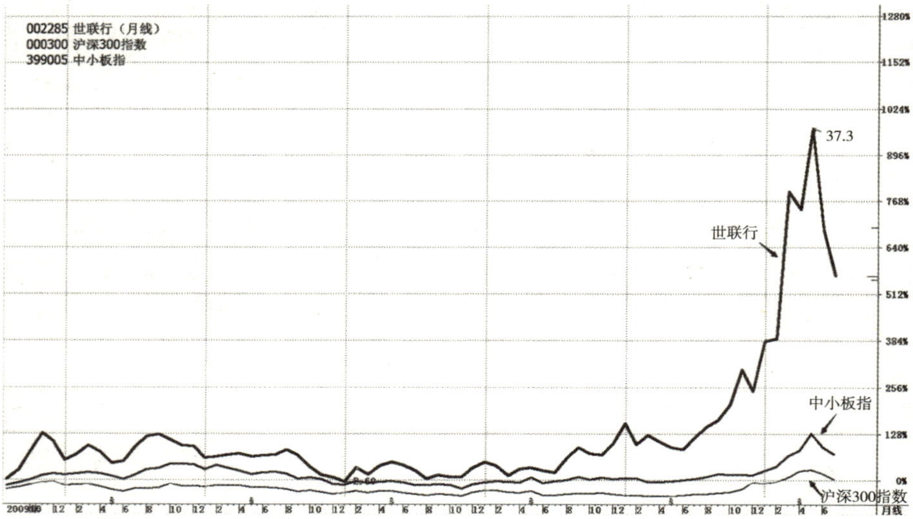

图 6－9　世联行股价走势图（月线）

世联成立于1993年，是国内最早从事房地产专业咨询的服务机构。2007年，世联整体改制，成立深圳世联地产顾问股份有限公司。2009年8月28日，世联在深圳证券交易所成功挂牌上市，成为首家登陆A股的房地产综合服务提供商。

2014年，世联正式更名为"深圳世联行地产顾问股份有限公司"，简称"世联行"。世联行基于客户价值，坚持轻资产服务品牌的内核，不断强化持续推动中国房地产市场发展的服务力量，将公司单一的、互相分割的业务打造成多种业务交叉融合的"一站式"服务平台，建立基于大数据和移动互联网的置业者服务系统、世联信贷互联网金融系统，打造集顾问咨询、营销代理、金融服务、资产管理等多项业务为一体的服务平台，为客户提供一站式、平台化、交叉交互式的轻资产房地产服务。

索菲亚

表6-10 索菲亚（002572）全景表　　单位：亿元

年份	营业收入	比上年增长（%）	净利润	比上年增长（%）	经营现金流净额	股东权益	销售净利率（%）	ROE（%）
2008	2.0152		0.2269		0.3155	0.4255	11.26	53.33
2009	4.2724	112.01	0.5768	154.17	0.7306	1.3415	13.50	42.99
2010	6.8894	61.25	0.9300	61.24	0.9987	2.1455	13.50	43.35
2011	10.0360	45.67	1.3473	44.88	1.3871	13.6349	13.42	9.88
2012	12.2170	21.73	1.7320	28.55	2.0422	14.7796	14.18	11.72
2013	17.8348	45.98	2.4485	41.37	3.5255	16.8144	13.73	14.56
2014	23.6108	32.39	3.2690	33.51	3.5226	19.4118	13.85	16.84

注：公司2011年4月12日上市，截至2015年7月31日，公司总股本4.41亿股。2014年每股收益0.74元，每股净资产4.40元。

索菲亚家居股份有限公司设立于2003年，厂区位于广州增城市宁西镇，是一家主要经营定制衣柜及其配套定制家具的研发、生产和销售企

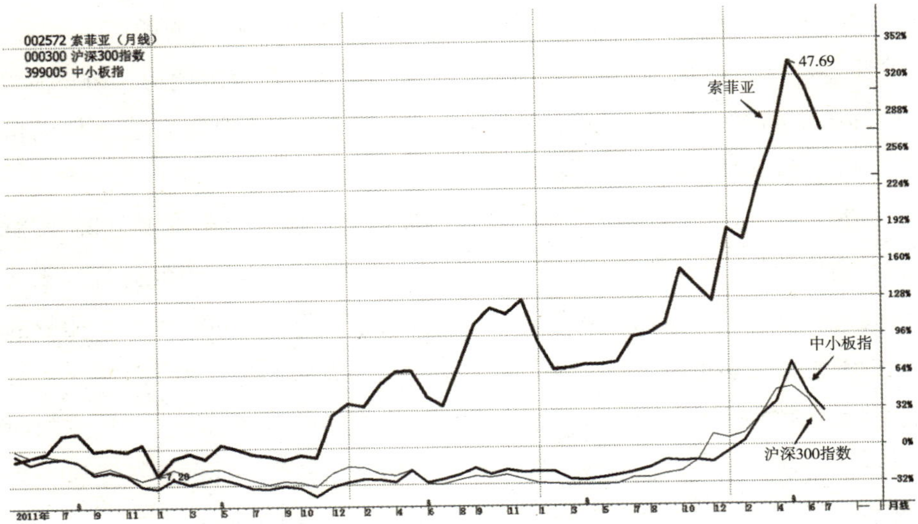

图 6－10　索菲亚股价走势图（月线）

业。公司于 2003 年 7 月起开始生产、销售“索菲亚”品牌定制衣柜以来，凭借量身定做的定制衣柜和壁柜移门相结合的崭新产品概念，在成功把定制衣柜推向市场并获得中国顾客认同的同时，主导了壁柜移门行业向定制衣柜行业的根本转变，一举改变行业竞争的格局。2014 年开始正式实施“定制家　索菲亚”大家居战略，与法国 SALM 达成战略联盟，引进 SALM 旗下法国领军橱柜品牌 SCHMIDT（司米橱柜），正式进军橱柜市场。

公司整体经营目标是进一步巩固公司在定制衣柜行业的领导地位，以“索菲亚”品牌定制衣柜为核心，专心、专注，持续创新，强化产品研发、设计能力，优化产品结构，加快销售网络的拓展，推进生产布局和提升生产能力，把定制衣柜及其他配套家具做精、做大、做强，并加快推进橱柜业务的扩张，不断深化公司“定制家”的战略，成为领先的“全屋家具解决方案提供者”。

金螳螂

表 6－11　金螳螂（002081）全景表　　单位：亿元

年份	营业收入	比上年增长（%）	净利润	比上年增长（%）	经营现金流净额	股东权益	销售净利率（%）	ROE（%）
2004	9.8218		0.3314		0.3744	1.0426	3.37	31.79
2005	12.9355	31.70	0.4976	50.15	0.5420	1.6322	3.85	30.49
2006	17.7531	37.24	0.6696	34.56	0.6137	5.0708	3.77	13.21
2007	34.6334	95.08	0.9042	35.03	0.5768	5.7870	2.61	15.62
2008	33.3770	－3.63	1.3796	52.58	0.7064	7.5367	4.13	18.31
2009	41.0669	23.04	2.0061	45.41	5.4835	9.0186	4.89	22.24
2010	66.3935	61.67	3.8864	93.73	3.3853	12.0692	5.85	32.20
2011	101.4522	52.80	7.3278	88.55	5.5411	31.1171	7.22	23.55
2012	139.4162	37.42	11.1143	51.67	7.7450	41.4416	7.97	26.82
2013	184.1428	32.08	15.6361	40.68	10.0036	55.4288	8.49	28.21
2014	206.8860	12.35	18.7726	20.06	－3.4601	71.7704	9.07	26.16

注：公司 2006 年 11 月 20 日上市，截至 2015 年 7 月 31 日，公司总股本 17.62 亿股。2014 年每股收益 1.07 元，每股净资产 4.07 元。

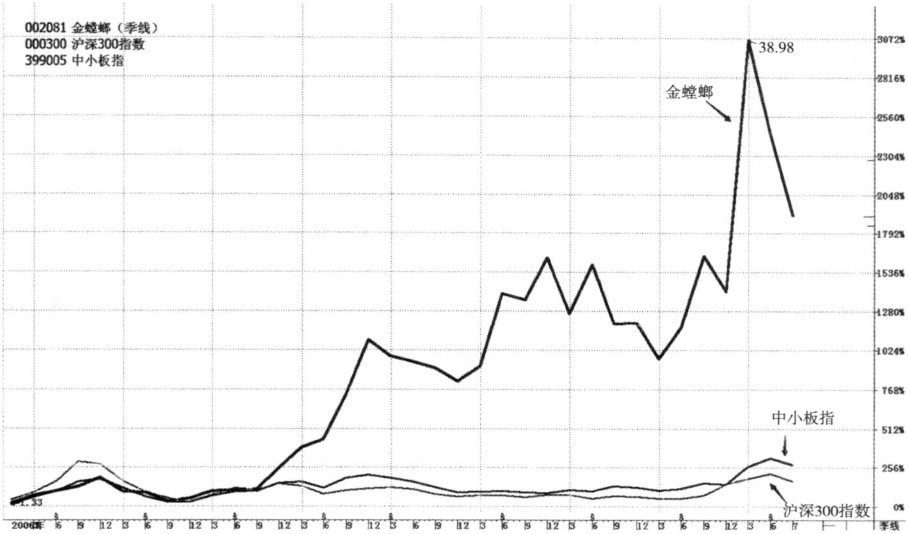

图 6－11　金螳螂股价走势图（季线）

金螳螂是一家以室内装饰为主体，融幕墙、家具、景观、艺术品、机电设备安装等为一体的专业化装饰集团。金螳螂已连续12年成为中国建筑装饰百强企业第一名，并成为中国装饰行业首家上市公司。公司连续三年被美国福布斯杂志授予“亚太地区最佳上市公司50强”。公司连续入围中国服务业企业500强、ENR中国承包商60强、中国最具竞争力建筑企业100强。

2012年，公司收购享誉全球的国际顶级酒店设计公司——美国HBA，进一步提升和巩固了公司在高端市场设计、施工上的领先优势，实现由“中国顶级”到“世界领先”的跨越。2014年公司成立金螳螂（苏州）电子商务有限公司，专注于家装、小公装的装饰电商O2O服务交易平台建设。公司计划三年内投资10亿元，发力装饰电商O2O。

老板电器

表6-12　老板电器（002508）全景表　单位：亿元

年份	营业收入	比上年增长（%）	净利润	比上年增长（%）	经营现金流净额	股东权益	销售净利率（%）	ROE（%）
2007	7.3843		0.6024		1.0034	1.4158	8.16	42.55
2008	8.6649	17.34	0.5416	-10.10	0.0675	3.4004	6.25	15.93
2009	9.3417	7.81	0.8183	51.08	1.2645	4.2187	8.76	19.40
2010	12.3160	31.84	1.3434	64.17	1.2140	13.7104	10.91	9.80
2011	15.3389	24.54	1.8699	39.19	1.3691	15.1004	12.19	12.38
2012	19.6274	27.96	2.6804	43.34	3.2409	17.2692	13.66	15.52
2013	26.5381	35.21	3.8563	43.87	3.2278	20.3575	14.53	18.94
2014	35.8894	35.24	5.7440	48.95	6.5870	24.8215	16.00	23.14

注：公司2010年11月23日上市，截至2015年7月31日，公司总股本4.86亿股。2014年每股收益1.18元，每股净资产5.11元。

始创于1979年的老板电器，是中国厨房电器行业的领导者，也是迄今为止历史最悠久的专业厨房电器品牌。从缔造中国第一代吸油烟机到今

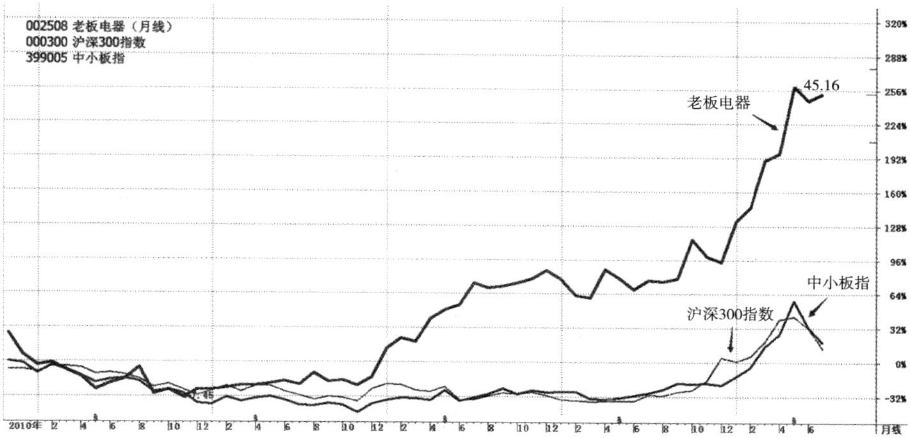

图 6－12　老板电器股价走势图（月线）

天，已有超过 3500 万户家庭正享受着老板电器带来的轻松烹饪生活。在吸油烟机市场，保持全国销量前茅的成绩。老板已成为吸油烟机在中国的代名词。

老板电器提供包括吸油烟机、家用灶具、消毒柜、烤箱、蒸汽炉、微波炉、电压力煲等厨房电器的整体解决方案。凭借在吸油烟机核心技术——大吸力方面的突破，老板创造出最适合中国厨房的大吸力油烟机。同时，老板自主创新拥有超百项产品专利技术，包括双劲芯、免拆洗、主火中置、3D 速火、回型杀菌等。

第四节　科技未来

高科技、互联网是当今处在风口浪尖的新兴产业，加上中国产业结构调整、政府鼓励创业，从宏观到微观，科技企业迎来了发展的春天。关注未来，必然不能忽视科技行业的新贵，笔者就谈谈其中的代表性公司：海康威视、人民网、东华软件、绿盟科技、科大讯飞、海格通信、机器人等，其中海康威视在上文已经分析，此处不再赘述。

人民网

表 6－13　人民网（603000）全景表　　单位：亿元

年份	营业收入	比上年增长（%）	净利润	比上年增长（%）	经营现金流净额	股东权益	销售净利率（%）	ROE（%）
2009	1.9032		0.2265		0.2422	1.3244	11.90	17.10
2010	3.3166	74.26	0.8165	260.54	1.0855	5.3280	24.62	15.32
2011	4.9726	49.93	1.3948	70.83	2.0078	6.5559	28.05	21.28
2012	7.0802	42.38	2.1031	50.78	0.9283	21.4380	29.70	9.81
2013	10.2791	45.18	2.7287	29.75	2.5673	22.9714	26.55	11.88
2014	15.8406	54.11	3.3022	21.02	3.6518	25.3548	20.85	13.02

注：公司 2012 年 4 月 27 日上市，截至 2015 年 7 月 31 日，公司总股本 11.06 亿股。2014 年每股收益 0.3 元，每股净资产 2.29 元。

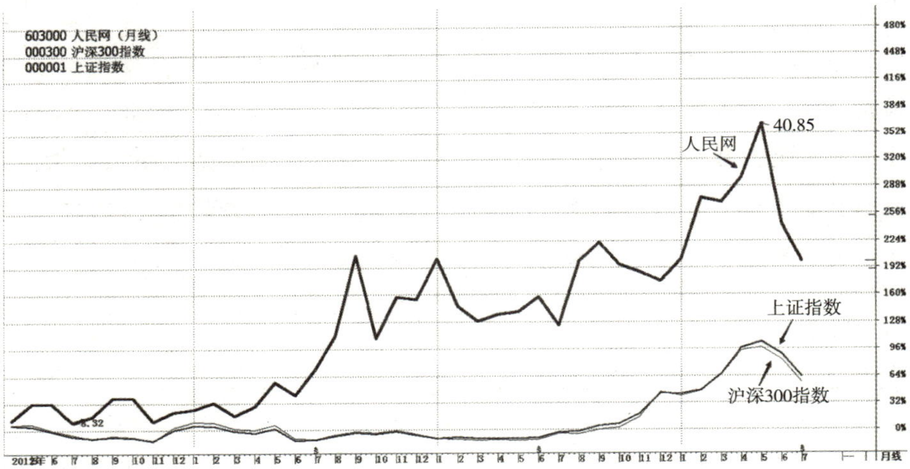

图 6－13　人民网股价走势图（月线）

1997 年 1 月 1 日，人民网正式上线，是世界十大报纸之一——《人民日报》建设的以新闻为主的大型网上信息交互平台，是人民日报社控股的传媒文化上市公司，也是国际互联网上最大的综合性网络媒体之一。人民网除中文版外，还拥有 7 种少数民族语言及 9 种外文版，用文字、图片、视频、微博、客户端等多种手段，每天24小时在第一时间向全球发布丰富多彩的信息，内容涉及政治、经济、社会、文化等各个领域，10次荣获中国新闻奖一等奖。

人民网秉持“权威性、公信力、大众化”的办网宗旨，以“新闻为核、市场导向、技术引领、人才立网”为发展思路，不断提升传播力、影响力，努力打造一个多语种、多终端、全媒体、全球化、全覆盖的国际一流新闻媒体。

东华软件

表6-14　东华软件（002065）全景表　　单位：亿元

年份	营业收入	比上年增长（%）	净利润	比上年增长（%）	经营现金流净额	股东权益	销售净利率（%）	ROE（%）
2004	3.2274		0.4063		0.0473	1.4516	12.59	27.99
2005	4.6489	44.04	0.5823	43.33	0.7973	1.9820	12.53	29.38
2006	6.0639	30.44	0.7241	24.36	0.2411	5.6161	11.94	12.89
2007	7.9817	31.63	0.9475	30.84	-0.1383	6.4510	11.87	14.69
2008	11.5892	45.20	1.7770	87.55	1.6556	10.8334	15.33	16.40
2009	15.4894	33.65	2.4102	35.64	0.6827	12.9597	15.56	18.60
2010	18.7016	20.74	3.1733	31.66	0.2722	15.7070	16.97	20.20
2011	25.8639	38.30	4.2096	32.65	0.7568	22.6740	16.28	18.57
2012	34.9138	34.99	5.6918	35.21	1.6613	27.6591	16.30	20.58
2013	44.2291	26.68	7.7087	35.44	3.0134	37.1443	17.43	20.75
2014	51.7105	16.91	10.3865	34.74	-0.1514	62.8790	20.09	16.52

注：公司2006年8月23日上市，截至2015年7月31日，公司总股本15.64亿股。2014年每股收益0.66元，每股净资产4.02元。

公司成立于2001年1月，在北京及全国拥有30余家分支机构，员工规模超过5000人。东华软件以应用软件开发、计算机信息系统集成、信息技术服务为主要业务，拥有近600项自主知识产权的软件产品，是国家规划布局内的重点软件企业，国家火炬计划重点高新技术企业，国内最早通过软件能力成熟度集成（CMMI）五级认证的软件企业之一，连续多年被

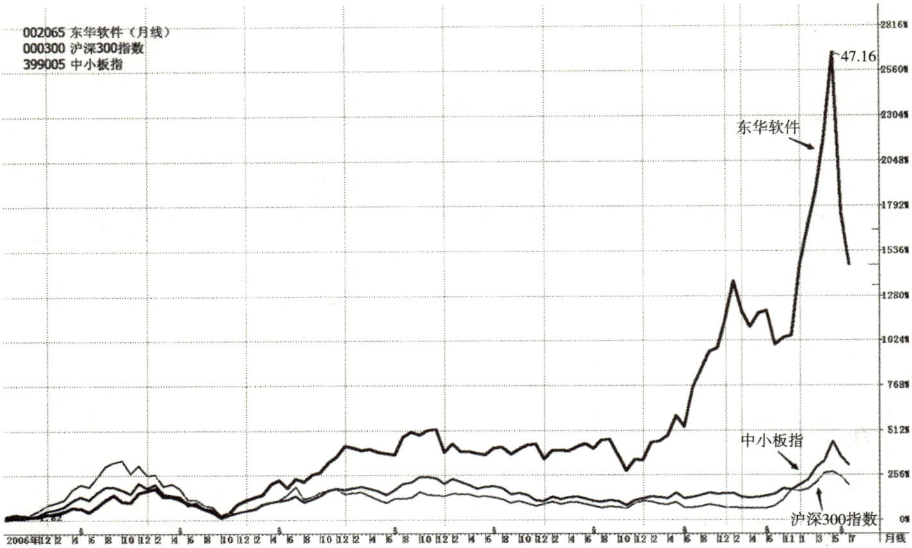

图 6－14　东华软件股价走势图（月线）

工业和信息化部评为中国自主软件产品前十家企业。

公司从 2004 年的净利润 0.4063 亿元增长到 2014 年的 10.3865 亿元，9 年净利润增长 2456.36%，年复合增长率 38.28%，体现出非常优异的成长性。

绿盟科技

表 6－15　绿盟科技（300369）全景表　　单位：亿元

年份	营业收入	同比增长（%）	净利润	同比增长（%）	经营现金流净额	股东权益	销售净利率（%）	ROE（%）
2010	2.9650		0.6574		1.1437	1.7081	22.17	38.49
2011	4.1478	39.89	0.9302	41.49	0.4609	2.6374	22.43	35.27
2012	5.2722	27.11	0.9944	6.90	0.2632	3.6818	18.86	27.01
2013	6.2305	18.18	1.1812	18.79	0.1177	4.8525	18.96	24.34
2014	7.0267	12.78	1.4450	22.34	0.9905	9.7031	20.56	14.89

注：公司 2014 年 1 月 29 日上市，截至 2015 年 7 月 31 日，公司总股本 3.58 亿股。2014 年每股收益 0.40 元，每股净资产 7.17 元。

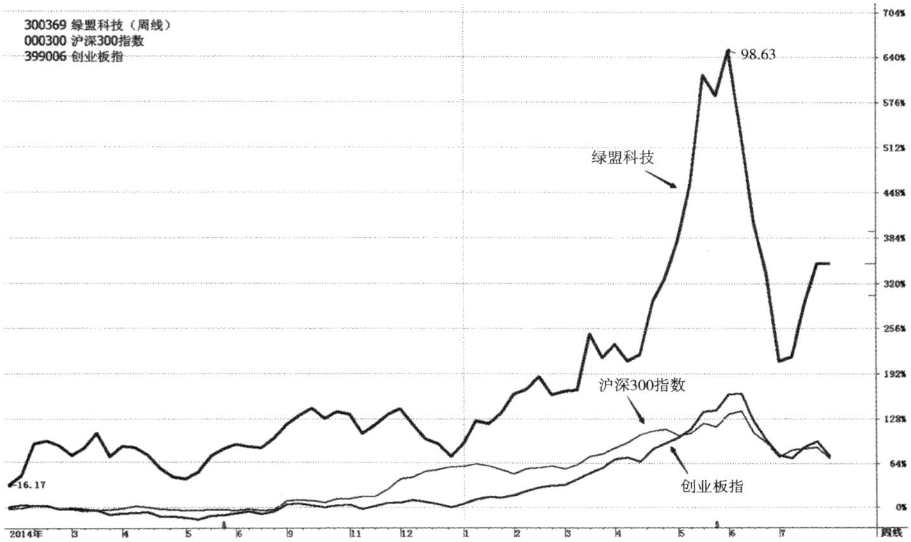

图 6－15　绿盟科技股价走势图（周线）

北京神州绿盟信息安全科技股份有限公司成立于2000年4月，在国内外设有30多个分支机构，为政府，运营商，金融、能源、互联网以及教育、医疗等行业用户，提供具有核心竞争力的安全产品及解决方案，帮助客户实现业务的安全顺畅运行。基于多年的安全攻防研究，绿盟科技在检测防御类、安全评估类、安全监管类等领域，为客户提供入侵检测/防护、抗拒绝服务攻击、远程安全评估以及 Web 安全防护等产品以及专业安全服务。

公司的商业模式将从硬件产品供应商向“解决方案＋安全运营”模式转化。公司加强研发投入，加快老产品换代、推出新产品，其工控漏洞扫描系统为国内首款工业控制系统漏洞扫描产品；云安全运营平台已经能够连接大部分产品，用 SaaS 方式为客户提供及时主动的安全服务，并实现向 ESPC 平台推送 APP 增值服务。

科大讯飞

表 6－16　科大讯飞（002230）全景表　　单位：亿元

年份	营业收入	比上年增长（%）	净利润	比上年增长（%）	经营现金流净额	股东权益	销售净利率（%）	ROE（%）
2005	0. 8157		0. 0993		0. 2863	0. 9149	12. 17	10. 85
2006	1. 7136	110. 08	0. 3515	253. 96	0. 2565	1. 2685	20. 51	27. 71
2007	2. 0581	20. 11	0. 5350	52. 21	0. 7568	1. 6939	25. 99	31. 58
2008	2. 5755	25. 14	0. 6987	30. 61	0. 6088	5. 3040	27. 13	13. 17
2009	3. 0713	19. 25	0. 8027	14. 88	0. 6653	5. 8388	26. 14	13. 75
2010	4. 3606	41. 98	1. 0114	26. 00	0. 8934	6. 5287	23. 19	15. 49
2011	5. 5701	27. 74	1. 3263	31. 13	1. 1754	11. 7656	23. 81	11. 27
2012	7. 8394	40. 74	1. 8240	37. 53	1. 6206	13. 4451	23. 27	13. 57
2013	12. 5371	59. 92	2. 7899	52. 95	2. 9607	33. 1056	22. 25	8. 43
2014	17. 7521	41. 60	3. 7943	36. 00	4. 2008	37. 0663	21. 37	10. 24

注：公司 2008 年 5 月 12 日上市，截至 2015 年 7 月 31 日，公司总股本 12. 16 亿股。2014 年每股收益 0. 31 元，每股净资产 3. 05 元。

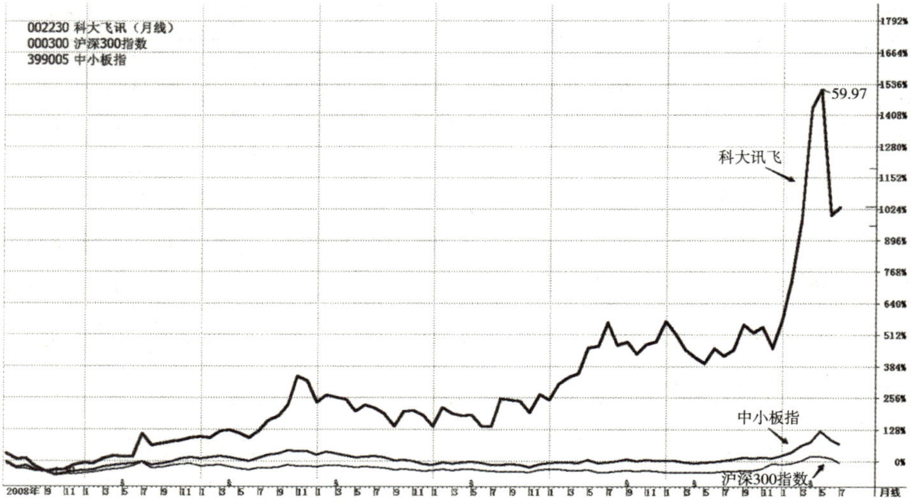

图 6－16　科大讯飞股价走势图（月线）

科大讯飞股份有限公司是一家专业从事智能语音及语言技术、人工智能技术研究，软件及芯片产品开发，语音信息服务及电子政务系统集成的国家级骨干软件企业。公司的智能语音核心技术代表了世界的最高水平。科大讯飞成立于1999年，是我国产业化实体中，在语音技术领域中基础研究时间最长、资产规模最大、历届评测成绩最好、专业人才最多及市场占有率最高的公司。

公司坚持“顶天立地”的产业发展战略：一方面在核心技术方面始终保持国际领先，另一方面积极推动语音及人工智能相关技术的规模应用。

海格通信

表6-17　海格通信（002465）全景表　　单位：亿元

年份	营业收入	比上年增长（%）	净利润	比上年增长（%）	经营现金流净额	股东权益	销售净利率（%）	ROE（%）
2007	8.9630		2.4310		2.4837	6.6955	27.12	36.31
2008	9.1361	1.93	2.1777	-10.42	0.6041	7.5110	23.84	28.99
2009	9.4928	3.90	2.1194	-2.68	1.0681	8.6524	22.33	24.49
2010	9.6576	1.74	2.4113	13.77	1.0369	42.4952	24.97	5.67
2011	9.9960	3.50	2.3321	-3.29	-0.0012	42.7531	23.33	5.45
2012	12.1114	21.16	2.6324	12.88	1.1157	43.3905	21.73	6.07
2013	16.8376	39.02	3.2620	23.92	4.0142	45.6549	19.37	7.14
2014	29.5383	75.43	4.4273	35.72	-0.8618	49.4172	14.99	8.96

注：公司2010年8月31日上市，截至2017年7月31日，公司总股本9.98亿股。2014年每股收益0.44元，每股净资产4.95元。

公司是国家创新型企业、全国电子信息百强企业之一的广州无线电集团的主要成员企业。海格通信是国家规划布局内重点软件企业、国家火炬计划重点高新技术企业、中国软件业务收入前百家企业、广东省北斗卫星导航产业联盟执行主席单位，拥有国家级企业技术中心及博士后科研工作站核心分部。海格通信的前身源于1956年始创的国营第七五〇厂，秉承近

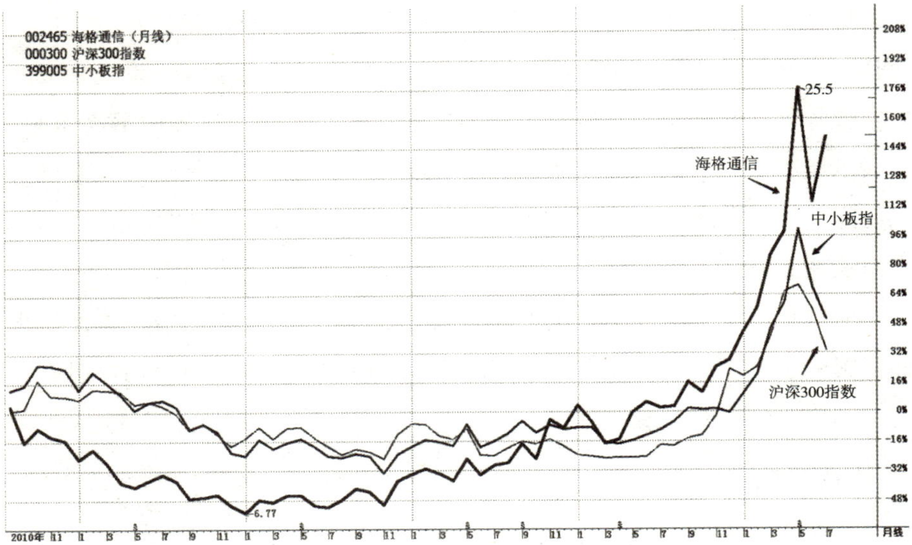

图 6－17　海格通信股价走势图（月线）

60 年的悠久军工产业历史并将其发扬光大。

习近平主席在 2014 年 12 月召开的全军装备工作会议上发表了重要讲话，把军工装备工作提升到全局战略的高度，与中华民族的伟大复兴和强军梦联系起来，可从四个层面理解：一是明确中国军工装备目前处于战略发展机遇期，要实现跨越式发展；二是强调中国军工要以“信息化为主导”，加强军事科技的应用；三是推进军民融合的深度发展；四是强调加快推进军队和军工改革。公司作为军工通信领域的龙头企业，面临着非常好的发展机遇。

机器人

表 6－18　机器人（300024）全景表　　单位：亿元

年份	营业收入	比上年增长（%）	净利润	比上年增长（%）	经营现金流净额	股东权益	销售净利率（%）	ROE（%）
2006	2.0399		0.2085		0.4568	1.6180	10.22	12.89

续表

年份	营业收入	比上年增长（%）	净利润	比上年增长（%）	经营现金流净额	股东权益	销售净利率（%）	ROE（%）
2007	2. 7702	35. 80	0. 3928	88. 36	0. 4056	1. 8692	14. 18	21. 01
2008	3. 8686	39. 65	0. 4267	8. 63	0. 4472	2. 7796	11. 03	15. 35
2009	4. 6650	20. 59	0. 6616	55. 06	－0. 1764	9. 3922	14. 18	7. 04
2010	5. 5216	18. 36	1. 0790	63. 09	1. 2014	10. 4097	19. 54	10. 37
2011	7. 8356	41. 91	1. 5967	47. 97	－0. 2029	11. 8711	20. 38	13. 45
2012	10. 4442	33. 29	2. 0802	30. 28	1. 2303	13. 9512	19. 92	14. 91
2013	13. 1908	26. 30	2. 4986	20. 12	－0. 2728	16. 1522	18. 94	15. 47
2014	15. 2354	15. 50	3. 2567	30. 34	0. 9202	19. 3416	21. 38	16. 84

注：公司 2009 年 10 月 30 日上市，截至 2015 年 7 月 31 日，公司总股本 6. 55 亿股。2014 年每股收益 0. 5 元，每股净资产 2. 95 元。

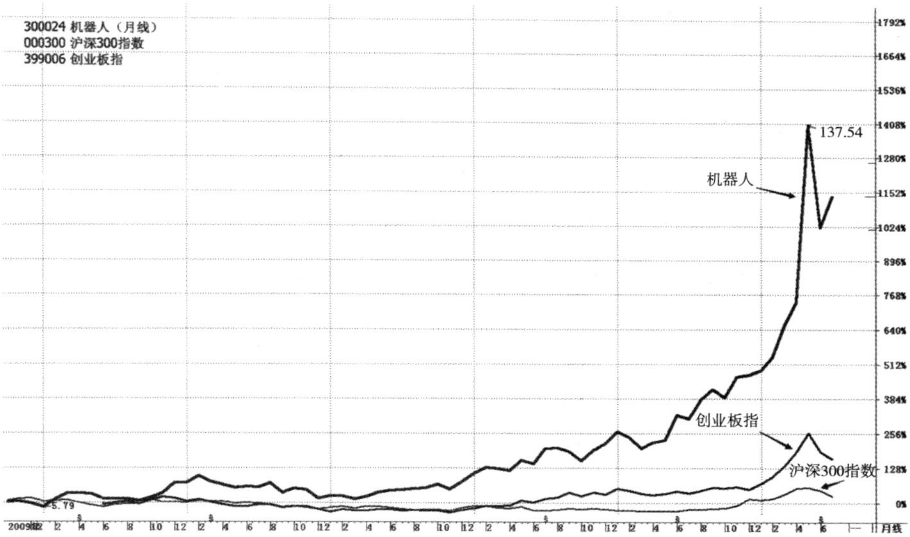

图 6－18　机器人股价走势图（月线）

沈阳新松机器人自动化股份有限公司隶属中国科学院，是一家以机器人独有技术为核心，致力于数字化、智能高端装备制造的高科技上市企业。公司的机器人产品线涵盖工业机器人、洁净（真空）机器人、移动机器人、特种机器人及智能服务机器人五大系列，其中工业机器人产品填补多项国内空白，创造了中国机器人产业发展史上 88 项第一的突破；洁净（真空）机器人多次打破国外技术垄断与封锁，大量替代进口；移动机器人产品综合竞争优势在国际上处于领先水平，被美国通用等众多国际知名企业列为重点采购目标；特种机器人在国防重点领域得到批量应用。公司在高端智能装备方面已形成智能物流、自动化成套装备、洁净装备、激光技术装备、轨道交通、节能环保装备、能源装备、特种装备产业群组化发展，是国际上机器人产品线最全厂商之一，也是国内机器人产业的领导企业。

公司的发展目标是快速成为全球机器人与智能装备制造企业的领跑者，能够影响世界机器人产业发展的格局和方向。公司结合行业现状和自身实际情况确立内生加外延式发展的路径。首先，公司以技术创新构建“高、精、尖”的业务板块，以高端化、服务化、融合化、低碳化的行业解决方案提升公司的市场地位。其次，公司将走资源整合之路，把握国内机器人行业发展机遇，利用开放式的创新平台及资本市场平台，加快实现长期发展目标。

后　记

2015 年 6—9 月是资本市场不平静的时期，用动荡这个词可能更贴切。相信大部分投资者经历了这段煎熬后，对投资会有新的思考和认识。我们确实需要认真思索投资本源性的问题，也就是我们应该赚市场波动的钱，还是赚企业盈利的钱？我们需要什么样的市场，如何对待市场？短期炒一把走人，还是回归本源，本着投资的初衷，精选个股，长期持有？

股灾中涌现出很多精彩的段子，最令我印象深刻的是“快牛不要了，给个慢熊，可以吗，可以吗”。市场一直在波动，在剧烈地波动，上证指数从 6 月 15 日的最高 5178.19 点，下探到 8 月 26 日的最低 2850.71 点，调整幅度达到 44.95%，创业板更是达到了 55.94%！个股“腰斩”甚至跌 70% 以上的比比皆是。我们还经历了史无前例的“千股跌停”“千股涨停”“千股停牌”，痛定思痛，我们应该从中学到些什么呢？

本书介绍的稳健均衡投资体系，在这次股市大调整中同样未能幸免。因为笔者一直是满仓持有，净值也有相当程度的回撤，不过由于选择的公司都是质地优良的企业，整体调整幅度远小于大盘，而且经过市场的洗礼，部分优秀的成长新星类公司具备了投资价值，反而带来了一些机会。

按理介绍完投资体系和操作思路后，笔者的任务就已经完成，但为了检验该方法的有效性，打算自找压力，建立两个组合，命名为“本源一号”和“本源二号”，以 5 年为期，也欢迎读者朋友们持续跟踪和考核。

本源组合由 15 只股票组成，包括恒瑞医药、爱尔眼科、信立泰、宋城演艺、中国国旅、海康威视、美的集团、万科、中国平安、北京银行、扬农化工、浙江龙盛、海天味业、中广核电力、万达商业。

初始投入人民币 150 万元，每只股票相应各投入人民币 10 万元，于 2015 年 9 月 15 日按收盘价一次性建仓完毕，手续费按万分之三计算，合计 450 元人民币。港元对人民币汇率买入和卖出均按照 1 港元兑换 0.82 元人民币计算。对标指数为沪深 300，以上证指数作为参照。

行业分布：医药医疗 3 只，占比 20%；旅游娱乐 2 只，占比 13.3%；科技 1 只，占比 6.7%；家电 1 只，占比 6.7%；地产 1 只，占比 6.7%；金融 2 只，占比 13.3%；化工 2 只，占比 13.3%；食品 1 只，占比 6.7%；公用事业 1 只，占比 6.7%；商业 1 只，占比 6.7%。

板块分布：创业板 2 只，占比 13.3%；中小板 2 只，占比 13.3%；主板 9 只，占比 60%；港股 2 只，占比 13.3%。其中低估值股票 8 只，占比 53.3%。

本源一号，以上述 15 家公司组成的组合，5 年为期，不做任何调整，只是在分红的当日买入该公司股票，以当天的收盘价格买入，若组合整体出现明显的高估，就全部清仓。

本源二号，起始投资同样以上述 15 家公司作为组合，只是每年适当做调整，一般每年调整不会超过 4 只股票。同样，当组合中大部分个股估值明显脱离基本面高估后，就清仓。笔者将在雪球和微信公众平台号上，提前一天公布卖出和买入名单，以第二天的开盘集合竞价作为卖出的价格，以第二天的收盘价作为买入价，并将在雪球（笔者 ID：“恭自厚”）和微信公众平台号“投资的本源”上定期公布收益情况。

表 1　本源组合与对标指数

代码	名称	起始点位	起始时间	比较日期点位	比较日期	总收益率（%）
	本源一号	1500000	2015.9.15	1499550.00	2015.9.15	-0.03
1A0001	上证指数	3005.17	2015.9.15	3005.17	2015.9.15	0.00
399300	沪深 300	3152.23	2015.9.15	3152.23	2015.9.15	0.00

表 2 本源组合构成

代码	名称	股票数量	购买成本（元）	收益率（%）	收市价（元）	股票市值（元）
600276	恒瑞医药	2200	44.35	0.00	44.35	97570.00
300015	爱尔眼科	4100	24.58	0.00	24.58	100778.00
002294	信立泰	4200	23.99	0.00	23.99	100758.00
300144	宋城演艺	5300	18.72	0.00	18.72	99216.00
601888	中国国旅	2000	50.13	0.00	50.13	100260.00
002415	海康威视	3500	28.48	0.00	28.48	99680.00
000333	美的集团	4000	25.00	0.00	25.00	100000.00
000002	万科	7700	13.02	0.00	13.02	100254.00
601318	中国平安	3400	29.46	0.00	29.46	100164.00
601169	北京银行	11400	8.75	0.00	8.75	99750.00
600486	扬农化工	3800	26.40	0.00	26.40	100320.00
600352	浙江龙盛	10500	9.45	0.00	9.45	99225.00
603288	海天味业	3100	31.89	0.00	31.89	98859.00
01816	中广核电力	40000	3.07	0.00	3.07	100696.00
03699	万达商业	2700	46.00	0.00	46.00	101844.00

对于建立该组合，以及书中所提到的公司，笔者有如下说明：

（1）所选择的投资标的，纯属笔者个人的选择，不作为投资推荐；而且这个组合建立的时间是 2015 年 9 月中旬，本书上市发行估计在 2015 年 12 月。时移世易，仅仅作为投资的一种思路与读者朋友分享。

（2）大部分个人投资者建立组合，一般不需要 15 只股票，以及 10 个行业，因为跟踪很困难，一般以 10 家左右公司为宜；因为本源组合是以 5 年为期，尤其本源一号，是 5 年内不做调整，必须更加分散一些。

（3）建仓无法考虑时机，也无法分批建仓，必须在接近书稿交稿前的同一天全部以收盘价一次性建仓完毕，这样才比较合理，具有可信度。

（4）本书中所提及的公司，尤其是第三部分“中国好公司”名单，均为个人的观点，存在局限性。市场上有将近 3000 家公司，个人的研究能力和精力无法涵盖所有，肯定有很多疏漏。同样，书中提及的所有公司，均不作为投资推荐。

（5）笔者非常高兴与读者朋友探讨对投资的想法，尤其是对好公司的挖掘，本人的电子邮箱地址：victor@ witson. com，此外，通过雪球和微信公众号也可以交流相关信息。

投资 16 年，我的交易券商一直都是广发证券珠海分公司，因此要特别感谢营业部的两位老总——吴铁兵先生和叶祉兰女士。十几年来，他们给我提供了很多帮助，并一如既往地支持我的投资理念和方法。每次我参加股东大会，叶祉兰女士都不厌其烦地帮我联系上市公司，确定会议登记等事宜，真正为客户提供实质性的服务和帮助。另外还要感谢广发证券珠海分公司的钟雄鹰总经理、马诚先生和欧雪梅女士给我提供的帮助。

感谢我的四个小伙伴在本书的写作中提供的帮助，他们是何子森、陈淇慧、田莉、方荣辉。感谢广州市瑞富投资咨询有限公司总经理彭强先生鼎力作序推荐本书，以及在我写作过程中给予的鼓励和支持。

最后，向本书的责任编辑燕丽丽博士致以诚挚的谢意，是她的耐心、细致、专业，帮我实现了一个工科生写一本财经类书籍的梦想。

祝读者朋友投资顺利！

宋军

2015 年 9 月于珠海